**1,000만 원으로
3년 안에
300만 원
월배당 만들기**

일러두기

- 이 책에서 언급되는 정보는 투자 판단에 대한 작가의 조언일 뿐, 실제 투자의 최종 판단과 책임은 투자자 본인에게 있습니다.
- ETF 투자자가 받은 배당은 '분배금'이 정확한 용어지만 독자의 이해를 위해 '배당을 받는다'는 포괄적 의미로 '배당금'이라고 표현했습니다.
- 배당률과 ETF의 주가, 수익률은 수시로 변동됩니다. 최대한 최근 정보를 넣었으나, 집필 시점 이후 세부 데이터의 차이는 발생할 수 있습니다. 종목별 정보는 투자 시점에 재확인하시기를 바랍니다.

미국 ETF 초간단 인컴 포트폴리오 전략

1,000만 원으로 3년 안에 300만 원 월배당 만들기

인생업(임승현) 지음

 경이로움

'회사는 결코 내 삶을 대신 책임져 주지 않는다.' 아마 누구나 알고 있을 것이다. 하지만 진심으로 깨닫고, 미리 대안을 세우고 준비하는 사람은 얼마나 될까?

나는 평범한 40대 직장인이다. 아무리 회사에서 내 미래를 약속해 주지 않는다 해도 출퇴근을 하면 월급날은 돌아오고, 그 월급으로 카드 값을 메꾸고, 아이 학원비를 내고, 그저 그런 생활이라 해도 어떻게든 굴러갈 거라 믿었다. 그런데 어느 순간 그 믿음은 내 뒷통수를 쳤다.

코로나 팬데믹이 한창이던 시기 경영진은 회사를 정리하겠다는 결정을 내렸다. 빠르게 희망퇴직이 진행되는 동시에 회사 주도로 직원들의 계열사 이동 신청이 이뤄졌다. 하지만 40대, 과장 이상의 사람들은 이마저도 어려워 자격증 시험을 준비하거나 다른 회사에 지원해야 했다. 나도 이직 행렬에 동참해야 했다. 수십 개가 넘는 회사에 이력서를 넣어봤지만 결과는 처참했다.

그렇게 정리해고의 끝자락에서 기적처럼 계열사로 이동해 생존할 수 있었지만 스스로가 한심하게 느껴져 비참한 기분에서 벗어날 수 없었다. 다시 어떻게든 월급 노예가 되는 길 말고 내가 선택할 수 있는 건 아무 것도 없었다. 그저 살아남은 것에 감사할 뿐이었다.

그제서야 깨달았다. 회사에서 언제든 버려질 수 있다는 사실을 말이다. 그리고 그때부터 처절하게 생각했다.

'나는 과연 회사 밖에서 살아남을 수 있을까?'

이 생각을 거쳐 처음 시작한 것은 부업이었다. 모아놓은 돈이 많지 않으니 부업으로 급여 이상의 소득을 만들고 싶었다. 아무리 피곤해도 퇴근 후 매일 3시간 이상 자기계발에 집중했고 이를 통해 얻은 노하우를 바탕으로 자본금이 들어가지 않는 지식창업에 도전해 N잡러로 거듭났다. 열심히 한 것도 있지만 운도 따라주었다. 반 년 만에 급여 외 월 1,000만 원 이상의 수익을 달성할 수 있었다. 그 과정을 담아 낸 책이 바로 『돈 공부의 힘』이다.

해외 구매 대행, 명함·로고 디자인, 스마트스토어 운영, AI 동화책 작가, 재테크 카페 칼럼니스트, 평생교육원 강사, 미국주식 강의, 교육청 산하 공공기관의 부모 및 자녀 경제교육 전문 강사 등이 내가 N잡러로서 2년 여간 해왔던 활동이다. 하지만 많은 일을 하다 보니 늘 피곤했다. 그때부터 '내가 자는 동안에도 돈이 나 대신 일하는 구조를 만들어야 한다!'는 생각에 자본소득에 대한 고민을 시작했다.

많은 재테크 책은 말한다. "금융소득으로 경제적 자유를 이루려면 최소 10억~20억 원이 필요하다." 이 계산의 근거는 바로 '4% 법칙'이다. 1990년대 초 미국 트리니티대학교의 연구에서 시작된 이 법칙은 은퇴 후 매년 전체 자산의 4%를 인출하더라도 30년 이상 자산을 유지할 수 있다는 시뮬레이션 결과에 기반한다. 4% 법칙의 핵심은 '25배 법칙'인데 연간 필요한 생활비의 25배를 모으면, 매년 4%씩 인출해도 자금이 고갈되지 않는다는 원리다.

예를 들어 경제적 자유까지는 아니더라도 '월 500만 원의 안정적인 현금흐름'을 목표로 한다면 500만 원×12개월×25=15억 원이 필요하다. 수익률을 6% 수준으로 높인다 해도 10억 원은 있어야 한다.

그런데 10억 원이라는 금액은 평범한 직장인에게 매우 멀리 있다. 적립식으로 돈을 모은다 해도, 연 7%의 수익률로 매달 250만 원을 20년 동안 투자해야 비로소 10억 원이라는 자산을 만들 수 있다. 하지만 대부분의 직장인이 이 긴 시간을 버티며 투자금을 유지하기란 쉽지 않을뿐더러 당장의 생계에 대한 불안이 너무 크다. 평범한 가장인 나 역시 20년 후의 경제적 자유보다 이번 달의 생존이 더 중요했다.

그래서 나는 다른 방식으로 접근했다. 먼 미래의 자산이 아니라, 매달 들어오는 현금흐름에 집중했다. 그 결과, 누구나 현실적으로 따라 할 수 있는 '작게 시작해 매달 월급처럼 배당을 받는 방법'을 찾았다. 거대한 자산이 없어도, 작은 시드머니로 첫걸음을 내딛는다면 그 자체로 '작은 경제적 자유'를 이룰 수 있다. 그것이 바로 내가 찾은 현실적인 방법이었다.

그리하여 2024년 4월부터 투자금 2,000만 원으로 자본 소득을 만들기 위해 단기 임대와 미국 배당주 투자를 병행했다. 단기 임대는 1년 수익률이 92%로 만족스러웠지만, 지금은 미국 배당주에만 집중하고 있다. 미국 배당주는 1,000만 원으로 시작해 단계적으로 금액을 늘렸고 총투자금은 약 3,000만 원이다. 현재 직장에 다니고 있어 당장 배당금을 쓸 필요가 없기 때문에 매월 150~200만 원(세후 기준)의 배당금은 재투자하고 있고 그 덕분에 매월 자산이 4~5%씩 증가하고 있다.

사실 이 투자법을 책으로 쓰려던 계획은 없었다. 투자는 결국 생물과 같아 누구도 100% 장담할 수 없기 때문이다. 그런데『돈 공부의 힘』을 출간하고 나서 지인들을 대상으로 '다양한 지표를 활용한 미국 주식 저점 매수법', '1,000만 원으로 3년 안에 월 300만 원 만드는 배당주 투자법'을 주제로 한 4주짜리 이벤트 강의를 열었는데 반응이 폭발적이었다.

220명 넘게 참여했고 많은 수강생이 배당금을 직접 수령하며 "이제야 희망이 생겼다"라고 감사 인사를 전했다. 그 말을 듣고 큰 보람을 느꼈다. 용기를 내어 더 많은 사람에게 미국 배당주로 매달 월급을 만드는 방법을 현실적으로, 그리고 실천 가능한 수준으로 알려주고 싶어 책을 출간하기로 마음먹었다.

나는 주식 전문가가 아니다. 경제학 전공자도, 재무 자격증 보유자도 아니다. 그렇지만 누구보다 간절했던 사람이다. 절박했기에 밤낮없이 공부했고, 직접 투자하며 실험했으며, 그 과정에서 반드시 지켜야 할 원칙을 세웠다. 나 같은 외벌이 월급쟁이에게 큰 자본 따위는 없다. 누구나 작게 시작할 수 있는 방법이어야 한다는 원칙이었다.

나는 수십억 자산을 가진 부자가 되고 싶은 게 아니었다. 당장 월급이 끊겨도 가족 밥그릇은 지킬 수 있는 사람이 되고 싶었다. 그래서 사회통념상 현실적으로 월급을 대체할 수 있는 금액인 월 300만 원을 목표로 삼았다.

이 책을 읽는 당신도 할 수 있다. 커피 한 잔 값을 아끼는 작은 습관으로 시작해 매달 50만 원 이상의 투자금을 만들고, 그 돈으로 배당금을 불려 매달 내 통장이 나의 월급을 만들어 준다. 그 모든 실전 노하우를 이 책에 담았다. 당신에게 필요한 것은 거창한 전문가의 자격증과 큰돈이 아니다. 지금 당장 작게라도 시작하고 실천해 보려는 용기 하나면 충분하다.

당신의 배당주가 스스로 월급을 만들어 주는 그날까지, 그날을 위해 지금 바로 시작하자.

차례

↑|||ı 1장. 미국 ETF, 이것만 알면 된다 ı|||↑

↑|||ı 2장. 황금알을 낳는 미국 배당주 ı|||↑

↑↑↑ ||| 3장. 현금흐름을 만드는 커버드콜의 원리 ||| ↑↑↑

4장. 3년 후 월 300만 원 현금흐름을 만드는 포트폴리오

↑||�
 5장. 투자금을 만드는 실천 가이드 ||↑

미국 ETF를 선택한
현실적인 이유

당장 회사에서 잘리면
뭐 해 먹고 살지?

야근 후 퇴근길 엘리베이터에 혼자 서 있으면 가끔 이상한 상상이 든다. 오늘은 무사히 하루를 끝냈지만, 내일은 이곳에서 내가 사라질 수도 있다는 상상. 내가 지키려 애쓴 책상 위 이름표는 사라지고, 내 자리는 공석이 되고, 동료들은 아무 일 없었다는 듯 새로운 사람과 업무를 이어가는 것.

물론 누구나 머릿속으로는 알고 있다. '언젠가는 이 회사를 떠나겠지….' 그런데도 현실은 우리를 안심시키려 든다. '아직은 괜찮아, 이번 달 월급도 잘 들어왔잖아.' 통장에 찍힌 숫자가 우리를 잠시나마 안도하게 해주는 것도 사실이다. 하지만 그 숫자가 멈추면 어떻게 될까? 나는 월급이 없는 삶이 두려웠다. 코로나 팬데믹 시기, 누구도 예상하지 못한 순간에 수많은 동료가 하루아침에 희망퇴직 대상자가 되었기 때문이다.

어느 날 사내 메일함에 뜬 공지문이 모든 걸 뒤바꿨다.

「경영상 불가피한 사유로 구조 조정이 진행됩니다. 대상자분들께는 개별 상담을 통해 희망퇴직 절차를 안내해 드릴 예정입니다.」

누구라도 이 글을 읽는 순간, 그동안의 실적이며 희생이며 모든 게 허무해질 것이다.

내가 아는 선배는 늘 회사에 헌신적이었다. 누가 보든 안 보든 야근을 했고, 주말에도 자료를 검토했다. 하지만 회사가 어려워지자 가장 먼저 이름이 올랐다. 연봉이 높았기 때문이다. 또 다른 경우도 있다. 빨리 과장으로 승진한 직원과 승진하지 못해 대리로 남아 있는 직원들이 있었다. 코로나 팬데믹 시기 예전 회사가 정리될 때 대리급 이하는 거의 대부분 계열사로 이동했다. 하지만 과장급 이상의 직원들은 이동하기가 어려울 수밖에 없었다. 결국 과장으로 가장 빨리 승진했던 그 직원은 수많은 이력서를 쓰고 결국 다른 회사에 가까스로 이직했다. 누구보다 열심히 일하고 성과를 인정받아 먼저 승진했을 뿐인데 말이다. 세상은 참 아이러니하다.

회사는 언제든 사람을 버린다. 그리고 남은 사람은 안도한다.

'그래도 나는 살아남았으니까.'

그런데 정말 안전할까? 언제든 인사팀의 연락을 받을 수도 있다는 불안은 언제나 마음 한구석에 남아 있다. 많은 직장인이 '만약 내일 회사에서 잘리면 뭘 해서 먹고 살지?'라는 생각을 한다. 하지만 현실적으로 계산해 보는 사람은 많지 않다. 받은 퇴직금으로 당장은 괜찮지 않냐고 여기기도 십상이다. 평균적으로 한 직장에서 오래 다닌 40대 직장인이라면 5,000만 원에서 1억 원 가까운 퇴직금을 받는다. 위로금까지 받는다면 3억~4억 원은 될 것이다. 큰돈이다. 그런데 그 돈이 얼마나 유지될까? 아마 2~3년도 채 버티지 못할 것이다.

일단 퇴직금과 위로금으로 안도하다가 통장의 잔액이 급격하게 줄어드는 것을 보며 다시 일자리를 찾는다. 하지만 그때는 이미 나이가 발목을 잡는다. 통계청 조사에 따르면 대한민국 직장인의 주된 일자리 평균 퇴직 연령은 49세이며 퇴직 후 재취업에 성공하는 사람은 10명 중 4명도 채 되지 않는다. 그마저도 연봉은 평균 30% 이상이 깎인다. 어떻게든 구직 시장에 매달리지만 면접장에서 마주치는 건 냉담한 현실이다.

'경력이 너무 많네요.'

'생각보다 연봉 기대치가 있으시네요.'

'우리 회사 문화와 잘 맞을까요?'

나도 예전 회사가 정리되는 시기에 이력서를 쓰고 수많은 회사에 지원했었다. 몇 군데 연락이 오지도 않았지만 그나마도 연락이 온 회사의 피드백은 거의 같은 사유로 채용이 어렵다는 답변이었다.

'경력이 많고 저희 회사 임원보다 나이가 더 많네요.'

'연봉을 맞춰드릴 수 없습니다.'

당시 나는 생산직 공고로도 눈을 돌릴 수밖에 없었다. 결국 재취업에 실패하면 남은 선택지는 단순 노무직뿐이었다. 그마저도 체력이 버틸 때나 가능하다. 문제는 이런 이야기가 더 이상 특별하지 않다는 것이다. 뉴스를 보면 희망퇴직과 권고사직은 더 이상 놀라운 소식이 아니다. 누구에게나 올 수 있는 현실이다. 나 역시 그랬다. 내가 회사에 남았던 건 그저 운이 좋았을 뿐이다.

우리는 사무실 한편에서 이미 그 순간을 상상하기도 한다. 퇴직 후 통장 잔액이 줄어가는 공포, 가족에게 미안한 마음, 다시 이력서를 쓰며 마주해야 하는 바닥 난 자존감…. 그럼에도 준비는 하지 않는다.

준비하지 않은 대가는 늘 갑자기 찾아온다. 한 번에 너무 많은 것을 앗아간다. 그럼 뭘 해야 할까? 많은 사람은 회사에 다니면서 '부업이라도 해보자'고 말한다. 그것도 맞는 말이다. 나도 부업으로 시작했으니까. 하지만 특별한 능력이 없는 한 몸으로 벌 수 있는 데에는 한계가 있다. 언제까지 잠을 줄여가며 일할 수 있는 것도 아니고 그러다가 언젠가 몸에는 이상 신호가 온다.

퇴직금은 언젠가 바닥나고 몸은 언젠가 버티지 못한다. 하지만 내 돈이 만드는 현금흐름은 내가 자는 동안에도 움직인다. '만약 내일 잘리면 나는 뭘 해서 먹고 살까?'라는 질문은 단순한 상상이 아니라, 우리 모두가 현실에서 반드시 던져야 할 질문이다.

결국 이 질문에 답할 수 있는 사람이 마지막에 살아남는다. 나는 그 답을 찾기 위해 미국 배당주를 선택했다. 내가 잠든 사이에도 달러 배당금은 내 계좌에 들어온다. 작게 시작해도 된다. 작은 돈이라 하더라도 몇 년 뒤에는 복리의 마법이 펼쳐져 배당주 통장이 월급을 만들어 주는 시스템이 된다.

회사 탓도, 경제 탓도 하지 말자. 결국 내 삶을 책임질 수 있는 사람은 나뿐이니까.

'만약 잘리면 뭘 해서 먹고 살지?'가 아니라 '잘려도 상관없는 사람이 되려면 지금 무엇을 준비해야 할까?'라는 질문으로 바꿔야 한다. 오늘 이 질문을 묻고 끝내지 말자. 당신은 이 책을 읽는 지금부터 이미 답을 만드는 사람이다.

내가 프랜차이즈 창업을 포기한 이유

아침 출근길에 지하철역에 내려 회사로 가다 보면 매일 보는 장면이 있다. 바로 한 손에 커피를 들고 회사로 향하는 직장인들이다. 점심 식사 후에 동료들과 삼삼오오 어울려 커피를 주문하는 모습은 어느덧 한국의 직장 문화로 자리 잡은 지 오래다.

한국의 1인당 커피 소비량은 2025년 기준 연간 405잔으로, 세계 평균(152잔)의 2.7배에 달한다. 프랑스(551잔)에 이어 세계 2위로 대한

민국은 그야말로 커피 공화국이다. 이런 수치를 보면 누구라도 한 번쯤 생각한다.

'이 정도면 커피숍은 절대 안 망하겠다.'

'퇴직하면 나도 저가 커피 프랜차이즈 하나 차리면 되지 않을까?'

특히 장사 경험이 없는 직장인들에게 커피 프랜차이즈는 뭔가 안전해 보인다. 본사가 다 도와준다고 하고, 브랜드 간판이 손님을 모아줄 것 같으니 말이다. 실제로 소자본 창업 설명회에 가보면 저가 테이크아웃 커피 브랜드 부스 앞은 늘 사람들로 북적인다.

요즘은 어디를 가나 저가 커피전문점이 우후죽순 생긴다. 5평 남짓한 가게에 무인 키오스크와 아르바이트생 1~2명이면 운영 가능하다 보니 진입장벽이 낮고 초기 비용도 상대적으로 낮다. 그러나 진입장벽이 낮다는 건 곧 경쟁이 과열된다는 의미이기도 하다. 더 싼 가격, 더 좋은 원두, 더 깔끔한 인테리어를 내세운 경쟁 매장이 바로 옆에 들어오는 선 시간문제다. 더 큰 문제는 이럴 때 책임져 주는 사람은 아무도 없다는 것이다.

수익 구조도 냉정하다. 커피 한 잔에 평균 2,000원이라 쳐도 원가, 본사 로열티, 물류비, 광고 분담금, 임대료, 인건비까지 빼면 실제로 손에 남는 돈은 한 잔당 몇백 원에 불과하다. 그래서 사장은 매일같이 직접 매장에 나와야 한다. 새벽에 문 열고, 낮에는 커피 내리고 손님 응대하고, 밤에는 청소하고 발주하고 재고를 정리한다. 사장님이라는 말이 멋있어 보여도 실제 현실은 하루 12시간 넘게 서 있는 육체 노동자와 같다.

비단 커피 프랜차이즈만의 이야기가 아니다. '편의점은 카페보다는 낫겠지?'라고 생각하는 사람도 있다. 편의점은 24시간 문을 열어야 그나마 유지된다. 담배, 컵라면, 음료 하나 팔아도 남는 건 몇십원에서 몇백 원이고, 야간 아르바이트 인건비를 아끼려면 사장이 직접 밤을 지새워야 한다. 하지만 요즘에는 새벽에 찾아오는 손님도 거의 없어 전기세도 안 나온다고 하소연하는 편의점 점주도 많다. 심지어 아르바이트 월급을 주기 위해 사장님이 다른 일을 하기도 한다. 인건비 절약을 위해 어떤 편의점은 23시 이후에 무인으로 운영되기도 한다.

그렇다면 치킨집은 어떨까? 치킨은 대한민국 국민 야식이라고 불릴 만큼 꾸준히 팔린다. 주말 밤마다 배달 앱에 치킨 주문이 몰리고, 스포츠 경기 시즌엔 더 바빠진다. 그래서 퇴직 후 치킨 프랜차이즈 창업을 고려하는 사람이 많다. 하지만 현실은 녹록지 않다. 가장 먼저 마주치는 건 높은 원자재 가격이다. 닭고기, 기름값, 소스, 포장박스까지 모두 가격이 올랐다. 게다가 치킨은 튀기는 데 기름이 많이 필요해 기름값 변동에 따라 원가가 바로 뛴다. 더 큰 문제는 배달 앱 수수료와 광고비다. 치킨집 매출의 대부분이 배달이다 보니 배달 앱에 등록하지 않고는 손님을 모을 방법이 없다. 앱에 깔린 수수료, 광고 노출비, 카드 수수료까지 빼고 나면 한 마리 팔아 남는 돈이 생각보다 적다. 요즘은 배달비 지원도 사장님 몫이다. 고객의 무료 배달비를 치킨집이 일정 부분 떠안는 구조다. 또 배달 라이더가 부족해 배달비가 급등하면 고정비는 늘어나고 순수익은 더 깎인다. 처음엔

'그래도 국민 야식이니까 버틸 수 있겠지'라고 생각하지만 현실은 '버틸 수 있을까?'로 바뀐다.

무인 아이스크림 가게 같은 24시간 돈 버는 무인점포도 있다. 퇴직자들이 가장 혹하는 게 바로 이 무인 창업이다. '사람 안 써도 되고 주말에 재고만 채워두면 되겠지'라고 생각하지만 현실은 그리 단순하지 않다. 게다가 무인이라고 해서 사장이 완전히 손 뗄 수 있는 것도 아니다. 위생 상태도 점검해야 하고 청소도 직접 해야 한다. 누군가가 무인 매장에서 물건을 훔쳐 가면? 새빨개진 눈으로 CCTV 돌려보며 잡아야 할 사람도 결국 사장이다.

저가 커피, 편의점, 치킨집, 무인 아이스크림 가게… 모두 형태는 달라도 구조는 같다. 사장이 직접 몸으로 뛰고, 시간을 쏟아야만 돈이 돌아온다. 12시간 이상 근무하고 있고, 어쩌다 하루 쉬는 날에도 가게 걱정을 한다. 더 큰 문제는 이 모든 시도가 대부분 퇴직금과 대출로 시삭된다는 점이다. '인생 한 번 걸어보자' 하고 덤벼들었다가 가게는 사라지고 남는 건 빚뿐인 사람이 얼마나 많은지 모른다.

사실 나도 저가 커피 프랜차이즈 창업에 대해 알아봤다. 창업비는 7,000만 원에서 1억 원 정도라고들 하지만 실제로 좋은 상권에 점포를 구하려면 권리금과 보증금에 들어가는 돈이 만만치 않다. 무엇보다 20년 넘게 직장 생활만 해온 내가 사업 경험 하나 없이 큰돈을 투자한다는 건 생각할수록 큰 리스크 부담이 있었다. 그러던 어느 날이었다. 외근을 나갔다가 어느 지하철역에 내렸는데 출구 주변 10미터 남짓한 기리에 커피 전문점이 무려 나섯 개나 줄지어 있었다. 그 모습을 보고 나서야 현실을 제대로 직시했다.

'아, 내가 이런 판에 들어간다면 결국 가격 경쟁 속에서 내 시간과 몸만 더 갈려 나가겠구나.'

그 순간 잠시나마 고민했던 저가 커피 프랜차이즈 창업을 과감히 내려놓았다.

똑똑한 한 채보다 중요한
현금 시스템

신도시에서 자영업을 하는 지인이 있다. 신도시다 보니 대부분 분양으로 입주한 새 아파트 단지로 둘러싸여 있다. 몇 년 전 이야기이긴 하지만 코로나 팬데믹 시기 부동산 가격이 치솟으면서 그 동네 아파트 가격도 분양가의 3배가 넘게 올랐다. 어느 날 지인과 밥을 먹으며 물어봤다.

"사업하시는 동네 아파트값이 이렇게 올랐으면, 가게 매출도 더 잘 나오겠네요?"

그런데 돌아온 대답은 뜻밖이었다. 매출은 오히려 이전보다 신통치 않다는 것이다. 이유는 간단했다. 수도권 신도시에 5억 원짜리 아파트를 분양받았다고 치자. 입주 시 대출은 2억 원을 받았고 그 집이 지금은 15억 원이라면 총자산은 5억 원에서 15억 원으로 3배가 뛰었다. 하지만 그건 통장에 있는 현금이 아니다. 집을 팔아야 시세 차익이 비로소 현금성 자산이 된다.

그런데 내 집만 오른 게 아니라 주변 집값이 다 올랐다. 같은 동네에서 갈아탈 수 없고, 집을 팔아 더 작은 평수로 옮기거나 아예 지방으로 내려가지 않는 이상 시세 차익은 실현할 수 없다. 그런데도 대출은 그대로 남아 있다. 대출 원리금은 계속 갚아나가야 하고 아이들 교육비, 생활비 같은 필수 고정비는 줄지 않는다. 종이 위 총자산은 10억 원이 늘었지만 실제 삶은 달라진 게 전혀 없다. 그저 숫자로만 존재하는 자산일 뿐이다.

통계청과 금융연구소 자료를 보면 대한민국 평균 가구의 순자산 중 60~70% 이상이 부동산이다. 반면 현금성 자산 비중은 10%가 채 되지 않는다. 사실상 집 한 채 말고는 유동성이 없다. 결국 많은 가정이 '똘똘한 한 채'를 자산의 전부로 삼지만 현금흐름은 늘 비어 있는 셈이다. 따라서 가정생활 여건도 전혀 개선되지 않는다.

집값이 10억~15억 원이 되어도 그 집값은 생활비를 만들어 주지 않는다. 반면 매달 300만 원이 꼬박꼬박 통장에 들어온다면 어떨까? 내 통장 잔액이 지켜진다.

생각해 보자. A 씨는 퇴직 후 통장이 바닥나 결국 15억 원짜리 아파트를 팔고 지방으로 이사했다. 반면 B 씨는 퇴직 전 꾸준히 현금 시스템을 구축해 매달 300만 원의 현금흐름을 만들어 현재 거주지에서 계속 생활하고 있다. 당신이 생각하는 안정적인 삶은 무엇인가?

나는 B 씨와 같은 삶을 살고자 한다. 게다가 그 돈을 다시 투자하면 복리로 불어나 다음 해에는 330만 원이 될 수도 있다. 이것이 바로 내가 추구하는 현금 시스템이다. 내 몸이 지쳐도 멈추지 않고 내가 여행을 가 있어도, 잠들어 있어도 내 돈이 나 대신 일을 한다.

이 구조를 단순하게 'MMC My Money Company'라 부르겠다. 나는 사장이고, 내 돈은 직원이다. 이 직원은 불평하지 않고 365일, 24시간 멈추지 않고 일한다. 상가처럼 공실도 없고, 상권 걱정도 없다. 그로 인해 내 통장은 매달 스스로 월급을 찍어낸다. MMC가 늘어날수록 내 삶은 자유로워진다.

물론 똘똘한 한 채도 좋다. 하지만 그보다 더 중요한 건 현금이 매달 들어오는 시스템이다. 그래서 적은 금액이라도 현금 시스템이 돌아가는 구조를 만드는 것이 시급하다. 그럼 왜 나는 그 수많은 방법 중 미국 배당주로 이 시스템을 만들고 있는지 이야기해 보겠다.

내가 미국 ETF로
결정한 이유

내가 자본소득을 만들기 위해 처음부터 배당주만 생각한 것은 아니다. 앞에서 언급했지만 단기 임대도 운영했고 1년 수익률은 무려 92%였다. 숫자만 보면 누구라도 단기 임대에 올인해야겠다고 생각할 것이다. 하지만 돌이켜보면 내가 92%의 수익률을 거둘 수 있었던 것은 순전히 운이 좋았기 때문이었다.

나는 단기 임대를 두 곳 운영했는데, 그중 한 곳은 임차인이 기간을 계속 연장해 무려 10개월 동안 거주했다. 그 덕분에 공실 리스크가 사라졌다. 정상적인 상황에서 공실과 변수를 고려한다면 1년 수익률은 50~60% 정도가 현실적이다. 사실 이 정도도 상당히 높은 편이다. 만약 내가 미국 배당주에 집중하지 않았다면 아마 지금도 단기 임대를 운영하고 있을 것이다. 그렇다면 나는 왜 높은 수익률에도 불구하고 단기 임대 운영을 접고 미국 배당주를 선택했을까?

우선 단기 임대 공간이 내 소유라면 그나마 낫다. 하지만 이 경우에는 초기 투자금이 커지고, 수익률은 낮아진다. 그래서 임차한 공간을 전대해서 단기 임대로 돌리는 경우가 많다. 이때는 임대인의 전대차 동의를 받아야 하지만 허락해 주는 임대인이 많지 않다. 어렵게 동의를 받아 운영해도 공실 리스크는 늘 걱정거리다. 일주일 정도 공실이 나면 그 손해는 고스란히 스스로 감당해야 한다. 그달 임차료와 관리비는 그대로 나가기 때문에 심지어 손해를 볼 수도 있다. 실제로 나 역시 공실 리스크가 가장 큰 스트레스였다.

단기 임대 운영을 위해서는 중개 플랫폼에 매물을 등록하고 고객들과 상담을 통해 예약을 주고받는다. 예약이 완료되면 임차인이 비대면으로 입실하고 입주 기간이 끝나 퇴실하면 직접 방문해 기물 파손 등을 확인한 후 이상이 없다면 보증금을 반환한다. 그리고 다음 임차인을 위해 청소를 한다.

문제는 운영하면서 예상치 못한 돌발 상황이 생각보다 자주 발생한다는 것이다. 예를 들어, 겨울에 입주한 임차인은 추위를 많이 타는 제질이있다. 계속 방이 춥다고 해서 결국 전기요를 로켓배송으로 보내줬지만 퇴실 후 확인해 보니 포장조차 뜯지 않았다. 또 한번은 현관 디지털 도어의 비밀번호를 바꾼 임차인이 변경한 번호를 기억하지 못해 들어갈 수 없다고 연락이 왔다. 결국 일찍 퇴근해 집에 들러 마스터키를 가지고 직접 가서 열어준 적도 있다.

가장 충격적이었던 사건은 퇴실 시간을 훌쩍 넘긴 임차인을 만났던 날이다. 전날 미리 퇴실 시간을 안내해 두었기에 당연히 비워져 있을 거라 생각하고 현관문을 열었는데, 눈앞은 문자 그대로 아수라장이었다. 서랍장과 식탁 같은 가구를 따로 들여와서 방은 짐으로 가득 차 있었고, 옷가지들은 여기저기 흩어져 있었다. 원래 비치해 둔 테이블과 의자는 아예 테라스로 옮겨 놓아 먼지가 수북이 쌓여 있었다. 몇 차례 실랑이 끝에야 밤 9시가 되어서야 이삿짐센터 차량이 도착했고, 그제야 짐을 빼고 퇴실 절차를 마칠 수 있었다.

단기 임대는 보통 세탁기, 냉장고, 에어컨, 옷장, 식탁 등 기본 시설이 갖춰져 있어 가벼운 짐만 들고 오는 경우가 대부분이다. 이삿짐센터까지 부른 임차인은 그때가 처음이었다. 다행히 다음 임차인의 입실이 이틀 뒤라 문제없이 넘어갔지만, 만약 당일 입실이었다면 컴플레인은 물론이고 묵을 호텔까지 찾아봐 주어야 했을 상황이었다.

더 황당한 일은 그다음 날 벌어졌다. 나는 종종 아침 퇴실 확인을 마친 뒤 5학년인 딸과 함께 청소를 하러 간다. 돈을 번다는 것이 결코 쉽지 않다는 걸 알려주고 싶어, 퇴실 청소를 도울 때면 작은 공간 하나를 맡기고 수고비로 2만 원을 주곤 했다. 그날도 늘 하던 대로 딸과 함께 집을 찾았다.

단기 임대하는 곳에는 늘 간단히 사용할 수 있는 소형 청소기를 비치해 둔다. 청소기를 들고 다니기 번거롭기도 하고, 임차인도 생활하면서 필요하기 때문이다. 그런데 임차인은 퇴실하면서 그 청소기까지 통째로 가져가 버렸다. 오히려 "청소기가 원래 있었냐"라고 되묻는 걸 보니, 3개월 넘게 생활하는 동안 청소는 단 한 번도 하지 않은 듯했다. 청소기값은 따로 송금받았지만 당장 청소할 도구가 없으니 다시 집으로 돌아가 큰 청소기를 싣고 오는 수밖에 없었다.

침구를 정리하다 보니 또 다른 문제가 보였다. 염색을 하고 바로 누웠는지 베갯잇은 물론이고 흰색 베개 안쪽까지 선명한 보라색으로 물들어 있었다. 욕실의 낮은 대리석 선반에도 염색약이 스며들어 있었는데, 대리석은 한 번 물들면 잘 지워지지 않는다. 여러 방법을 동원해 거의 티 나지 않을 정도로 복구하긴 했지만, 그 임차인 때문에 무려 사흘 동안 일곱 번이나 집을 오갔다. 그 이후로는 트라우마처럼 마음이 늘 불편했다. 입주 기간 동안 그 공간을 어떻게 사용하고 있을지 알 수 없다는 불안감이 계속 따라다녔다.

이렇듯 수익이 좋다는 단기 임대조차, 결국은 내 몸을 계속 움직이고 스트레스를 감당해야만 돈을 벌 수 있는 구조였다.

반면 미국 배당주는 완전히 달랐다. 누군가를 상대할 필요가 없다. 임차인의 컴플레인도, 청소도, 침구 정리와 세탁도 없다. 고객 관리도 필요 없고 어디가 고장 날 일도 없다. 따지고 보면 단기 임대는 '몸이 번 돈'이었고 미국 배당주는 배당금 재투자를 통해 '돈으로 돈을 버는 복리 구조'였다. 나는 더 이상 내 시간과 노동을 갈아 넣고 싶시 않았다. 예약 상담하고, 밤늦게 임차인의 문의에 시달리고, 기물 파손과 공실 걱정으로 마음 졸이는 것에서 벗어나고 싶었다. 결국 나는 단기 임대는 접고 오직 미국 배당주 투자에만 집중하고 있다. 이것이 바로 내가 미국 배당주로 결정한 이유다.

미국 배당주 투자로 기대할 수 있는 통상적인 세후 배당수익률은 적게는 2~4%, 많게는 10% 초반이니 평균 6~7%로 볼 수 있다. 여기서 의문점이 생길 수 있다. 위에서 나는 공실을 고려한 단기 임대 수익률은 50~60% 정도 될 것이라고 했다. 그럼 미국 배당주 수익률과 비교할 때 거의 10배 가까이 차이가 나기 때문에 '그 정도 수고로움을 감수하더라도 단기 임대 운영을 하는 것이 낫다'는 생각이 들 수 있다. 사실 그런 생각이 들어야 정상일 것이다. 하지만 만약 배당주 투자로도 연 50~60%의 수익률을 거둘 수 있다면 어떨까? 근데 그것이 과연 가능할까? 이 질문의 해답을 찾고자 많은 테스트를 거치며 공부했다. 그 결과 배당주 중에서도 커버드콜 ETF에 집중 투자해 단기 임대 수익률에 버금가는 성과를 내고 있다. 하지만 투자 기간을 우선 3년으로 한정했는데 그 이유는 3장에서 상세히 설명하도록 하겠다.

1장

미국 ETF,
이것만 알면 된다

01
ETF는 무엇일까?

주식 투자 이야기를 하다 보면 'ETF'가 빠지지 않고 등장한다. 요즘 투자 유튜브나 책, 기사에서도 'ETF 투자로 자산 키우기' 같은 제목이 넘쳐난다. 그렇다면 ETF란 정확히 무엇일까?

ETF는 'Exchange Traded Fund'의 줄임말이다. 직역하면 '거래소에 상장된 펀드'라는 뜻이다. 여기에서 핵심은 '펀드'다. 우리가 흔히 아는 펀드는 여러 투자자의 돈을 모아 주식, 채권, 원자재 등에 투자하는 금융 상품이다. 예를 들어 단일 기업 주식만 사는 것이 아니라 반도체, IT, 자동차, 금융 등 다양한 종목을 한 바구니에 담아 운용한다. 이렇게 하면 특정 종목이 부진하더라도 다른 종목이 받쳐줄 수 있어 위험을 줄이는 효과가 있다.

다만 기존의 펀드는 가입과 해지가 번거롭다. 은행이나 증권사 창구, 혹은 홈페이지를 통해 신청해야 하고 하루에 한 번 정해진 기준가로 거래된다. 매수·매도 가격을 실시간으로 정할 수 없고 거래 속도도 느리다. 반면 ETF는 이름에 '거래소에 상장된'이라는 말이 붙은 것처럼, 뉴욕증권거래소NYSE나 나스닥NASDAQ 같은 주식시장에 상장되어 있어 애플Apple이나 마이크로소프트Microsoft 주식처럼 실시간으로 사고팔 수 있다. 그러면서도 펀드처럼 여러 종목에 분산 투자하는 장점은 그대로 갖췄다. 즉, ETF는 '펀드의 안정성'과 '주식의 편리함'을 결합한 상품이라고 할 수 있다.

ETF가 등장한 배경에는 투자자의 변화된 요구가 있다. 과거에는 투자자들이 은행·증권사에서 판매하는 '액티브 펀드Active Fund'에 주로 가입했다. 하지만 시간이 지나면서 펀드 매니저가 시장을 이기는 경우가 드물고 수수료만 비싸다는 불만이 커졌다. 그런 배경 속에 1970년대 지수를 추종하는 '인덱스 펀드Index Fund'가 등장했다. 시장 평균 수익률을 그대로 따르면서도 운용 비용을 낮춘 이 상품은 큰 주목을 받았다. 그러나 여전히 인덱스 펀드는 하루에 한 번만 거래되는 구조였기 때문에 투자자들이 느끼는 답답함은 남아 있었다.

이 답답함을 해결하기 위해 1993년 미국에서 세계 최초의 ETF인 SPDRStandard&Poor's Depositary Receipts S&P500 ETF인 SPY가 탄생했다. S&P500 지수를 그대로 추종하면서도 주식처럼 실시간 거래가 가능했던 이 상품은 폭발적인 반응을 얻었다. 이후 ETF는 주식, 채권, 원자재, 부동산 리츠REITs, 심지어 특정 전략(레버리지, 인버스)까지 담을 수 있는 다채로운 상품으로 진화했다. 현재 전 세계 ETF 시장 규모는 수천조 원에 달하며, 개인 투자자뿐 아니라 연기금, 기관투자자들도 주요 운용 수단으로 활용하고 있다.

결국 ETF는 단순한 투자 상품이 아니라 '저렴한 비용+손쉬운 거래+자동 분산'이라는 세 마리 토끼를 잡아낸 혁신적인 금융 도구다. 그래서 지금도 ETF는 전 세계 금융시장에서 가장 빠르게 성장하는 투자 수단 중 하나로 꼽힌다.

벤치마크(기초지수)

대부분의 ETF는 '벤치마크 지수Benchmark Index'라는 기준을 따라가도록 설계된다. 쉽게 말해, 벤치마크라는 '설계도'를 기반으로 포트폴리오를 구성해 놓고, 투자자는 이 포트폴리오를 주식처럼 한 번에 사는 구조라고 이해하면 된다. 그래서 특정 벤치마크 지수를 추종하는 ETF는 해당 지수를 거울처럼 복제한다. 예를 들어 S&P500 지수는 미국 시가총액 상위 500개 기업을 시가총액 비중대로 반영하는데, 이를 추종하는 S&P500 ETF인 SPY, VOO, IVV를 사면 S&P500 지수와 거의 똑같이 움직이게 된다.

정리하자면 ETF는 벤치마크 지수라는 레시피를 100% 따라 만든 투자 요리 세트라고 볼 수 있다. 레시피가 S&P500이라면 애플, 마이크로소프트, 아마존Amazon이 주요 재료가 되는 식이다. ETF는 그 재료들을 정확한 비율로 담아 주 단위로 잘라 판매한다. 투자자는 요리하는 수고 없이 세트 메뉴를 사서 먹기만 하면 된다고 생각하면 쉽게 이해될 것이다.

펀드 대비 저렴한 운용보수

일반적인 펀드 상품을 보면 펀드 보수로 판매, 운용, 수탁, 사무 수탁 등의 비용이 발생하는데, 연평균 수수료는 1~2% 수준이다. 하지만 ETF는 판매 보수나 환매 수수료 같은 추가 비용이 없어 연간 0.1~0.5% 정도의 운용보수만 발생한다. 이는 장기 투자에서는 매우 큰 차이를 만든다. 연 1%대 보수는 처음에는 별것 아닌 것처럼 보일 수 있지만, 10년, 20년 누적되면 투자 성과를 갉아먹는 요소가 된다. ETF의 낮은 운용보수는 같은 지수를 추종하더라도 투자자의 몫을 더 많이 남겨주는 역할을 한다.

예를 들어 1억 원을 연평균 10% 수익률로 20년간 투자한다고 가정하면, 운용보수가 1.5%인 펀드와 0.3%인 ETF 사이의 최종 수익 차이는 수천만 원 이상 벌어질 수 있다. 같은 시장, 같은 지수를 따라가도 운용보수가 낮은 ETF가 훨씬 많은 돈을 투자자에게 남겨주기 때문이다.

게다가 ETF는 일반 펀드와 달리 증권시장에서 주식처럼 실시간으로 매매된다. 매수·매도 타이밍을 스스로 정할 수 있고, 환매 대기 기간이나 중도 환매 수수료 같은 제약도 없다. 펀드처럼 하루 단위 기준가로 거래되는 것이 아니라 장중 시세를 보면서 바로 사고팔 수 있다는 점 역시 투자자에게는 효율적이고 유연한 선택권을 제공한다.

적은 비용으로 분산 투자 가능

만약 미국을 대표하는 대형주를 1주씩 직접 매수하려면 얼마나 필요할까? 다음은 미국 시가총액 1~10위 기업의 1주당 가격이다.

버크셔 해서웨이 A주를 제외하더라도 시가총액 상위 9개 기업을 각각 1주씩 사려면 약 3,959달러, 원화로 약 574만 원(이하 전체 환율 1,450원 적용)이 필요하다. 투자 경험이 많지 않은 초보자나 소액 투자자에게는 결코 가벼운 금액이 아니다.

하지만 ETF는 단 한 종목만 매수해도 이미 수십, 수백 개 종목에 분산 투자하는 효과를 얻을 수 있다. 예를 들어 S&P500 ETF를 사면

| 표 1 | 미국 기업 시가총액 순위

순위	종목 코드		기업명	시가총액(달러)	주가(달러)
1		NVDA	엔비디아	4.25조	175.02
2		AAPL	애플	4.11조	278.28
3	G	GOOG	알파벳	3.74조	310.52
4		MSFT	마이크로소프트	3.56조	478.53
5		AMZN	아마존닷컴	2.42조	226.19
6		AVGO	브로드컴	1.77조	359.93
7	∞	META	메타플랫폼스	1.62조	644.23
8		TSLA	테슬라	1.53조	458.96
9	BH	BRK.A	버크셔 해서웨이 A	1.08조	748,886.97
10		LLY	일라이 릴리	0.97조	1,027.51

25.12.12 기준, 출처: 트레이딩뷰

애플, 마이크로소프트, 아마존, 구글Google 같은 대표 기업부터 에너지, 필수소비재, 금융, 헬스케어, 산업재까지 다양한 업종에 자동으로 투자된다.

또한 ETF는 운용사가 정기적으로 포트폴리오를 리밸런싱해 시장에서 비중이 지나치게 커진 종목을 줄이고, 새로운 편입 조건을 충족한 종목을 추가한다. 이 과정에서 투자자는 따로 매매하거나 종목을 분석할 필요 없이 자동으로 '시장 상황에 맞춘 최적의 포트폴리오'를 유지할 수 있다. 시간이 부족하거나 투자 경험이 적은 사람에게는 이만큼 효율적인 투자 방식도 드물다.

투명한 구성 종목 공개

ETF의 장점 중 하나는 내 돈이 어디에, 어떻게 들어가 있는지를 아주 투명하게 알 수 있다는 점이다. 대부분의 ETF는 하루 단위로 구성 종목과 비중을 공개한다. 예를 들어 내가 S&P500 ETF를 보유하고 있다면, 애플에 몇 %, 마이크로소프트에 몇 %, 헬스케어나 금융 업종에 얼마나 배분되어 있는지를 즉시 확인할 수 있다.

덕분에 투자자는 막연한 예상이 아니라 정확한 데이터를 기반으로 포트폴리오를 점검하고 전략을 세울 수 있다. 반면 일반 펀드는 분기나 반기에 한 번 보고서를 통해서야 구성 내역을 확인할 수 있어, 시장 상황이 빠르게 변하는 시기에는 대응이 늦어질 수밖에 없다.

배당금 수령

ETF는 주식을 보유하듯 들고 있기만 해도 배당금을 받는다. 이 배당금은 ETF가 담고 있는 기업들이 지급한 배당을 모아 정해진 주기에 맞춰 투자자에게 나눠주는 것이다. 분기배당 ETF라면 1년에 4번, 월배당 ETF라면 매달 현금이 계좌로 들어온다. 별도의 신청 과정도 필요 없다.

특히 은퇴를 준비하거나 투자금에서 꾸준한 현금흐름을 만들고 싶은 사람에게 이런 구조는 매우 매력적이다. 주가가 오르든 내리든 배당 지급일이 도래하면 계좌에 돈이 들어오는 경험은 투자 심리를 단단하게 만들어 주고, 장기 보유를 가능하게 하는 힘이 된다.

02

ETF
종류와 특징

ETF 상품들은 겉으로는 모두 비슷해 보인다. 그러나 뚜껑을 열어 보면 안에 담긴 재료와 조리법, 그리고 결과물이 완전히 다르다. 재료에 따라 음식의 맛이 달라지듯, 어떤 ETF를 담느냐에 따라 수익 곡선, 변동성, 심리적 안정감이 전혀 다른 모습으로 나타난다.

지수형 ETF
: 시장 전체를 사는 가장 간단한 방법

앞서 설명한 분산 효과를 가장 손쉽게 구현한 것이 바로 지수형

ETF다. 지수형 ETF는 특정 주가지수를 그대로 추종하며, 이는 곧 해당 시장 전체를 사는 것과 같은 효과를 낸다.

예를 들어 S&P500 ETF 1주를 매수하면 미국을 대표하는 500개 기업의 주식을 동시에 보유하게 된다. 기술주, 금융주, 산업재, 헬스케어 등 여러 업종이 고르게 포함되기 때문에 개별 종목처럼 주가가 널뛰기하는 위험이 줄어들고, 자연스럽게 변동성도 완화된다.

지수형 ETF의 가장 큰 장점은 시장 평균을 그대로 가져올 수 있다는 점이다. 장기적으로 미국 주식시장은 꾸준히 우상향해 왔고, 이를 오래 보유하는 것만으로도 안정적인 복리 효과를 기대할 수 있다. 매일 시세를 확인할 필요 없이 정기적으로 적립식 매수만 해도 자산을

| 그림 1 | SPY의 주가 흐름

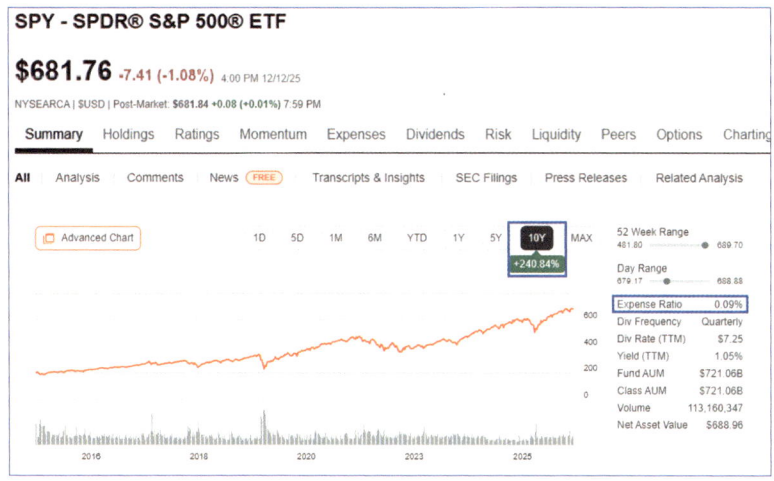

25. 12. 12. 기준, 출처: 시킹알파

꾸준히 불려 나갈 수 있다는 뜻이다.

이제 대표적인 지수형 ETF 2가지를 살펴보자. 먼저 S&P500을 추종하는 ETF인 SPY다. SPY의 10년 누적 수익률은 241%로 연평균 수익률은 약 24%이다. 운용보수는 0.09%로 저렴하다. 시가총액에 따라 포트폴리오를 구성하고 있으며 상위 종목의 비중은 39.6%다.

다음은 나스닥100 지수를 추종하는 QQQ로 엔비디아NVIDIA, 마이크로소프트, 애플 등 기술 대형주 중심의 ETF이다. QQQ의 10년 누적 수익률은 459%로 연평균 수익률은 약 46%이며, 운용보수는 0.2%다. SPY와 동일하게 시가총액에 따라 포트폴리오를 구성하고 있으

| 표 2 | SPY 편입 종목 및 비중

종목 코드	종목명	편입 비중
NVDA	엔비디아	7.62%
AAPL	애플	7.03%
MSFT	마이크로소프트	6.04%
AMZN	아마존	3.82%
AVGO	브로드컴	3.30%
GOOGL	알파벳 A	3.16%
GOOG	알파벳 C	2.55%
META	메타 플랫폼스 A	2.40%
TSLA	테슬라	2.15%
BRK.B	버크셔 해서웨이 B	1.53%
JPM	JP모건 체이스	1.45%
상위 종목 비중		39.6%
그 외 전체 비중		60.42%
총 편입 종목 수		504개

25. 12. 10. 기준, 출처: etf.com

| 그림 2 | QQQ의 주가 흐름

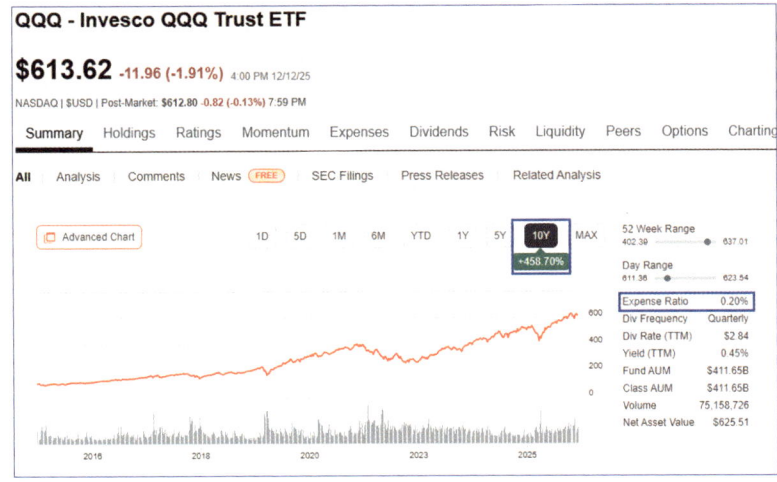

25. 12. 12. 기준, 출처: 시킹알파

며, 상위 10개 종목의 비중은 53.32%에 달한다.

QQQ의 수익률이 SPY보다 2배 가끼운 높은 성과를 보인 이유는, 최근 미국 증시를 견인하고 있는 기술주 중심으로 포트폴리오가 꾸려져 있고 그중에서도 빅테크 비중이 SPY 대비 압도적으로 높기 때문이라고 볼 수 있다.

물론 지수형 ETF라고 해서 주가가 언제나 우상향하는 것은 아니다. 미국 경제가 위기를 맞으면 지수 전체가 떨어지고 ETF 역시 함께 하락한다. 그러나 역사적으로 미국 주식시장은 전쟁, 금융위기, 코로나 팬데믹을 모두 거치면서도 장기적으로 꾸준히 성장해 왔다. 그래서 지수형 ETF 투자는 '단기 치익'이 아니라 '장기 성장'을 목표로 집

| 표 3 | QQQ 편입 종목 및 비중

종목 코드	종목명	편입 비중(%)
NVDA	엔비디아	9.32%
AAPL	애플	8.63%
MSFT	마이크로소프트	7.42%
AVGO	브로드컴	6.70%
AMZN	아마존	5.60%
GOOGL	알파벳 A	3.89%
GOOG	알파벳 C	3.66%
TSLA	테슬라	3.43%
META	메타 플랫폼스 A	2.94%
PLTR	팔란티어 테크놀로지스	2.19%
NFLX	넷플릭스	2.02%
상위 종목 비중		53.32%
그 외 전체 비중		46.68%
총 편입 종목 수		102개

25. 12. 10. 기준, 출처: etf.com

근하는 것이 더 현명하다.

채권형 ETF
: 금리와 채권 가격의 밀당

최근 주목받고 있는 ETF 중 하나가 바로 채권형 ETF다. 채권형 ETF는 말 그대로 채권에 투자하는 ETF로 주식처럼 간단히 매매할 수 있으면서도 채권의 안정적인 이자 수익을 챙길 수 있는 상품이다.

원래 채권은 개인 투자자가 직접 사기엔 절차도 복잡하고 금액 단위도 커서 접근이 쉽지 않다. 하지만 ETF를 통해 소액으로도 쉽게 분산 투자할 수 있다.

채권 투자에서 가장 중요한 것은 금리와 채권 가격의 관계다. 둘은 늘 반대 방향으로 움직이기 때문에 반비례 관계에 있다. 또한 주식과 상관관계가 낮아 포트폴리오 분산 효과를 제공하고, 주식시장이 불안할 때 방어막 역할을 한다. 특히 장기 투자 관점에서는 금리 싸이클에 맞춰 매수·매도 타이밍을 조절하면, 이자 수익과 가격 상승이라는 두 마리 토끼를 잡을 수 있다.

채권형 ETF는 투자하는 채권의 만기에 따라 종류가 나뉜다. 미국

| 그림 3 | SHY의 주가 흐름

SHY - iShares 1-3 Year Treasury Bond ETF
$82.87 0.01 (+0.01%) 4:00 PM 12/12/25
NASDAQ | $USD | Post-Market: $82.88 +0.01 (+0.01%) 7:57 PM

25. 12. 12. 기준, 출처: 시킹알파

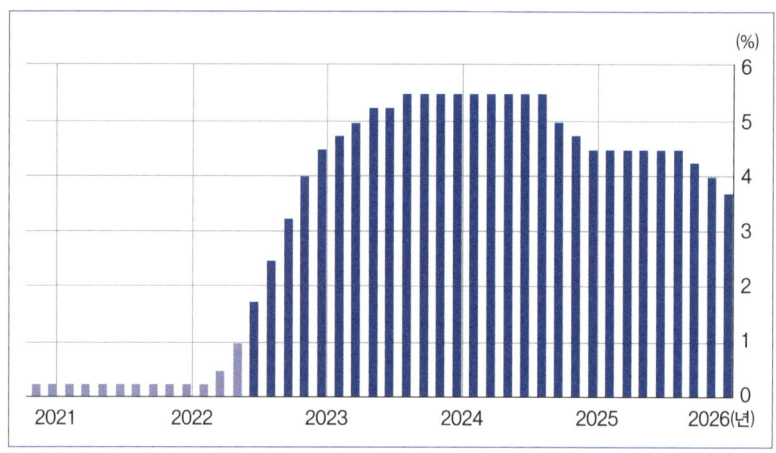

| 그림 4 | 미국 중앙은행의 기준금리

25. 12. 12. 기준, 출처: 인베스팅닷컴

단기 국채에 투자하는 SHY와 20년 이상 장기 국채에 투자하는 TLT가 대표적이다. 단기 채권형 ETF는 금리 변화에 상대적으로 덜 민감하지만, 장기 채권형 ETF는 금리 변동에 따라 가격이 크게 흔들린다.

예를 들어 연 3% 이자를 지급하는 20년 만기 국채가 있다고 해보자. 발행 당시에는 3%면 충분히 매력적인 수준이었다. 그런데 시간이 지나 금리가 5%로 올랐다면, 이제 새로 발행되는 채권은 5% 이자를 준다. 그렇다면 누가 굳이 3%짜리 채권을 사겠는가? 자연스럽게 기존 채권의 가격은 떨어질 수밖에 없다. 반대로 금리가 내려가면 과거의 높은 금리를 주는 채권이 귀해지고, 그만큼 가격은 올라간다.

정리하면 금리가 상승하면 채권 가격은 하락하고, 금리가 하락하면 채권 가격은 상승하는 구조이며, 이는 채권형 ETF에도 그대로 적

용된다.

2021년 말 미국 연준의 테이퍼링tapering 선언 이후 2022~2023년 미국은 초고속 금리 인상을 단행했다. 기준금리는 0%대에서 5%를 넘어 5.5%까지 급격하게 올랐다. 현재 기준금리는 3.75%이다.

이때 큰 폭으로 하락한 ETF가 바로 TLT이다. 실제로 2021년 11월부터 떨어지기 시작한 TLT 주가는 현재까지 이렇다 할 회복세를 보이지 못하고 있다. 과거 사례를 보면 금리 인하가 시작된 시점부터 장기채 ETF가 단기간에 두 자릿수 이상의 수익률을 기록한 적도 있었다. 최근 시장은 금리 인하 방향으로 움직이고 있으며, 이를 방증하듯 2024년 하반기부터 미국 기준금리 인하를 예상하며 TLT를 꾸준히 매수하는 투자자도 적지 않다. 이런 흐름이 현실화된다면 지금처럼 장기 국채 가격이 저점 구간에 있을 때 TLT를 매수하는 전략이 충분히 유효할 수 있다.

섹터형 ETF
: 산업별로 집중 투자하는 전략

지수형 ETF가 시장 전체를 한 번에 담는 '넓은 바구니' 전략이라면, 섹터형 ETF는 그 바구니를 세분화해 특정 산업군만 골라 담는 전략이라 할 수 있다. 산업별로 쪼개서 투자하는 방식으로, 말 그대로 잘나가는 분야에 집중 투자할 수 있다는 점이 핵심이다.

글로벌산업분류기준GICS에 따르면 미국 주식시장은 총 11개 섹터로 구분되며, 정보기술, 커뮤니케이션 서비스, 임의소비재, 산업재, 헬스케어, 리츠, 소재, 에너지, 금융, 유틸리티, 필수소비재가 이에 속한다.

대표적인 ETF로는 S&P500을 산업별로 나눈 SPDR 셀렉트Select 시리즈가 있다. 다음은 섹터별 ETF의 성과를 분석한 내용으로, 각 섹터는 경기 사이클에 따라 강세를 보이는 시기가 다르며 장기 성과 역시 크게 차이가 난다.

정보기술 섹터 ETF인 XLK는 지난 10년 동안 591%라는 압도적인 누적 수익률을 기록했다. 엔비디아, 마이크로소프트, 애플 같은 글로벌 혁신기업들이 이 섹터를 주도해 왔기 때문이다. 반면 헬스케어 섹터의 XLV는 같은 기간 118% 수익률에 그쳤다. 안정적인 배당과 방어력을 갖춘 섹터지만, 성장 폭은 상대적으로 제한적이었다는 의미다.

또 다른 흥미로운 비교는 에너지 섹터다. XLE는 최근 1년간 2% 하락했지만, 5년 성과는 124% 수익률에 달한다. 유가 상승기에는 단기간에 폭발적인 수익을 낼 수 있지만, 하락기에는 손실 폭도 커진다는 점을 보여준다. 이런 특유의 변동성은 에너지 섹터가 경기 후반 또는 인플레이션 구간에서 특히 강세를 보이는 이유이기도 하다.

필수소비재와 유틸리티는 경기 침체기에도 비교적 안정적인 흐름을 유지한다. 대표 ETF인 XLP와 XLU는 변동성이 낮고 꾸준한 배당을 지급하기 때문에 포트폴리오의 방어막 역할을 한다. 다만 성장주는 아니기 때문에 시장이 호황일 때 수익률은 상대적으로 낮은 편이다.

임의소비재와 커뮤니케이션 서비스는 경기 확장기에 강한 상승 탄력을 보인다. 테슬라Tesla, 아마존, 메타Meta, 넷플릭스Netflix 같은 기업들이 속해 있어 혁신과 소비 트렌드 변화에 민감하게 반응한다. 최근 5년간 각각 54%, 75%의 수익률을 기록했으며, 특정 시기에는 시장 평균을 크게 웃도는 성과를 내기도 했다.

마지막으로 부동산 섹터의 XLRE는 금리와 밀접한 상관관계를 갖는다. 금리가 오르면 자금 조달 비용이 증가해 부동산 기업의 수익성이 떨어지고, 금리가 내려가면 반대로 수익성이 개선된나. 최근 금리

| 표 4 | 섹터별 ETF 수익률 비교

섹터	대표 ETF	주요 기업(상위 비중)	누적 수익률		
			1년	5년	10년
정보·기술 (Information Technology)	XLK	엔비디아, 마이크로소프트, 애플	24%	138%	591%
헬스케어 (Health Care)	XLV	일라이 릴리, 존슨앤드존슨, 에브비	8%	38%	118%
금융 (Financials)	XLF	버크셔 헤서웨이, JP모건, 비자	10%	93%	134%
에너지 (Energy)	XLE	엑손모빌, 세브론, 코노코필립스	2%	124%	52%
필수소비재 (Consumer Staples)	XLP	월마트, 코스트코, 프록터앤갬블	-4%	17%	59%
임의소비재 (Consumer Discretionary)	XLY	아마존, 테슬라, 홈디포	2%	54%	208%
산업재 (Industrials)	XLI	GE 에어로스페이스 RTX, 캐터필러	14%	78%	200%
소재 (Materials)	XLB	린드, 셔윈윌리엄스, 뉴몬트	0%	27%	105%
유틸리티 (Utilities)	XLU	텍스트에라에너지, 콘스텔레이션 에너지, 서던	11%	38%	106%
커뮤니케이션 서비스 (Communication Services)	XLC	메타, 알파벳, 넷플릭스	15%	75%	-
부동산 (Real Estate)	XLRE	웰타워, 프로로지스, 아메리칸타워	-5%	12%	35%

25. 12. 12. 기준, 출처: 시킹알파

인상기에는 부진했지만, 향후 금리 인하가 시작되면 회복 가능성이 높은 섹터로 평가된다.

섹터별 성과를 단순히 과거 수익률로만 판단하기보다는, 섹터의 성격에 따라 투자 전략을 구분하면 활용도가 훨씬 높아진다. 크게는 장기 성장주, 방어주, 경기 민감·단기 기회주, 금리 인하 수혜주로 나눌 수 있다.

- **장기 성장 섹터:** 정보기술의 XLK, 임의소비재의 XLY, 산업재의 XLI가 여기에 속한다. 기술 혁신, 소비 트렌드 변화, 글로벌 인프라 투자 확대 같은 구조적 성장 동력을 가지고 있어 장기적으로 시장을 주도해 왔다. 단기 변동성은 있지만 장기 보유 관점에서는 시장 평균을 크게 웃도는 수익을 기대할 수 있다. 특히 XLK는 엔비디아, 마이크로소프트, 애플 같은 글로벌 IT 리더들이, XLY는 테슬라, 아마존 같은 혁신기업들이 포진해 있어 장기 투자 관점에서 유망하다.

- **방어 섹터:** 헬스케어의 XLV, 필수소비재의 XLP, 유틸리티의 XLU가 해당된다. 경기 침체기나 변동성 확대 구간에서도 비교적 안정적인 흐름을 보이는데, 이는 의료 서비스, 생필품, 전기·가스 같은 기초 서비스 수요가 경기와 상관없이 꾸준히 유지되기 때문이다. 수익률이 폭발적으로 오르지는 않지만, 하락장에서 포트폴리오의 충격을 줄이는 역할을 한다.

- **경기 민감·단기 기회 섹터:** 에너지의 XLE, 소재의 XLB, 금융의 XLF가 이에 속한다. 경기 순환에 따라 성과가 크게 달라지며, 유가·원자재 가격·금리 변동 등 외부 요인에도 민감하게 움직인다. 예를 들어 에너지 섹터는 유가 상승기에는 큰 수익을 주지만, 하락기에는 손실이 크게 확대된다. 금융 섹터는 금리 인상기와 경기 호황기에 강세를 보이는 경향이 있다. 이들 섹터는 타이밍이 맞으면 단기간 높은

수익을 기대할 수 있다.

 • **금리 인하 수혜 섹터:** 부동산의 XLRE과 금융의 XLF가 여기에 속한다. 금리 인하는 부동산 기업의 자금 조달 비용을 낮춰 수익성을 개선시키고, 금융사에는 대출 수요 확대와 자산 가치 상승으로 이어질 수 있다. 특히 금리 인하 초기 국면에서는 부동산 리츠와 일부 금융주의 반등 속도가 빠른 편이다.

이처럼 성격별로 섹터를 분류해 두면 경기 흐름과 금리 사이클에 맞춰 포트폴리오를 더욱 탄력적으로 조정할 수 있다. 상승장에서는 성장주 비중을 높이고, 불확실성이 커질 때는 방어주로 무게 중심을 옮기며, 경기 전환기에는 단기 기회 섹터와 금리 수혜 섹터를 적극 활용하는 식이다. 이러한 순환 전략은 장기적인 자산 성장뿐 아니라 변동성 관리에도 도움을 준다.

다만 섹터 투자라고 해서 단순히 "요즘 이 산업이 잘나간다더라" 하는 식으로 따라가서는 안 된다. 경제가 지금 어떤 단계에 있는지, 금리가 오르고 있는지 내려가고 있는지, 물가와 실업률, 유가 같은 핵심 지표들이 어떻게 움직이고 있는지를 이해해야 한다. 그래야 어느 섹터가 앞으로 힘을 받을지, 반대로 약해질지를 판단할 수 있다. 이런 정보를 모르고 투자하면 좋은 타이밍을 놓치거나 예상치 못한 손실을 볼 수도 있다.

그래서 시장을 관찰하는 습관이 필요하다. 뉴스, 경제 지표, 업종별 실적 발표를 꾸준히 살펴보며 자금이 어느 섹터로 이동하고 있는지 파악해야 한다. 이렇게 해야 경기 흐름에 맞춰 포트폴리오를 유연하게 조정하고 수익을 높일 수 있다.

테마형 ETF
: 미래의 스토리에 투자하는 법

섹터형 ETF가 '현재의 산업 비중'을 반영한다면, 테마형 ETF는 '미래의 성장 스토리'에 투자하는 성격이 더욱 강하다. 특정 산업이나 기술, 사회적 트렌드를 중심으로 종목을 묶기 때문에 우리가 뉴스에서 접하는 주요 키워드가 그대로 ETF의 테마가 된다. 해당 테마가 주목받는 순간 상승 속도는 폭발적이지만, 반대로 외면받는 시기에는 하락 속도도 무서울 정도로 빠르다.

예를 들어 인공시능, 전기차, 클린에너지, 우주 산업, 로봇·자동화 같은 분야가 대표적이다. 이런 산업들은 전 세계적으로 빠른 속도로 변화하고 있고 기술 발전, 정부 정책, 소비자 트렌드가 맞물리면서 급격한 성장이 가능하다. 그래서 테마형 ETF는 미래에 투자하고 싶은 사람에게 특히 매력적인 선택이 된다.

테마형 ETF의 가장 큰 장점은 개별 종목을 하나하나 고르지 않아도 해당 산업의 핵심 플레이어들을 한 번에 담을 수 있다는 점이다. 예를 들어 전기차 산업의 성장성에 투자하고 싶지만, 그 기업이 5년 뒤에도 살아남을지 확신이 없다면 DRIV 같은 전기차 테마형 ETF를 매수하면 된다. 그러면 해당 분야에 속한 기업들을 골고루 담을 수 있고 운용사가 알아서 포트폴리오를 조정해 주기 때문에 개별 기업의 부침과 상관없이 테마 자체에 투자할 수 있다.

이러한 테마형 ETF는 특정 산업이 급성장할 때 지수형 ETF보다 훨씬 빠르고 큰 수익을 기대할 수 있는 대신 리스크도 크다. 테마형 ETF의 본질은 성장성이지만 그 성장 스토리는 언제든 흔들릴 수 있다. 정부 정책, 기술 규제, 금리 변화, 원자재 가격 변동 같은 외부 요인에 따라 호황이 순식간에 불황으로 바뀔 수 있기 때문이다. 예를 들어 전기차 ETF는 리튬, 코발트 같은 배터리 원자재 가격이 폭등하면 기업들의 원가 부담이 커져 주가가 하락할 수 있다. 클린에너지 ETF는 원자재 가격과 정책 지원 여부에 크게 좌우되며, 특히 미국처럼 금리가 높은 환경에서는 미래 성장의 가치가 할인되면서 주가 변동폭이 크게 확대된다.

또한 테마형 ETF는 유행을 타는 경우가 많다. 뉴스나 SNS에서 화제가 된 시점에는 이미 주가가 상당히 오른 상태일 가능성이 크다. 이런 상황에서 뒤늦게 뛰어들면 고점 추격이 될 수 있고, 하락장에서 빠져나오지 못하면 손실이 커질 위험이 있다.

ARK Innovation ETF인 ARKK는 '혁신 성장'이라는 테마를 대표한다. 이 ETF는 '돈 나무 언니'라 불리는 캐시 우드Cathie Wood가 이끄는 ARK 인베스트가 운용하며 인공지능, 전기차, 유전자 분석, 핀테크 등 미래 산업을 선도할 기업을 직접 발굴해 담는다. 테슬라, 로쿠Roku, 코인베이스Coinbase 같은 기업들이 주요 편입 종목이다.

ARKK처럼 액티브 테마형 ETF의 경우 운용사의 종목 선택 능력에 따라 성과가 완전히 달라진다. 같은 테마를 추구하더라도 어떤 종목을 담느냐, 그리고 매수·매도 타이밍을 어떻게 가져가느냐에 따라 그 결과는 천국과 지옥처럼 갈릴 수 있다. ARKK는 코로나 팬데믹 초반 급등했지만, 2022년 급락 이후 미국 증시가 신고가를 경신하는 시기에도 큰 회복을 보이지 못하고 있다. 2020년의 ARKK가 '꿈의 ETF'였다면, 금리 인상과 함께 추락한 후에는 '지옥의 ETF'가 되어버린 셈이다.

나 역시 2021년 당시 ARKK의 포트폴리오에 담긴 종목들을 그대로 따라 매수했었다. 하지만 확신 없이 남들을 따라 샀던 결과는 처

| 그림 6 | ARKK의 주가 흐름

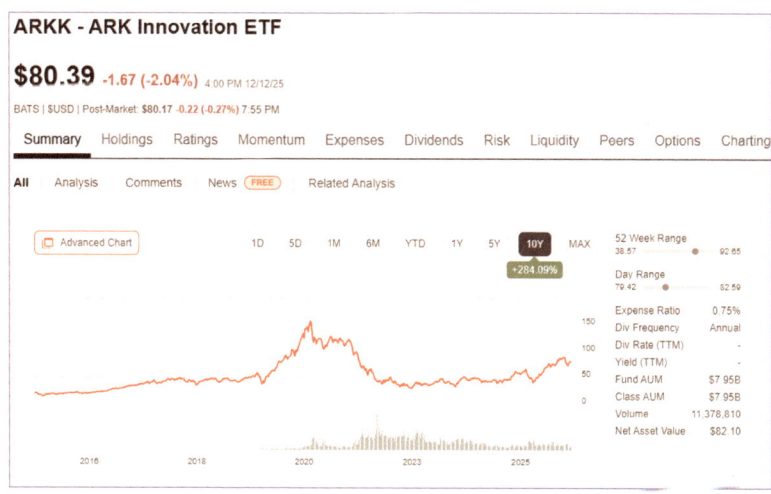

25. 12. 12. 기준, 출처: 시킹알파

참했다. 2022년 나스닥이 20% 하락할 때, 내가 영혼 없이 매수했던 종목들 중 상당수가 70~80% 이상 떨어졌기 때문이다. 그때 뼈저리게 깨달았다.

'미국 주식이라 해도 무조건 회복되는 것은 아니구나!'

큰돈을 투자한 것은 아니었지만 그 경험 이후로는 더 꾸준히 공부하며, 나만의 투자 철학과 투자 방식을 찾기 위해 계속 고민하고 있다. 초보 투자자라면 우선 안정적인 수익률을 줄 수 있는 지수형 ETF를 기본으로 삼고, 시장 흐름을 익히고 자신만의 확신이 생긴 뒤에 전체 자산의 일부만 테마형 ETF로 확장해 가는 것을 추천한다.

배당형 ETF
: 매월, 매 분기 들어오는 현금흐름의 힘

주식 투자를 오래 하다 보면 어느 순간 주가보다 더 든든하게 느껴지는 것이 생긴다. 바로 배당금이다. 계좌에 찍히는 현금흐름은 단순한 숫자를 넘어선다. 시장이 출렁이고 주가가 흔들려도, 내 계좌에 규칙적으로 들어오는 돈은 투자자에게 독특한 안정감을 준다. 말 그대로 흔들림 없는 수익의 감각을 제공하는 것이다.

배당형 ETF는 이런 배당의 매력을 그대로 담아 설계된 상품이다. 수익의 상당 부분을 배당금으로 투자자에게 돌려주며, 월 단위 혹은 분기 단위로 받아볼 수 있다. 직접 배당주를 고르고 관리하는 번거로움 없이, ETF 한 종목만으로 배당주 포트폴리오를 즉시 갖추는 셈이다. 다만 배당 ETF라도 성격과 운용 방식이 다양하기 때문에 자신의 투자 목적에 맞는 상품을 고르는 과정이 중요하다. 배당금으로 현금흐름을 갖추는 게 이 책의 목적인 만큼 구체적인 설명은 더 자세히 다룬 다음 장을 참고하면 된다.

원자재 ETF
: 인플레이션 시대의 보험 같은 자산

원자재 ETF는 기업의 성장과 실적에 투자하는 주식이나 채권과는 성격이 다르다. 금·은·원유·천연가스·옥수수·커피처럼 실물 자산의 가격 변동에 직접 투자하는 구조이기 때문이다. 금을 사서 집에 보관할 필요노 없고, 원유를 실제로 들여올 필요도 없다. 가격이 오르면 ETF를 통해 그 상승을 그대로 가져가는 방식이다.

원자재는 주식시장과의 상관성이 낮다. 특히 인플레이션이 가팔라질 때 원자재 가격이 뒤따라 오르는 경우가 많다. 그래서 많은 투자자는 원자재 ETF를 일종의 '자산 보험'처럼 편입한다. 주식과 채권이 동시에 흔들리는 시기에도 원자재는 반대로 움직이며 포트폴리오의 충격을 줄여주기 때문이다.

물론 장점만 있는 것은 아니다. 원자재 가격은 국제 정세나 날씨, 수급 상황 같은 외부 요인에 민감해 하루 사이에도 크게 출렁일 수 있다. 또한 주식처럼 장기적으로 우상향하는 자산도 아니기 때문에 사이클을 읽고 적절하게 진입하고 청산하는 타이밍을 잡는 것이 성과를 좌우한다.

나는 원자재 ETF 중에서도 금 ETF인 GLD만 장기 보유 대상으로 고려한다. 금은 수천 년간 안전자산 역할을 해왔고, 주식이나 채권이 흔들릴 때도 포트폴리오를 방어해 주는 검증된 자산이기 때문이다. 그 외 원유·천연가스·농산물·은 등 다른 원자재 ETF는 변동성이 지나치게 크기 때문에 마치 도박과 같다.

가령 옥수수 단일 가격을 추종하는 ETF인 CORN의 주가 추이를 보면 알 수 있듯이 변동성이 커서 급락과 급등이 반복되고 있다. 따

| 그림 7 | GLD의 주가 흐름

25. 12. 12. 기준, 출처: 시킹알파

| 그림 8 | CORN의 주가 흐름

25. 12. 12. 기준, 출처: 시킹알파

라서 이러한 원자재 ETF는 포트폴리오에서 과감히 제외하는 편이 안전하다.

국가별 ETF
: 나라를 사는 투자

국가별 ETF는 특정 국가의 주식시장 전체에 투자하는 상품이다. 삼성전자나 애플처럼 개별 기업을 고르는 방식이 아니라, 그 나라의 경세 흐름 자체에 베팅하는 투자에 가깝다. 앞으로 성장할 국가라고

| 그림 9 | INDA의 주가 흐름

25. 12. 12. 기준, 출처: 시킹알파

판단되면 그 나라의 대표 지수를 추종하는 ETF 하나만 매수하면 되고, 기업별 실적 분석이나 개별 종목 리스크를 피할 수 있어 상대적으로 분산 효과도 크다.

세계에서 가장 빠르게 성장하는 국가 중 하나는 인도다. 인도의 기업 정보를 잘 모르더라도 인도의 미래 성장을 확신한다면, 인도 전체 주식시장에 투자하는 ETF인 INDA를 매수하는 방식이 가능하다. 이는 미국 전체에 투자하는 SPY를 사는 것과 같은 개념이라고 이해하면 된다.

하지만 국가별 ETF는 그 나라의 정치와 경제 환경을 그대로 반영한다는 점을 유의해야 한다. 예를 들어 중국에 투자하는 MCHI는 기술 규제 강화나 부동산 위기 국면에서 직접적인 타격을 받을 수 있고, 브라질에 투자하는 EWZ는 원자재 가격 하락이 수익률에 즉각적인 영향을 미친다.

또한 국가별 ETF는 환율 리스크도 무시할 수 없다. 각국 통화의 가치 변화가 투자 성과에 그대로 반영되기 때문에 주가가 올라도 환율이 불리하게 움직이면 손실로 전환될 수 있다. 국가별 ETF를 선택할 때는 이 환율 변동성을 함께 고려해야 한다.

파생상품 ETF(레버리지·인버스)
: 빠른 수익, 혹은 두세 배의 리스크

주식시장의 ETF는 대부분 지수를 그대로 따라가는 상품이지만, 레버리지Leverage ETF와 인버스Inverse ETF는 성격이 완전히 다르다. 이 상품들은 주식·채권·원자재 지수의 변동성을 그대로 확대하거나 역방향으로 추종한다. 선물, 옵션 같은 파생상품을 활용해 지수의 하루 수익률의 2배, 3배로 움직이거나, 지수가 떨어질 때 수익이 나도록 설계되어 있다.

우선 레버리지 ETF는 기초 지수의 하루 변동률을 2배 혹은 3배로 확대하는 구조다. 예를 들어 나스닥100이 하루 1% 올랐다면, TQQQ 같은 3배 레버리지 ETF는 3% 상승한다. 강한 상승장에서 단기간 높은 수익을 노릴 수 있는 무기시만, 이 가속 페달에는 브레이크가 없다. 지수가 하루 1%만 하락해도 손실은 3%가 되고, 하락장이 길어지면 손실 속도는 일반 ETF와 비교가 되지 않을 만큼 빠르다. 그래서 레버리지 ETF는 장기 보유보다는 단기 추세 매매에 사용된다.

다음은 나스닥100을 그대로 추종하는 QQQ와 3배로 추종하는 TQQQ의 수익률을 비교한 것이다. 상승장에서는 TQQQ의 수익률이 QQQ를 압도하지만, 2025년 3월 관세 이슈로 미국 주식이 하락한 시기에는 TQQQ가 훨씬 더 가파르게 떨어진 것을 확인할 수 있다. 이처럼 레버리지 ETF는 변동성이 매우 크기 때문에 바닥이 명확하다고 판단되었을 때 단기적으로 접근하면 수익을 낼 수 있다. 그러나 초보자라면 매수를 피하는 것이 안전하다.

| 그림 10 | QQQ와 TQQQ의 1년 수익률 비교

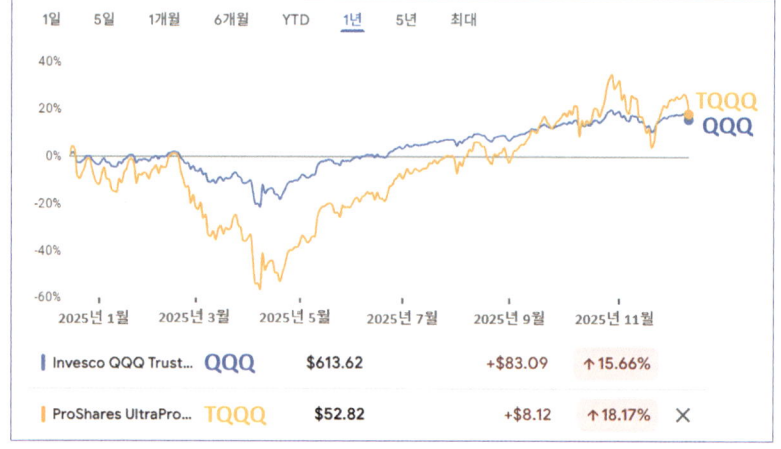

25. 12. 12. 기준, 출처: 구글

다음으로 인버스 ETF는 지수가 하락할 때 수익이 나는 역방향 상품이다. PSQ는 나스닥100을 역추종하고, SPXS는 S&P500 지수의 3배 하락폭을 추종한다. 급락장이 오면 포트폴리오 방어에 유용하거나 하락장에서도 직접적인 수익을 만들 수 있다. 그러나 방향이 틀리면 손실도 빠르게 커진다. 상승장에서 인버스 ETF를 들고 있으면 계좌가 매일 깎여 먹히는 구조다.

미국 주식시장은 역사적으로 장기 우상향해 왔기 때문에, 인버스 ETF를 장기 보유하면 손실 가능성이 매우 높다. 특히 3배 인버스 ETF는 변동성이 커질수록 복리 효과가 역으로 작용해 원금을 빠르게 훼손하므로 반드시 주의해야 한다.

나스닥100을 추종하는 QQQ와 이를 역방향으로 따라가는 PSQ의

| 그림 11 | QQQ와 PSQ의 1년 수익률 비교

25. 12.12. 기준, 출처: 구글

지난 1년 수익률을 비교해 보았다. PSQ가 수익을 낼 수 있었던 구간은 2025년 3~4월, 관세 이슈로 시장이 하락했던 시기뿐이었다. 이는 앞서 설명했듯 미국 주식시장이 지속적으로 우상향하고 있기 때문이다. 이런 환경에서는 인버스 투자가 본질적으로 불리하다.

마지막으로 레버리지·인버스 상품의 위험성을 단적으로 보여주는 사례가 있어 언급하고자 한다. 단 하루 만에 원금 전액이 소멸된 경우다. 한때 양자컴퓨터 테마주로 주목받았던 아이온큐IonQ의 주가가 폭락하자, 이를 3배로 추종하던 LEVERAGE SHARES 3X LONG IONQ(IONQ 3배 레버리지) ETP가 상장폐지 절차에 들어갔다. 이 사례는 레버리지 상품의 위험이 얼마나 빠르고 극단적으로 나타날 수 있는

| 그림 12 | 아이온큐 3배 레버리지 청산 사례

출처: 네이버

지를 잘 보여준다.

2025년 1월 7일, 엔비디아 CEO 젠슨 황이 "양자컴퓨터 상용화까지 20년 이상 걸릴 것"이라고 발언하자 아이온큐 주가는 하루 만에 39% 급락했다. 문제는 기초자산의 3배를 추종하는 레버리지 구조다. 기초지수가 약 33% 이상 떨어지면 수익률은 마이너스 100%, 즉 원금 전액이 사라지는 구조이기 때문이다. 결국 해당 상품은 청산되었고, 투자자들은 한 푼도 건지지 못한 채 계좌가 그대로 증발해 버렸다.

상승장과 하락장에서 레버리지·인버스 ETF를 적절히 사고팔면 수익을 낼 수 있다고 생각하는 투자자도 많지만, 시장의 방향을 맞히는 일은 누구에게나 어렵다. 그래서 이런 상품으로 꾸준히 수익을 내기는 현실적으로 쉽지 않다.

2장

황금알을 낳는
미국 배당주

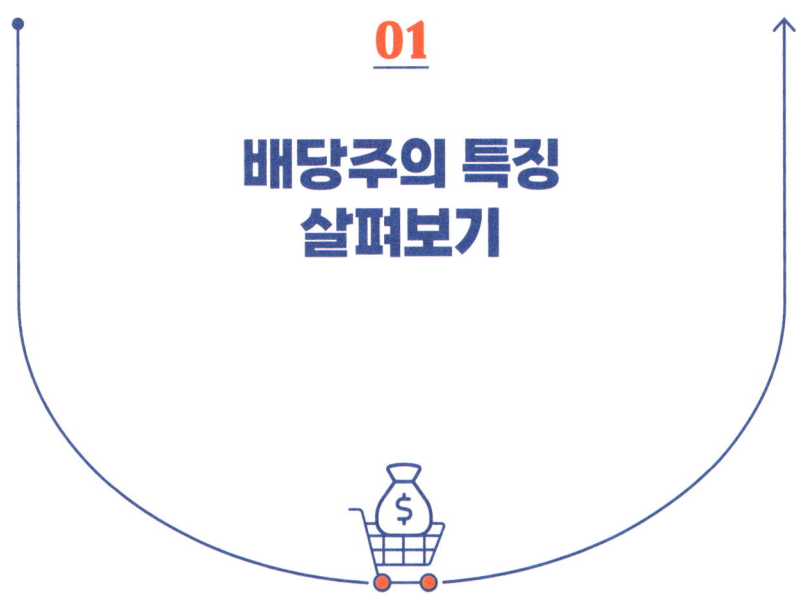

01

배당주의 특징
살펴보기

배당주는 어떻게
수익을 만드는가

배당配當, Dividend이란 기업이 일정 기간 영업 활동을 통해 벌어들인 이익의 일부 또는 전부를 주주에게 현금이나 주식으로 나눠주는 것을 말한다. 쉽게 말하면 "회사가 돈을 벌었으니, 그 이익을 주주와도 나누겠다"는 뜻이다. 배당은 현금 배당과 주식 배당으로 나뉘지만, 일반적인 형태는 현금 배당이며 우리 같은 개인 투자자는 계좌에 바로 들어오는 현금 배당의 체감 효과가 훨씬 크다.

현금흐름을 만드는 투자

어떤 기업의 주식을 100주 보유하고 있을 때, 1주당 연간 6달러를 배당한다면 투자자는 1년에 600달러를 아무 대가 없이 받게 된다. 만약 이 기업이 배당을 매월 지급한다면 매달 50달러(약 7만 원)가 들어오는 셈이다. 직장인의 한 달 대중 교통비가 자동으로 해결되는 수준이다. 직장에서 받는 월급과는 별개로, 주식에서 꼬박꼬박 들어오는 '배당 월급'이 생기는 순간 투자로 인해 삶이 달라진다는 것을 실감하게 된다.

그렇다면 배당은 왜 중요할까? 대부분의 사람은 주식 투자를 '싸게 사서 비쌀 때 팔아야 수익이 난다'고 생각한다. 맞는 말이지만, 이 방식은 결국 타이밍 게임이다. 상승장에서는 쉬워 보이지만, 하락장에서는 쉽지 않고 심리적으로 상당히 흔들린다.

반면 배당주는 다르다. 주가가 오르지 않아도 수익이 들어오는 구조다. 배당이라는 현금흐름이 있기 때문이다. 그래서 많은 투자자들이 배당주를 선호한다. 현실적이고 심리적으로도 안정적인 투자 방식이기 때문이다.

배당주의 가장 큰 장점은 '현금이 자동으로 들어오는 구조'다. 내가 어떤 일을 하지 않아도, 주식을 보유하고 있기만 해도 정해진 시점마다 계좌에 돈이 들어온다. 미국 대표 배당주인 코카콜라Coca-Cola는 수십 년 동안 배당을 꾸준히 지급하며, 매년 그 금액을 조금씩 올려왔다. 이런 기업을 보유하면 분기마다 안정적인 현금흐름을 만들 수 있다.

하락장에서의 심리적 방어막

하락장이 오면 초보 투자자는 쉽게 흔들린다. 주가가 내려갈 때 화면을 보는 것만으로도 스트레스가 큰 탓이다. 하지만 배당주는 다르다. 주가가 내려가도 배당은 그대로 들어온다. 게다가 주가 하락은 오히려 매력적인 기회가 되기도 한다. 배당금이 동일하다면, 주가가 떨어질수록 배당수익률은 높아지기 때문이다.

예를 들어 배당수익률이 6%인 주식이 1주에 100만 원이었다면 연 6만 원, 즉 매달 5천 원이 들어온다. 그런데 주가가 80만 원으로 떨어졌다고 하자. 새로 매수하는 사람 입장에서는 '6만 원 ÷ 80만 원 = 7.5%' 즉, 더 높은 배당수익률이 된다. 이처럼 배당주는 하락장에서 새로운 매수자가 유입되어 주가가 방어되는 구조를 갖추고 있다.

복리 효과의 이점

배낭의 진짜 마법은 재투자에서 시작된다. 배당금으로 다시 그 주식을 매수하면 다음 분기(또는 다음 달)에는 배당이 조금 더 늘어난다. 이런 구조가 반복되면 눈덩이를 구르듯 자산이 불어난다. 이것이 바로 이자 위에 이자가 붙는 복리의 힘이다.

특히 미국 주식처럼 월 또는 분기 단위로 배당금을 지급하는 시장에서는 이 복리 효과가 더 빠르게 누적된다. 최근에는 매주 배당금을 지급하는 ETF도 등장할 정도로 선택의 폭도 넓어졌다.

부동산 대비 수월한 관리

부동산도 매달 월세가 들어오는 현금흐름형 자산이지만, 초기 진입장벽이 매우 높다. 억대 자본이 필요하고 대출을 감당해야 하며, 각종 세금·중개 수수료도 부담된다. 여기에 공실 위험, 세입자 관리 같은 스트레스도 적지 않다.

반면 배당주는 소액으로 시작할 수 있고, 관리 부담이 거의 없다. 매달 들어오는 배당금은 정해진 일정에 맞춰 자동으로 지급되며, 필요할 때 언제든 팔 수 있는 환금성까지 갖추고 있다. 그래서 초보 투자자에게 배당주는 실질적이고 부담 없는 현금흐름형 투자라고 할 수 있다.

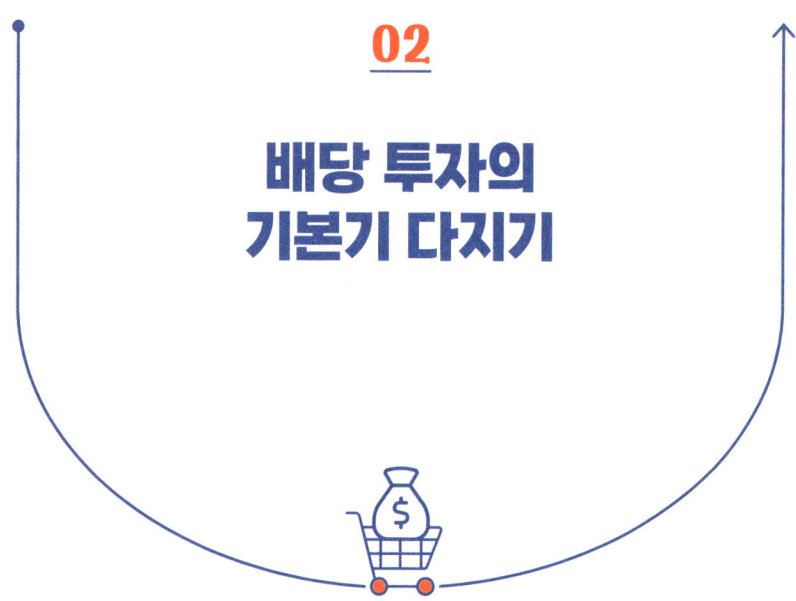

02

배당 투자의
기본기 다지기

배당주 투자를 할 때 생소하게 느껴질 수 있는 몇 가지 용어와 꼭 확인해야 할 항목들이 있다. 대부분 영어로 표기되지만 의미만 익혀두면 전혀 어렵지 않다. 한 번 익숙해지면 투자 판단이 훨씬 수월할 것이다.

배당주 관련
기본 용어

시가배당률FWD

현재 주가 기준으로 앞으로 1년 동안 받을 수 있는 배당금이 얼마

| 그림 13 | 알트리아의 시가배당률

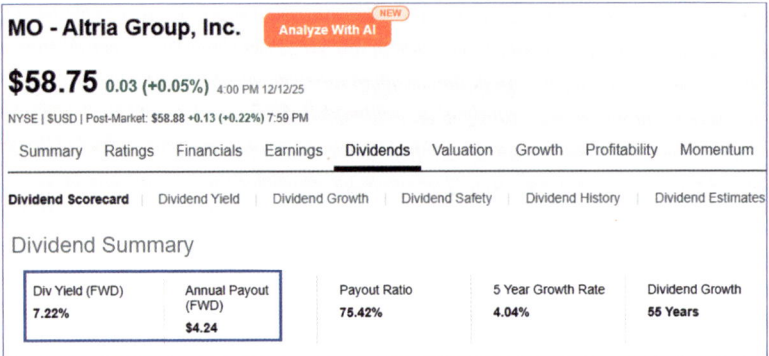

나 되는지를 나타낸 수치이며 '배당금 ÷ 현재 주가'로 쉽게 계산 가능하다. 배당금이 일정하거나 상승하더라도, 주가가 올라가면 배당수익률은 낮아지게 된다. 앞의 정보를 기준으로 보면 알트리아Altria의 시가배당률은 7.22%다.

1년 배당률TTM

1년 배당률도 있다. 시가배당률은 향후 1년 동안 받을 것으로 예상되는 배당금을 현재 주가로 나눈 추정치다. 하지만 1년 배당률TTM은 시가배당률과 반대로 이미 지급이 끝난, 과거 12개월의 배당금을 기준으로 한다. 사이트마다 제공하는 기준이 다를 수 있으므로 반드시 알고 있어야 한다.

시킹알파 사이트에서 제공하는 QYLD의 배당률은 Div Yied

| 그림 14 | QYLD의 1년 배당률

QYLD - Global X NASDAQ 100 Covered Call ETF

$17.56 -0.01 (-0.06%) 4:00 PM 12/12/25

NASDAQ | $USD | Post-Market: $17.57 +0.01 (+0.06%) 7:59 PM

| Summary | Holdings | Ratings | Momentum | Expenses | **Dividends** | Risk | Liquidity |

| **Dividend Scorecard** | Dividend Yield | Dividend Growth | Dividend Safety | Dividend History |

Dividend Summary

Div Yield (TTM)	Annual Payout (TTM)	Payout Ratio	5 Year Growth Rate	Dividend Growth
12.54%	$2.20	-	-2.36%	1 Year

25. 12. 12. 기준, 출처: 시킹알파

| 그림 15 | QYLD의 월별 배당률

QYLD - Global X NASDAQ 100 Covered Call ETF

$17.56 -0.01 (-0.06%) 4:00 PM 12/12/25

NASDAQ | $USD | Post-Market: $17.57 +0.01 (+0.06%) 7:59 PM

| Summary | Holdings | Ratings | Momentum | Expenses | **Dividends** | Risk | Liquidity |

| **Dividend Scorecard** | Dividend Yield | Dividend Growth | Dividend Safety | Dividend History |

Dividend Payout History

Download to Spreadsheet

Year	Amount	Adj. Amount	Dividend Type	Frequency	Ex-Div Date	Record
2025						
	0.1728	0.1728	Regular	Monthly	11/24/2025	11/24/2025
	0.1731	0.1731	Regular	Monthly	10/20/2025	10/20/2025
	0.1704	0.1704	Regular	Monthly	9/22/2025	9/22/2025
	0.1677	0.1677	Regular	Monthly	8/18/2025	8/18/2025
	0.1653	0.1653	Regular	Monthly	7/21/2025	7/21/2025
	0.1657	0.1657	Regular	Monthly	6/23/2025	6/23/2025
	0.1650	0.1650	Regular	Monthly	5/19/2025	5/19/2025
	0.1598	0.1598	Regular	Monthly	4/21/2025	4/21/2025
	0.1703	0.1703	Regular	Monthly	3/24/2025	3/24/2025
	0.1650	0.1650	Regular	Monthly	2/24/2025	2/24/2025
	0.1877	0.1877	Regular	Monthly	1/21/2025	1/21/2025
2024						
	0.3386	0.3386	Regular	Monthly	12/30/2024	12/30/2024

25. 12. 12. 기준, 출처: 시킹알파

12.54%, 배당금은 Annual Payout 2.2달러로 나온다. 2.2달러는 2024년 12월부터 2025년 11월까지 12개월간의 배당금 합계이며, 이를 현재 주가로 나눈 값인 12.54%를 배당률로 표기하고 있는데 이것이 바로 1년 배당률이다.

반면 디비던드닷컴 사이트에서는 배당률이 YIELD 11.82%, 2.07달러로 표기되어 있다. 상세 설명을 보면, 이는 '연간 환산된 예상 배당 수익률이며, 최근 배당금 지급액에 지급 빈도를 곱한 후, 이전 종가로 나누어 계산한다'라고 되어 있다. 즉, 최근 배당금인 0.1728달러에 12를 곱한 후 현재 주가로 나누어 계산한 것임을 알 수 있다. 정리하자면 QYLD는 시가배당률 기준으로는 11.82%이고, 1년 배당률 기준으로는 12.54%이다. 둘 다 맞지만 그 차이는 0.72%다.

일반 기업을 포함한 다수의 ETF는 시가배당률과 1년 배당률의 편차가 심하지 않지만 매월 배당금을 지급하는 일부 ETF의 경우에는 편차가 심한 종목이 존재한다. 디비던드닷컴에서는 모두 시가배당률을 기준으로 하고 있다. 하지만 시킹알파에서는 배당금의 편차가 크지 않은 경우에는 시가배당률을, 편차가 큰 경우에는 1년 배당률을 기준으로 표기하고 있다. 그래서 시킹알파 사이트에서도 배당금의 편차가 없는 알트리아는 시가배당률로, 편차가 있는 QYLD는 1년 배당률로 표기하고 있음을 알 수 있다.

개인적으로 나는 배당금의 편차가 심한 종목의 경우 시가배당률보다는 1년 배당률을 기준으로 보는 것이 더 적절하다고 판단해 시킹알파에서의 확인을 선호한다.

| 그림 16 | QYLD의 시가배당률

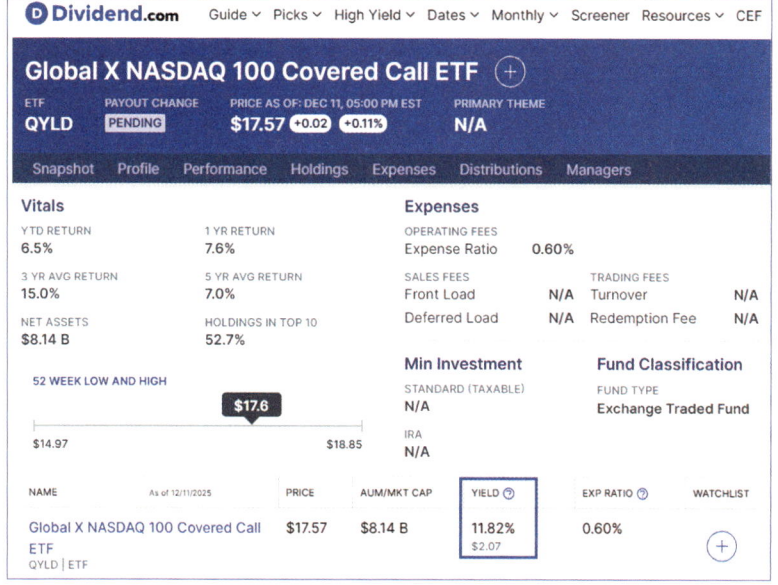

25. 12. 12. 기준, 출처: 디비던드닷컴

| 그림 17 | QYLD의 시가배당률 실명

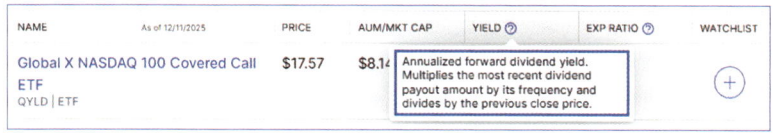

25. 12. 12. 기준, 출처: 디비던드닷컴

연간배당금 Annual Payout

배당수익률을 시가배당률과 1년 배당률 중 무엇을 기준으로 했는
가에 따라 달라진다. 시가배당률은 향후 12개월간 받을 연간 배당금

이며, 1년 배당률은 최근 12개월간 받은 배당금의 합계다.

배당성향 Payout Ratio

기업이 1년 동안 벌어들인 이익(당기순이익) 중에서 얼마나 주주에게 배당으로 돌려줬는지를 보여주는 지표다. 10억 원을 벌어서 4억 원을 배당금으로 지급했다면 이 기업의 배당성향은 40%다.

배당성향의 적정성을 판단하는 절대적인 기준은 없지만 업종마다 수익 구조와 자금 운용 방식이 다르기 때문에 업종별로 적정 기준이 다를 수 있다. 예를 들어, 금융업종의 배당성향은 30~50%이며, 필수소비재·유틸리티·통신업종의 배당성향은 40~70%가 일반적이다.

배당률이 동일한 업체가 있다고 가정했을 때, 배당성향이 80%인 기업과 40%인 기업 중 어느 기업의 배당 능력이 안정적인지를 본다면, 당연히 배당성향이 낮은 기업이다. 배당성향이 낮은 기업은 내부에 유보해 놓은 자금이 많다는 뜻이다. 따라서 다음 해에 이익이 다소 줄어들더라도 배당금을 계속 유지할 가능성이 높다.

또한 어떤 기업의 배당성향이 100%를 넘는다면 현재 벌어들인 이익 대비 더 많은 금액을 배당금으로 지급하고 있다는 것이다. 가까운 시일 내 이익이 늘어나지 않는다면 장기적으로 배당금을 유지하기 어렵고 조만간 삭감할 확률이 높다는 것을 예측할 수 있다.

배당성장률 Growth rate

기업이 매년 배당금을 얼마나 올렸는지를 나타내는 비율이다. 배당주 투자자에게 주가 상승률만큼이나 중요한 것은 배당금이 얼마나 오르는지다. 보통 배당성장률과 기업의 성장 속도는 비례 관계라고 볼 수 있는데 기업이 매년 이익이 늘어야만 배당금도 늘릴 수 있기 때문이다. 예를 들어, 작년에 어떤 기업이 주당 2달러를 지급했는데 올해는 2.1달러를 지급했다면 이 기업의 배당성장률은 5%가 된다.

시킹알파에서는 최근 5년간의 배당성장률을 보여주고 있다. 애브비Abbvie의 5년 평균 배당성장률은 6.81%로, 물가상승률의 2~3배를 넘는 수준으로 매년 배당을 올려주고 있다. 이렇게 배당이 꾸준히 늘어나는 주식을 배당성장주라고 한다. 배당성장주는 지금 당장은 배당률이 낮아 보이더라도 시간이 지날수록 배당금은 커지고, 배당수익률은 복리처럼 쌓인다.

애브비의 2015년 분기배당금은 0.51달러였지만, 2025년에는 1.73달러로 늘어 10년 동안 3.4배 이상 증가했다. 10년 동안 연봉이 3배 넘

| 그림 18 | 애브비의 5년 평균 배당성장률

25. 12. 12. 기준, 출처: 시킹알파

게 오른 직장인이 얼마나 될지 떠올려 보면, 이 배당 증가가 갖는 의미가 얼마나 큰지 자연스럽게 이해할 수 있다.

그렇다면 '고배당주'가 좋을까, '배당성장주'가 좋을까? 여기에 절대적인 정답은 없다. 지금 당장 현금흐름이 필요한지, 아니면 당장 현금흐름이 크게 필요하지 않아 장기적으로 배당을 키워갈 수 있는 상황인지에 따라 선택은 달라질 뿐이다.

배당주기 Div Frequency

배당주기는 기업이 얼마나 자주 배당금을 지급하는지를 나타내는 지표다. 미국 기업은 대부분 분기배당 Quarterly을 채택해 연 4회 지급한다. 월배당 Monthly을 시행하는 기업이나 ETF·리츠도 있는데, 이들은 특히 현금흐름을 강조하는 자산에서 자주 볼 수 있다. 최근에는 매주 배당을 주는 주배당 형태도 등장했다. 배당주기는 현금흐름 관리나 배당 재투자 전략을 설계할 때 반드시 확인해야 할 기본 정보다.

배당선언일 Declare Date

배당선언일은 기업이 "이번에 얼마의 배당금을 지급하겠다"라고 공식적으로 발표하는 날이다. 이사회가 배당 지급 여부와 금액, 일정 등을 확정해 공개하는 시점이다.

배당기준일 Record Date

배당기준일은 기업이 "이 날짜까지 주주명부에 올라온 사람에게 배당금을 지급하겠다"라고 정한 날이다. 기준일에 주주로 등록되어 있어야 배당받을 수 있다. 미국 주식은 'T+2일 결제 시스템'을 사용하므로, 배당기준일 2영업일 전에는 매수해야 배당을 받을 수 있다.

배당락일 Ex-Div Date

배당락일은 말 그대로 '배당에서 떨어져 나가는 날'이다. 즉, 배당을 받을 수 있는 마지막 날의 다음 날이다. 이날부터는 주식을 매수해도 이번 배당을 받을 수 없다. 배당을 받으려면 반드시 배당락일 전날까지 매수해야 한다.

하지만 미국 주식은 T+2일 결제 시스템을 사용하므로 주식을 매수했다고 즉시 배당금이 계좌에 들어오지 않는다. 매수일 포함 2영업일 이후에 계좌에 반영되기 때문에 실제로는 더 앞서 매수해야 한다.

예를 들어 A 기업의 배당락일이 7월 29일 화요일이라고 해보자. 이때 7월 29일 당일에 매수하면 배당을 받을 수 없다. 매수한 주식은 2영업일 후인 7월 31일 목요일 계좌에 들어오기 때문이다. 따라서 7월 25일 금요일까지는 매수해야 그 분기배당을 받을 수 있다.

배당지급일 Payout Date

배당지급일은 배당금이 실제로 계좌에 입금되는 날이다. 다만 이는 미국 투자자 기준이다. 한국 투자자는 시차와 국내 증권사 절차를 거치기 때문에 실제 입금일이 1~2일 차이가 날 수 있으며, 배당금은 자동으로 증권 계좌의 외화 예수금으로 들어온다.

배당주 투자
체크리스트

배당주는 기본적으로 장기 보유를 전제로 하는 투자다. 장기 보유를 하려면 그 기업이 시간이 지나도 꾸준히 안정적으로 배당을 지급할 수 있는 회사여야 한다. 그렇지 않으면 배당을 받으려고 매수했다가 주가와 배당이 동시에 무너지는 상황이 올 수도 있다.

그래서 나는 배당주를 고를 때 반드시 확인하는 체크 항목들이 있다. 위험한 종목을 걸러내는 일종의 '필터'이기도 하다. 아래 항목만 잘 확인해도 배당주 투자 실패 확률은 크게 줄어든다.

배당 이력

배당주 투자를 시작할 때 가장 먼저 확인해야 할 것은 바로 배당 이력이다. 이는 단순히 과거에 얼마를 지급했는지 살펴보는 수준을 넘어서, 한 기업이 어떤 경영 철학을 가지고 있고 위기 상황에서 어떤 선택을 해왔는지를 보여주는 중요한 척도다. 기업이 과거에 배당을 줄였거나 중단한 적이 있다면, 그 당시 어떤 배경이 있었는지 반드시 짚어봐야 한다. 경기 침체, 환율 급등, 원자재 가격 폭등 등 외부 충격이 있었다 하더라도, 그 순간 어떤 결정을 내렸는지가 기업의 태도를 드러내기 때문이다.

배당은 결국 주주와의 약속이다. 그 약속을 한 번이라도 지키지 못한 이력이 있는 기업은 비슷한 상황이 다시 오면 배당을 줄이거나 중단할 가능성이 높다. 특히 실적이 조금만 악화되어도 곧바로 배당부터 축소하는 회사라면 장기 투자 대상에서 제외하는 것이 바람직하다. 반대로 글로벌 금융위기나 코로나 팬데믹처럼 전 세계 시장이 크게 흔들린 시기에도 배당을 유지한 기업이라면 이야기가 다르다. 이는 그 기업이 위기 대처 능력이 뛰어날 뿐 아니라 재무 구조와 현금흐름도 안정적이며, '주주환원'을 경영의 핵심 철학으로 삼고 있다는 증거이기도 하다.

물론 과거 배당 이력이 미래를 100% 보장하는 것은 아니다. 하지만 배당 이력은 마치 투자에서의 안전벨트와 같은 역할을 한다. 배당 이력이 탄탄한 기업을 보유하는 것은 단순히 배당금을 받는 것을 넘어, 안정적인 현금흐름과 꾸준한 복리 효과를 누릴 수 있는 기반을 마련한다는 의미다.

주가 회복력

배당을 아무리 많이 받는다 해도, 주가가 장기간 바닥에서 벗어나지 못한다면 결국 총수익률은 떨어진다. 우리가 배당주에서 원하는 것은 매년 들어오는 배당금뿐 아니라, 주가 상승에 따른 시세 차익까지 포함한 총수익률이기 때문이다. 그래서 위기 이후 주가가 얼마나 빠르고 강하게 원래의 흐름으로 복귀하는지는 반드시 점검해야 할 필수 요소다.

회복력이 좋은 기업은 시장이 하락하더라도 업황이 안정되고 실적이 개선되면서 결국 주가가 전고점을 회복하거나 돌파한다. 반년 회복력이 떨어지는 기업은 경쟁력 약화, 업종 구조 변화, 재무 악화 등의 이유로 장기간 주가가 정체되거나 지속적인 하락세를 보인다. 이 차이는 극심한 위기에서 특히 잘 드러난다. 글로벌 금융위기와 코로나 팬데믹 시기처럼 시장 전체가 흔들린 상황에서도 반등장에서 생존한 기업과 탈락한 기업은 뚜렷하게 갈렸다.

따라서 배당주를 고를 때도 반드시 '이 기업은 위기에서 다시 일어설 힘이 있는가?'를 생각해야 한다. 주가 회복력이 약한 기업은 배당이 아무리 좋아 보여도 장기 투자에 치명적일 수 있다. 배당을 받는 동안 주가가 계속 내려가면, 배당으로 얻는 수익보다 주가 하락으로 인한 손실이 더 커질 수 있기 때문이다. 결국 회복력이 있는 기업을 고르는 것이 총수익률을 지키는 가장 근본적인 안전장치다.

재무 건전성

배당은 결국 기업이 실제로 벌어들인 돈에서 나온다. 재무 상태가 좋지 않다면 배당을 안정적으로 유지할 수 없다. 부채비율이 지나치게 높거나 영업현금흐름이 마이너스인 기업이라면, 아무리 높은 배당률을 제시하더라도 주의해야 한다. 단기적으로 고배당이 눈에 띌 수 있지만, 이는 오히려 배당 축소나 중단 위험이 큰 신호일 수 있기 때문이다.

물론 부채가 늘었다고 해서 모두 위험한 것은 아니다. 인수합병이나 설비 투자 등 전략적 판단에 따른 일시적 부채 증가라면 장기적으로 기업 가치 확대로 이어질 수도 있다. 하지만 운영이 악화되어 어쩔 수 없이 부채를 늘린 경우라면 상황이 다르다. 이는 회사의 체력이 약해지고 있다는 대표적인 경고 신호다.

특히 이자보상배율이 낮아지면 문제는 더 심각해진다. 이자보상배율이 낮다는 것은 기업이 영업이익으로 이자조차 감당하기 어려운 상황이라는 뜻이고, 이런 환경에서는 배당은 물론 기본적인 재무 안정성조차 흔들릴 수 있다. 결국 배당은 자연스럽게 줄어들거나 중단될 가능성이 크다.

재무 건전성은 배당의 지속가능성을 판단하는 핵심 기준이다. 재무적으로 흔들리는 기업은 배당주의 가장 큰 장점인 지속성을 잃게 되고, 장기 보유 전략에서도 점점 멀어지게 된다.

03

배당주 ETF
종목 분석

배당주라고 해서 모두 같은 성격을 가진 것은 아니다. 어떤 종목은 안정적인 현금흐름을 제공하고, 어떤 종목은 높은 배당수익률을 주며, 또 어떤 종목은 시간이 지날수록 배당을 키워가는 성장성을 보여준다.

이번에는 이러한 특성을 대표하는 ETF와 개별 배당주를 중심으로, 실제 투자자가 이해하기 쉬운 사례를 통해 배당주의 여러 얼굴을 살펴보고자 한다.

SCHD
: 배당의 기본기를 보여주는 ETF

SCHD는 찰스 슈왑Charles Schwab이 운용하는 대표 배당 ETF이며, 한국 투자자들 사이에서는 '슈드'라는 애칭으로 더 익숙하다. 이 ETF 의 핵심은 단순히 고배당 종목을 모아두는 것이 아니라, 재무적으로 탄탄하고 배당의 지속가능성이 입증된 대형 우량주를 선별한다는 데 있다. 그래서 SCHD는 '당장 많이 주는 배당'보다 '해마다 커져가는 배당'에 더 초점을 둔다.

최근 10년간 SCHD 주가는 118% 이상 상승했다. 중간중간 조정이 크게 왔던 구간도 있었지만 다시 회복하며 결국 우상향 흐름을 이어 갔다. 단기적으로는 시장 변동성을 피할 수 없지만, 장기적으로 보면 우량주 기반의 안정적 성장이라는 성격이 뚜렷하다. 여기에 분기배 당까지 더하면 실세 총수익률은 차트 숫자보다 훨씬 더 높다.

| 그림 19 | SCHD의 주가 흐름

25. 12. 12. 기준, 출처: 시킹알파

| 그림 20 | SCHD의 배당 내역

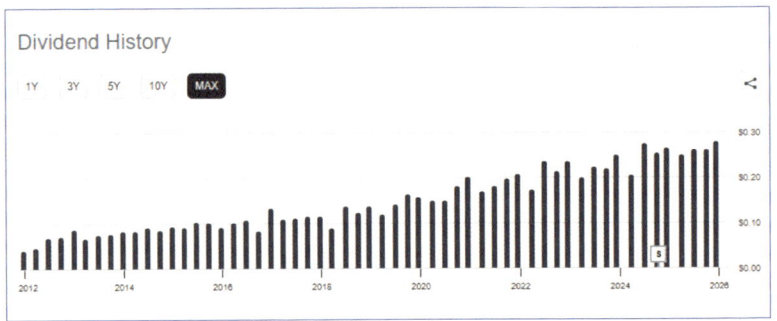

25. 12. 12. 기준, 출처: 시킹알파

현재 배당수익률은 약 3.8% 수준이다. 하지만 SCHD의 진짜 강점은 바로 배당 성장성이다. 2012년 이후 배당 지급 내역을 보면 계단식으로 꾸준히 증가해 왔다. 분기별 배당은 등락이 있으나 연간 배당 총액은 계속 늘었고, 최근 5년간 배당성장률은 9% 이상이다. 장기 재투자를 고려하면 10년 뒤 원금 대비 배당률이 6~7% 수준까지 도달할 가능성이 있다. 그야말로 '배당 성장형의 교과서'라 할 만하다.

섹터 비중을 보면 에너지(19.7%), 필수소비재(17.9%), 헬스케어(17.5%), 산업재(10.4%)가 상위권을 차지한다. 기술주 비중은 약 10% 내외로 높지 않기 때문에 QQQ처럼 테크 쏠림은 없다. 이 덕분에 시장이 흔들릴 때 방어력이 강하지만, 반대로 빅테크 중심의 강한 상승장에서는 상대적으로 답답한 성과를 보이기도 한다.

포트폴리오 구성을 보면 약 100개 기업을 담고 있고, 상위 10개 종목이 전체 비중의 40% 이상을 차지한다. 대표적으로 애브비, 머크Merck,

| 그림 21 | SCHD의 섹터 비중

보유 자산 구성 비율			
주식 자산			
● 에너지	19.69%	● 임의소비재	9.66%
● 필수소비재	17.94%	● 금융	9.65%
● 헬스케어	17.46%	● 커뮤니케이션 서비스	3.89%
● 산업재	10.35%	● 기초소재	1.11%
● 정보·기술	10.22%	● 유틸리티	0.04%
비주식 자산			
● 현금 및 현금성 자산			1.06%

25. 12. 12. 기준, 출처: 시킹알파

암젠Amgen 같은 헬스케어 기업, 록히드마틴Lockheed Martin, 시스코Cisco 같은 산업·IT 기업, 코노코필립스ConocoPhillips, 쉐브론Chevron 같은 에너지·소비재 기업이 포함된다.

2023~2025년 동안 빅테크 랠리가 이어졌던 시기에는 SCHD의 수익률이 QQQ나 S&P500보다 나소 둔화된 보습을 보였다. 구조적 이유 때문이다. SCHD는 배당의 질과 지속성을 우선하는 ETF라 기술주가 아무리 폭등해도 자동으로 비중을 늘리지 않는다. 대신 금리 인상기나 경기 둔화 구간에서는 낙폭이 작고 방어력이 강하다.

그렇다면 SCHD는 어떤 투자자에게 적합할까? 바로 배당을 재투자하며 꾸준히 복리를 쌓아가고 싶은 장기 투자자에게 가장 잘 알맞다. 당장 많은 현금흐름이 필요한 은퇴자보다는, 시간이라는 무기를 가진 20~30대 투자자에게 특히 유리하다. 꾸준히 성장하는 배당은 10~20년 뒤 제2의 월급이 될 자산 구조를 만든다.

| 표 5 | SCHD의 포트폴리오

순위	종목명	편입 비중
1	머크	4.61%
2	시스코 시스템즈	4.59%
3	암젠	4.38%
4	애브비	4.14%
5	브리스톨 마이어스 스큅	4.10%
6	코노코필립스	4.00%
7	펩시코	3.93%
8	코카콜라	3.92%
9	록히드 마틴	3.84%
10	셰브런	3.73%
상위 종목 비중 합계		41.24%
총 보유 종목 수		102개

25. 12. 12. 기준, 출처: 시킹알파

정리하자면, SCHD는 0.6%라는 낮은 운용보수, 꾸준한 배당 성장, 우량 대형주의 안정성을 동시에 갖춘 ETF다. 기술주 랠리에서는 다소 덜 빛날 수 있지만, 배당 ETF의 기본기를 가장 충실하게 보여주는 상품이라는 점에서 변함없는 존재감을 가진다.

VNQ
: 대표적인 미국 리츠 투자 ETF

VNQ는 뱅가드Vanguard가 운용하는 가장 대표적인 미국 리츠 ETF

다. 이름 그대로 미국 상장 리츠에 분산 투자할 수 있도록 설계된 상품으로, 투자자는 직접 건물을 사고 관리하지 않아도 미국 부동산 시장 전반의 성과를 그대로 가져갈 수 있다. 2004년 상장 이후 꾸준히 운용되었으며, 현재 운용 자산은 654억 달러 규모에 달한다. 무엇보다도 운용보수 0.13%라는 낮은 비용은 장기 투자에서 큰 장점이다.

최근 10년간 VNQ의 주가는 약 13% 상승했다. 수치만 보면 크지 않아 보이지만, 그 안에는 코로나 팬데믹과 2022~2023년 금리 급등기라는 두 번의 강한 충격이 포함되어 있다. 해당 기간 동안 주가가 크게 흔들렸음에도 이후 점진적으로 회복하며 부동산 섹터의 복원력을 보여주었다. 즉, VNQ는 단기 변동성은 크지만 장기적으로는 안정적인 흐름을 유지해 온 ETF라 평가할 수 있다.

VNQ는 분기배당으로 지급하고 있으며 현재 배당수익률은 약 3.9%, 최근 연간 배당금은 3.53달러 수준이다. 두 자릿수 배당을 기대할 수는 없지만, 부동산 지신에서 발생하는 안정적인 임대 수익이

| 그림 22 | VNQ의 주가 흐름

25. 12. 12. 기준, 출처: 시킹알파

| 그림 23 | VNQ의 배당 내역

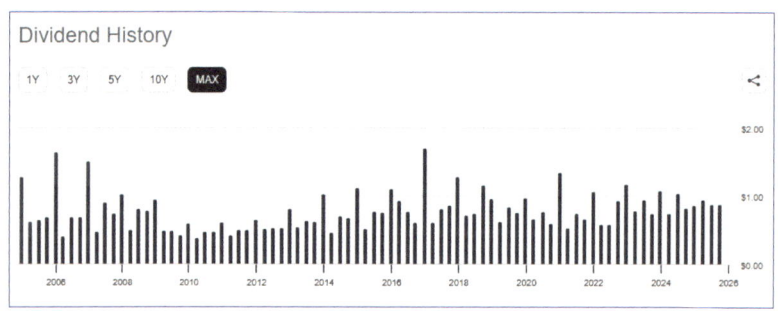

25. 12. 12. 기준, 출처: 시킹알파

기반이기 때문에 꾸준히 현금흐름을 만들어 내는 안정성이 특징이다.

다만 배당금 규모가 항상 일정한 것은 아니다. 금융위기, 코로나 팬데믹, 금리 급등기처럼 외부 충격이 있을 때는 배당이 줄어들기도 하고, 반대로 호황기에는 증가하는 모습도 보인다. 즉 배당을 꾸준히 준다는 면에서는 안정적이지만, 배당의 절대 규모는 변동성이 있다는 점을 반드시 기억해야 한다.

섹터 비중을 보면 VNQ는 부동산 섹터에 거의 전적으로 집중되어 있음을 알 수 있다. 전체 자산의 98% 이상이 리츠 관련 주식이며, 나머지 소규모 비중만 통신·에너지·산업재 등에 배분되어 있다.

또한 총 보유 종목은 157개이고, 상위 10개 종목이 전체 자산의 52%를 차지한다. 대표 종목으로는 물류 창고 리츠인 프로로지스 Prologis, 통신 타워 리츠인 아메리칸 타워American Tower, 데이터센터 리츠인 이퀴닉스Equinix와 디지털 리얼티Digital Realty, 쇼핑몰 리츠 사이먼

| 그림 24 | VNQ의 섹터 비중

보유 자산 구성 비율

주식 자산

- ● 리츠 및 부동산   98.81%
- ● 커뮤니케이션 서비스   1.09%
- ● 에너지   0.08%
- ● 산업재   0.02%

비주식 자산

- ● 현금 및 현금성 자산   0.87%

25. 12. 12. 기준, 출처: 시킹알파

| 표 6 | VNQ의 포트폴리오

순위	종목명	편입 비중
1	뱅가드 리얼에스테이트 II 인덱스	14.44%
2	웰타워	6.84%
3	프롤로지스	6.65%
4	아메리칸 타워	4.84%
5	에퀴닉스	4.78%
6	디지털 리얼티 트러스트	3.32%
7	사이먼 프로퍼티 그룹	3.31%
8	리얼티 인컴	3.03%
9	CBRE 그룹 A종	2.63%
10	퍼블릭 스토리지	2.54%
상위 종목 비중 합계		52.38%
총 보유 종목 수		157개

25. 10. 31. 기준, 출처: 시킹알파

프라퍼티Simon Property Group, 헬스케어 리츠 웰타워Welltower, 그리고 월 배당으로 유명한 리얼티 인컴Realty Income 등이 있다. 즉 물류·데이터센터·통신·리테일·헬스케어 등 실생활과 밀접한 분야 전반에 걸쳐 고르게 투자하는 구조다.

그렇다면 VNQ는 어떤 투자자에게 적합할까? 우선 주식과 채권 이 외에 부동산이라는 자산군을 포트폴리오에 추가하고 싶은 투자자에게 유용하다. 특히 안정적인 분기배당을 원하면서도 개별 리츠 종목을 일일이 고르기보다는 섹터 전반에 분산 투자하고 싶은 사람에게 잘 맞는다. 다만 금리와 인플레이션에 민감하다는 점, 그리고 배당금이 매번 일정하지 않다는 점은 꼭 유의해야 한다.

따라서 당장 매달 일정한 생활비처럼 배당을 꺼내 쓰려는 투자자보다는, 장기적으로 자산군을 다변화하고 안정적인 현금흐름을 함께 가져가려는 투자자에게 더 어울리는 ETF라고 할 수 있다.

정리하자면 VNQ는 미국 리츠 전반에 투자하는 가장 대표적인 ETF로서, 안정적인 분기배당과 자산 분산 효과를 동시에 제공한다. SCHD 같은 배당 성장형 ETF와는 성격이 다르지만, 부동산 자산군에 안정적으로 노출되고 싶은 장기 투자자라면 포트폴리오에 한번쯤 고려할 만한 ETF다.

TLT
: 장기 미국 국채에 투자하는 ETF

TLT는 블랙록 BlackRock이 운용하는 대표적인 장기 미국 국채 ETF

다. 이름 그대로 만기 20년 이상의 미국 국채에 집중 투자하며, 주식이 아닌 채권 자산에 투자하고 싶을 때 가장 먼저 거론되는 상품 중 하나다. 특히 장기 국채는 금리 변화에 가장 민감하기 때문에 TLT는 흔히 '금리 방향성에 베팅하는 ETF'라고 불린다.

최근 10년간 TLT의 성과를 보면 주가가 약 29% 하락했다. 코로나 팬데믹 직후 한때 170달러에 근접했지만, 2022년 이후 이어진 급격한 금리 인상으로 가격이 빠르게 무너져 현재는 약 87달러 안팎에 머물고 있다. 장기 국채 가격은 금리와 반대로 움직이는 특성을 갖기 때문이다. 금리가 오르면 채권 가격은 하락하고, 반대로 금리가 내려가면 채권 가격은 상승한다. 그래서 최근 몇 년간 금리 급등기에는 TLT가 고전할 수밖에 없었다.

TLT는 매월 배당금을 지급하는 ETF이며, 최근 연간 배당금은 약 3.52달러, 배당수익률은 4% 수준이다. 2002년 상장 이후 꾸준히 배

| 그림 25 | TLT의 주가 흐름

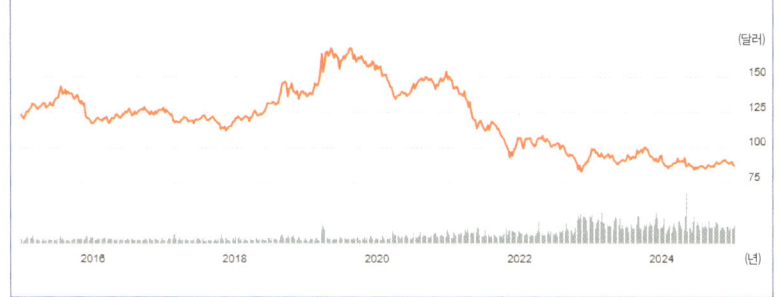

25. 12. 12. 기준, 출처: 시킹알파

당을 지급해 왔지만, 배당금 규모는 변동성이 크다. 금리가 낮았던 시기에는 배당금이 줄었고, 최근처럼 금리가 높은 구간에서는 배당금이 증가하는 모습을 보였다. 즉 배당 자체는 꾸준히 지급되지만, 배당금은 금리 환경에 따라 달라지는 구조라고 이해하면 된다.

TLT의 포트폴리오는 매우 단순하다. 자산의 99.8%가 미국 국채이며, 총 47종의 장기 국채를 보유하고 있다. 상위 10개 국채가 전체의 44%를 차지하며, 대부분 20년 이상 만기의 고정금리 채권이다. 미국 정부가 발행한 장기 채권에 직·간접적으로 투자하는 구조이기 때문에 신용 리스크는 사실상 없다고 볼 수 있다. 대신 금리 변동성이라는 시장 리스크가 그대로 반영된다.

TLT는 전통적으로 주식과 반대로 움직이는 경향이 있어 포트폴리오 분산에 많이 활용되어 왔다. 특히 '주식 60%, 채권 40%'라는 전통적인 자산 배분 전략에서 채권 비중을 담당하는 대표 ETF였다. 다만

| 그림 26 | TLT의 배당 내역

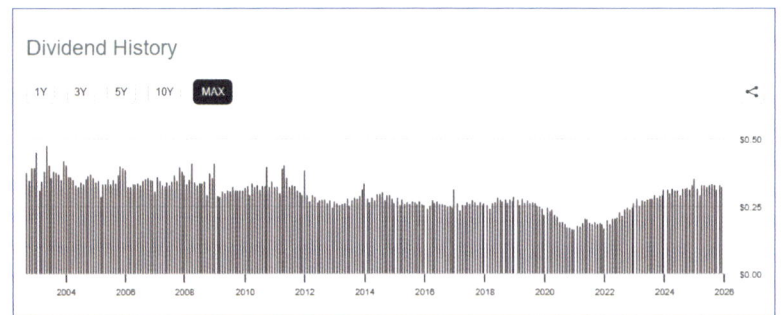

25. 12. 12. 기준, 출처: 시킹알파

최근 몇 년간은 주식과 채권이 동시에 하락하는 시기가 나타나면서 이러한 상관관계가 흔들리기도 했다.

2023~2024년에는 많은 투자자가 금리 인하를 기대하며 TLT를 대거 매수했지만, 실제 금리 인하 시점이 예상보다 늦춰지면서 오히려 손실을 본 사례가 적지 않았다. 이는 TLT가 금리 정책 변화에 얼마나

| 그림 27 | TLT의 섹터 비중

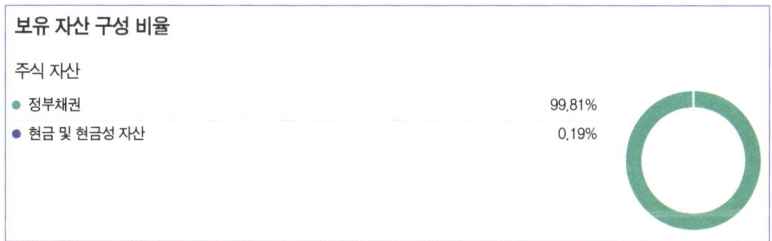

보유 자산 구성 비율

주식 자산
- 정부채권   99.81%
- 현금 및 현금성 자산   0.19%

25. 12. 12. 기준, 출처: 시킹알파

| 표 7 | TLT의 포트폴리오

순위	종목명	편입 비중
1	미국 국채 2%	5.07%
2	미국 국채 1.875%	4.10%
3	미국 국채 4.125%	4.66%
4	미국 국채 4.75%	4.49%
5	미국 국채 4.625%	4.43%
6	미국 국채 4.25%	4.10%
7	미국 국채 3.625%	3.88%
상위 종목 비중 합계		44.33%
총 보유 종목 수		47개

25. 12. 10. 기준, **출처**: 시킹알파

민감한 상품인지를 단적으로 보여준다.

TLT는 금리 인하 국면을 예상하고 장기 채권 가격 반등을 노리는 투자자에게 적합하다. 또 주식 중심 포트폴리오에 채권 비중을 더해 변동성을 낮추고 싶은 투자자에게도 의미 있는 선택일 수 있다. 다만 금리 상승기에는 주가 하락 압력이 크고, 배당 역시 금리 환경에 따라 요동칠 수 있다는 리스크가 있다. 따라서 금리 흐름에 대한 뚜렷한 관점과 인사이트를 가진 투자자라면 포트폴리오에 적극적으로 활용해 볼 만한 ETF다.

PFF
: 미국 우선주에 투자하는 ETF

PFF는 블랙록이 운용하는 대표적인 우선주 ETF다. 이름 그대로 미국 증시에 상장된 다양한 우선주에 투자할 수 있는 상품으로, 주식과 채권의 중간 지점에 놓인 자산군에 한 번에 분산 투자할 수 있다는 점에서 독특한 매력을 지닌다.

우선주는 보통주와 달리 의결권은 거의 없지만, 채권처럼 정기적인 배당을 받을 수 있다. 또한 기업이 파산했을 때 보통주보다 변제 순위가 앞서기 때문에 안정적인 현금흐름을 원하는 투자자에게는 매력적인 선택지가 된다. PFF는 이러한 우선주를 450개 이상 담아 개별 기업의 리스크를 크게 낮추고, 안정성을 한층 강화한 구조를 갖

| 그림 28 | PFF의 주가 흐름

25. 12. 12. 기준, 출처: 시킹알파

추고 있다.

지난 10년간 PFF의 주가는 30~40달러 사이 박스권 안에서 움직였다. 큰 성장은 없지만 비교적 안정적인 흐름을 이어왔다. 이는 우선주라는 자산군의 특성을 그대로 보여준다. 즉, 큰 자본이득을 노리기보다는 배당을 통한 꾸준한 현금흐름에 초점이 맞춰져 있다고 볼 수 있다.

이러한 PFF의 가장 큰 강점은 매월 배당금이 지급된다는 점이다. 2007년 설정 이후 금융위기나 코로나 팬데믹 같은 위기 상황에도 배당 지급이 끊긴 적은 없다. 최근 연간 배당금은 약 1.88달러, 배당수익률은 6.1% 수준으로 생활비 보조나 은퇴 자금 같은 꾸준한 현금흐름이 필요한 투자자에게 적합하다. 다만 배당 규모 자체는 시장금리와 발행 기업 환경에 따라 조금씩 변동이 있다는 점은 유념해야 한다.

| 그림 29 | PFF의 배당 내역

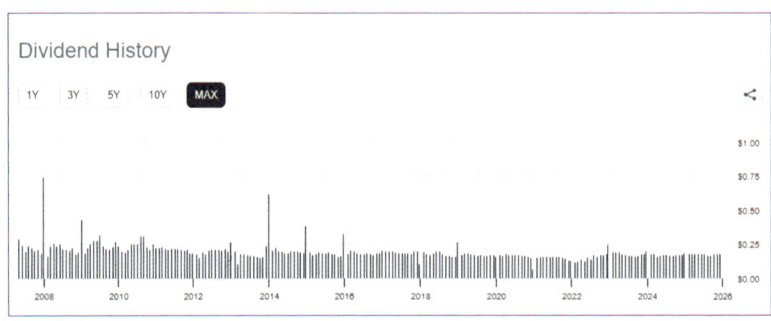

25. 12. 12. 기준, 출처: 시킹알파

    PFF는 상대적으로 금융 섹터 비중이 크다. 웰스파고Wells Fargo, 씨티그룹Citigroup, 뱅크오브아메리카Bank of America 등 대형 은행과 금융사의 우선주가 주요 비중을 차지한다. 여기에 더해 보잉Boeing, HP, 넥스트에라 에너지NextEra Energy 같은 산업·에너지·헬스케어 기업들의

| 그림 30 | PFF의 섹터 비중

25. 12. 12. 기준, 출처: 시킹알파

| 표 8 | PFF의 포트폴리오

순위	종목명	편입 비중
1	보잉 6% 전환우선주(만기 2027년 10월 15일, 액면가 50달러, 1/20주 분할)	4.10%
2	웰스파고 7.5% 비누적 우선주(보통주 전환 가능, 시리즈 L)	2.33%
3	KKR 6.25% 전환우선주(만기 2028년 3월 1일, 시리즈 D)	1.58%
4	스트래티지 전환우선주(변동금리, 액면가 100달러, 무기한)	1.52%
5	씨티그룹 캐피털 XIII 변동금리 신탁 우선증권(등록 증권)	1.48%
6	앨버말 무기한 전환우선주(액면가 1,000달러, 1/20주 분할)	1.41%
7	뱅크오브아메리카 7.25% 비누적 영구 우선주(시리즈 L)	1.36%
8	아폴로 자산운용 6.75% 전환우선주(만기 2031년 7월 27일)	1.22%
9	넥스트에라 에너지 7.299% 전환우선주(만기 2027년 6월 1일)	1.14%
10	휴렛패커드 엔터프라이즈 7.625% 전환우선주 (만기 2027년 9월 1일, 시리즈 C)	1.14%
상위 종목 비중 합계		17.29%
총 보유 종목 수		452개

25. 12. 10. 기준, 출처: 시킹알파

우선주도 포함되어 있어, 특정 섹터 쏠림을 어느 정도 분산시켜 준다. 총 보유 종목은 452개로, 충분히 넓게 분산된 구조다.

PFF는 주식의 성장성과 채권의 안정성 사이에서 균형을 잡고 싶은 투자자에게 적합한 ETF다. 주가 상승 여력은 제한적이지만, 매월 지급되는 배당과 비교적 높은 수익률은 안정적인 현금흐름을 필요로 하는 투자자에게 매력적이라 할 수 있다.

JEPI
: 월세처럼 나오는 고배당 전략 ETF

JEPI는 JP모건JPMogan이 운용하는 대표적인 프리미엄 인컴 ETF다. 단순히 S&P500 지수를 그대로 추종하지 않고, 커버드콜 전략을 활용해 매월 안정적인 배당금을 지급하는 것이 핵심 목표다. 주가가 급등하는 장세에서는 상승분을 온전히 누리지 못하지만, 대신 매달 일정한 현금흐름을 만들기 때문에 '월세처럼 들어오는 배당'을 원하는 투자자들에게 큰 인기를 얻고 있다.

2020년 상장 이후 JEPI는 꾸준히 50~60달러 박스권에서 움직였다. 코로나 팬데믹 이후 증시 반등기에는 60달러를 넘어섰지만, 2022년 금리 인상기와 시장 변동성 확대 국면에서는 조정을 받았다. 그럼에도 큰 폭의 하락 없이 안정적인 흐름을 유지하고 있다.

상장 이후 전체 수익률은 약 15% 수준으로, 고배당 ETF답게 시세

| 그림 31 | JEPI의 주가 흐름

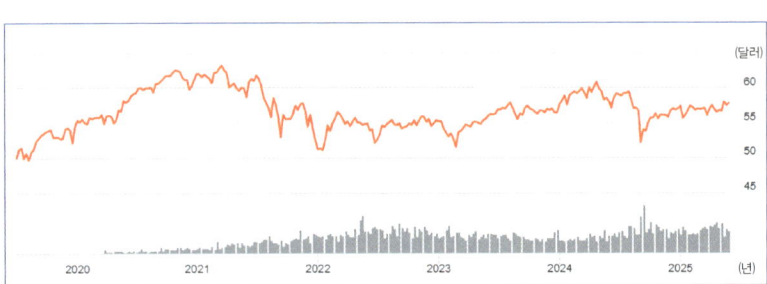

25. 12. 12. 기준, 출처: 시킹알파

차익보다는 현금흐름에 초점을 둔 성격을 분명히 보여준다.

JEPI는 월배당 ETF다. 최근 연간 배당금은 약 4.29달러, 배당수익률은 7.5% 수준이다. 매달 지급되는 배당은 변동성이 있지만, 설정 이후 단 한 번도 끊기지 않고 꾸준히 지급되었다. 인컴 투자자들이 선호하는 이유는 바로 이 꾸준한 현금흐름 때문이다. 다만 배당 규모가 일정하지는 않고, 옵션 프리미엄과 시장 환경에 따라 변동이 있다는 점은 감안해야 한다.

업종 비중을 보면 기술주 약 20%, 헬스케어 14%, 금융 13%, 산업재 13%, 소비재 12% 등으로 고르게 분산되어 있다.

JEPI는 124개 종목에 분산 투자하면서 동시에 옵션 전략을 병행한다. 보유 종목을 보면 애브비, 존슨앤드존슨Johnson&Johnson, 엔비디아, 알파벳Alphabet, 마이크로소프트, 애플, 아마존, 마스터카드Mastercard, 비자Visa 등 미국의 대표 대형 우량주가 다수 포함되어 있다.

| 그림 32 | JEPI의 배당 내역

25. 12. 12. 기준, 출처: 시킹알파

| 그림 33 | JEPI의 섹터 비중

보유 자산 구성 비율

주식 자산

● 정보·기술	20.46%	● 커뮤니케이션 서비스	6.91%
● 헬스케어	14.37%	● 유틸리티	4.93%
● 금융	13.04%	● 부동산	3.18%
● 산업재	13.03%	● 에너지	2.16%
● 임의소비재	12.04%	● 기초소재	2.02%
● 필수소비재	7.86%		

비주식 자산

● 회사채	13.41%
● 현금 및 현금성 자산	1.31%

25. 12. 12. 기준, 출처: 시킹알파

| 표 9 | JEPI의 포트폴리오

순위	종목명	편입 비중
1	존슨앤드존슨	1.67%
2	알파벳 A	1.66%
3	애널로그 디바이시스	1.60%
4	로스 스토어스	1.60%
5	애브비	1.59%
6	아마존닷컴	1.54%
7	마스터카드 A	1.51%
8	애플	1.51%
9	마이크로소프트	1.49%
10	비자 A	1.47%
상위 종목 비중 합계		15.65%
총 보유 종목 수		124개

25. 12. 12. 기준, 출처: 시킹알파

JEPI는 커버드콜 전략을 활용한다. 보유 주식에서 나오는 상승 잠재력 일부를 포기하는 대신, S&P500 지수 콜옵션을 매도해 옵션 프리미엄을 확보하고 이를 배당금으로 지급한다. 즉, 주가 급등 시 수익 일부는 포기하지만, 그 대가로 안정적이고 높은 배당을 만드는 구조다. 이 전략 덕분에 JEPI는 일반적인 주식 ETF보다 변동성이 낮고, 매월 두 자릿수 가까운 배당률을 유지할 수 있다.

JEPI는 주가 상승보다 꾸준한 배당과 현금흐름을 우선으로 두는 투자자에게 적합한 상품이며, 미래의 큰 시세 차익보다는 현재의 안정적이고 지속적인 수익을 원하는 투자자, 특히 은퇴자나 인컴 투자자들에게 매력적인 대안이 될 수 있다.

JEPQ
: 나스닥 기반 월 고배당 ETF

JEPQ는 JP모건이 운용하는 나스닥 프리미엄 인컴 ETF다. 이름 그대로 나스닥에 상장된 대형 기술주에 집중 투자하면서, 동시에 커버드콜 전략을 활용해 매월 배당을 지급하는 구조를 가지고 있다. 즉, 나스닥 성장주의 잠재력을 어느 정도 반영하면서도 매달 안정적인 현금흐름을 만드는 것이 JEPQ의 가장 큰 특징이다.

JEPQ는 2022년에 상장된 신생 ETF지만, 50~60달러 박스권 안에서 안정적으로 움직이며 나름의 성과를 쌓아가고 있다. 금리 인상기

| 그림 34 | JEPQ의 주가 흐름

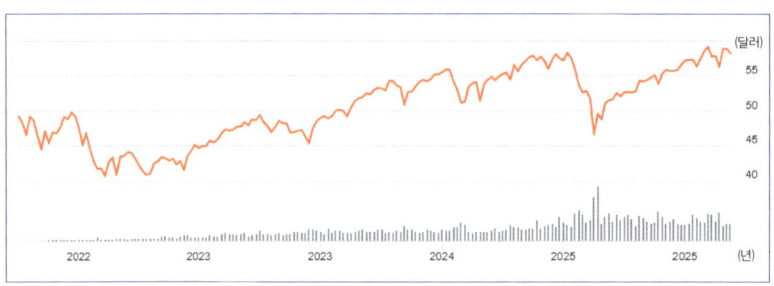

25. 12. 12. 기준, 출처: 시킹알파

였던 2022~2023년에는 기술주 특유의 높은 변동성 때문에 조정을 받았지만, 이후 기술주 반등과 함께 빠르게 회복했다. 현재까지 누적 수익률은 약 18% 수준으로, 시세 차익만 보면 큰 매력이 있는 건 아니다. 하지만 매달 배당이 지급된다는 점에서 인컴 투자자에게는 충분히 매력적이다.

JEPQ는 월배당을 지급하고 있으며 최근 연간 배당금은 약 5.98달러, 배당수익률은 약 9.5%로 JEPI보다 높은 수준을 기록하고 있다. 상장 이후 한 번도 배당이 끊긴 적이 없으며, 지급액은 시장 상황에 따라 다소 변동하지만 꾸준히 높은 수준을 유지해 왔다. 특히 기술주 중심 ETF에서 이 정도 배당을 제공한다는 점은 차별화된 강점이다. 성장주 투자에 따라오는 불확실성을 매월 배당이라는 확실한 현금 흐름으로 보완할 수 있기 때문이다.

섹터 비중은 기술주가 절반 이상을 차지하며, 뒤이어 통신, 소비재, 헬스케어 순으로 분산되어 있다. 즉, JEPQ는 나스닥 핵심 성장주에

| 그림 35 | JEPQ의 배당 내역

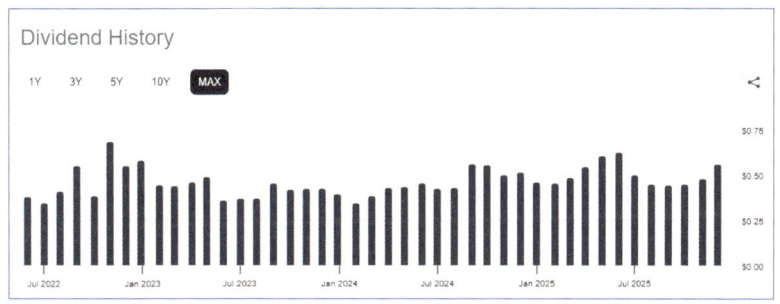

25. 12. 12. 기준, 출처: 시킹알파

집중 투자하면서도 월 단위 배당을 확보하는 구조라고 요약할 수 있겠다.

JEPQ는 100여 개의 종목으로 구성되어 있다. 상위 보유 종목으로

| 그림 36 | JEPQ의 섹터 비중

25. 12. 12. 기준, 출처: 시킹알파

| 표 10 | JEPQ의 포트폴리오

순위	종목명	편입 비중
1	엔비디아	8.01%
2	애플	7.38%
3	마이크로소프트	6.41%
4	알파벳 C	5.85%
5	브로드컴	5.28%
6	아마존닷컴	4.49%
7	메타 플랫폼스 A	2.77%
8	테슬라	2.73%
9	넷플릭스	1.92%
10	AMD	1.73%
상위 종목 비중 합계		46.55%
총 보유 종목 수		107개

25. 12. 11. 기준, 출처: 시킹알파

는 엔비디아, 마이크로소프트, 애플, 알파벳, 브로드컴Broadcom, 아마존, 메타, 테슬라, 넷플릭스 등 전부 다 나스닥을 대표하는 빅테크 기업들이다.

여기서 JEPI와 비교하면 차이가 더 뚜렷해진다. 같은 JP모건의 프리미엄 인컴 ETF지만, JEPI는 S&P500 지수를 기반으로 안정성과 분산 효과가 강조된 상품이다. 애브비, 존슨앤드존슨 같은 방어적 성격의 종목까지 포함해 변동성이 낮고 배당도 꾸준하다. 반면 JEPQ는 기술주 비중이 압도적으로 높아 성장성과 변동성이 모두 크다. 배당수익률만 보면 JEPI는 7.5% 안팎, JEPQ는 9.5%를 넘는 수준이다. 요약하면, JEPI는 안정형 인컴 ETF, JEPQ는 성장형 인컴 ETF라 할

| 표 11 | JEPI vs. JEPQ 비교 요약

구분	JEPI	JEPQ
정식 명칭	JPMorgan Equity Premium Income ETF	JPMorgan Nasdaq Equity Premium Income ETF
기초지수	S&P500	나스닥100
설정연도	2020년	2022년
포트폴리오 성격	대형 우량주 전반, 방어주 포함	대형 기술주 중심, 성장주 비중 높음
대표 종목	애브비, 존슨앤드존슨, 마이크로소프트 등	엔비디아, 애플, 마이크로소프트, 아마존 등
배당수익률(TTM)	약 7.5%	약 9.5%
배당 지급 주기	월	월
투자 성향	안정형 인컴 ETF	성장형 인컴 ETF

25. 12. 12. 기준, 출처: 시킹알파

수 있다.

결론적으로 JEPQ는 성장주 투자와 월 단위 고배당 인컴을 동시에 추구하고 싶은 투자자에게 적합한 상품이다. 수가가 급등하는 장세에서는 커버드콜 전략 때문에 상승분을 온전히 누리지는 못하지만, 대신 안정적이고 높은 배당을 매달 확보할 수 있다는 점이 강점이다. 특히 기술주의 성장 가능성을 믿으면서도, 동시에 월세처럼 들어오는 현금흐름을 원하는 투자자라면 JEPQ는 JEPI와 함께 고려해 볼 만한 매력적인 대안이 될 수 있다.

QYLD
: 다달이 현금이 들어오는 나스닥 커버드콜 ETF

QYLD는 글로벌 X(Global X)에서 운용하는 대표적인 고배당 ETF다. 글로벌 X는 한국의 미래에셋이 인수한 미국 자회사이기 때문에 한국 투자자에게도 친숙한 운용사다.

QYLD는 나스닥100 지수를 기초자산으로 하지만 단순 추종이 아니라 콜옵션 매도(커버드콜) 전략을 활용해 매월 옵션 프리미엄을 확보하고 이를 배당으로 지급한다. 그래서 장기 주가 상승은 제한적이지만, 매달 월세 같은 배당을 지급하는 구조다.

최근 10년간 QYLD의 주가는 24%가량 하락했다. 기초자산인 나스닥 지수가 상승하는 동안 QYLD의 주가는 오히려 하향 곡선을 그린 것이다. 이는 커버드콜 전략의 구조적 특성 때문이다. 주가가 크

| 그림 37 | QYLD의 주가 흐름

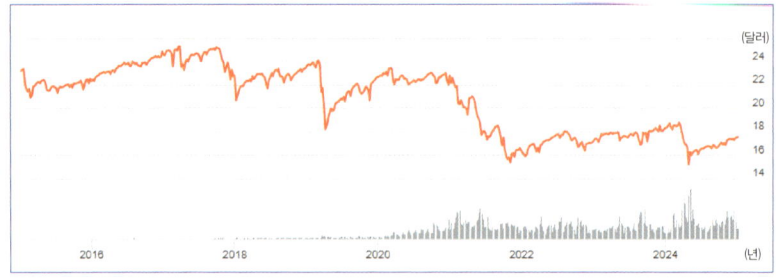

25. 12. 12. 기준, 출처: 시킹알파

| 그림 38 | QYLD의 배당 내역

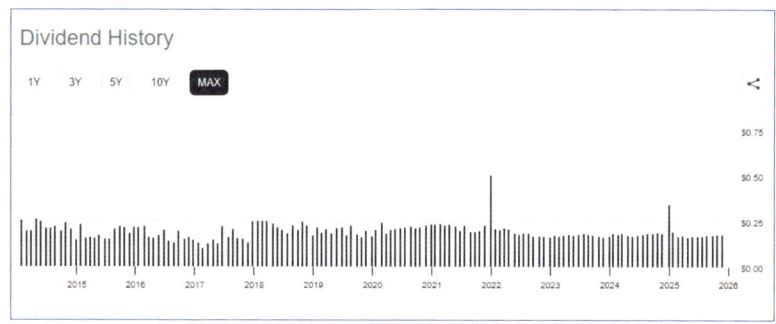

25. 12. 12. 기준, 출처: 시킹알파

게 오를 때는 상승분을 제한적으로만 누리고, 하락장에서는 완전한 방어를 하지 못하기 때문에 장기적으로 주가가 우상향하기보다는 박스권에서 점점 하락 압력을 받는 모습을 보여왔다. 실제로 QYLD 의 최근 주가는 16~18달러 구간에 머무르고 있으며, 장기적으로 자본이득을 기대히기기는 어렵다.

그럼에도 QYLD가 꾸준히 인기를 끄는 이유는 분명하다. 매월 지급되는 고배당 때문이다. 최근 1년 기준 배당수익률은 약 12.5% 수준, 연간 배당금은 약 2.22달러다. 2014년 설정 이후 지금까지 단 한 번도 배당이 끊긴 적이 없으며, 시장 변동성이 컸던 구간에서도 월 단위 배당은 꾸준히 지급되었다. 다만 최근 5년간 배당성장률은 2.3% 정도 하락해 오히려 배당 규모가 줄어드는 추세다. 매월 배당이 나온다는 안정성은 있지만, 금액이 점점 감소할 수 있다는 점은 유념해야 한다.

| 그림 39 | QYLD의 섹터 비중

보유 자산 구성 비율

주식 자산

● 정보·기술	55.51%	● 유틸리티	1.38%
● 커뮤니케이션 서비스	16.31%	● 기초소재	0.97%
● 임의소비재	12.84%	● 에너지	0.48%
● 헬스케어	4.70%	● 금융	0.30%
● 필수소비재	4.37%	● 부동산	0.15%
● 산업재	3.00%		

비주식 자산

● 현금 및 현금성 자산	0.11%

25. 12. 12. 기준, 출처: 시킹알파

업종별 비중은 기술주가 절반 이상으로 절대적이며, 통신(16%), 소비재(13%), 헬스케어(5%)가 뒤를 잇는다.

포트폴리오를 보면 나스닥100 편입 종목 약 100개를 담고 있으며, 상위 10개 종목만으로 전체의 절반 이상을 차지한다. 엔비디아, 마이크로소프트, 애플, 아마존, 테슬라, 메타 등 나스닥을 대표하는 대형 기술주들이 중심이다. 결국 QYLD는 기술주 지수를 기반으로 한 인컴 ETF라고 볼 수 있다.

QYLD는 자본 성장은 제한적이지만, 매달 현금흐름을 만드는 데 특화된 ETF다. 매월 1% 안팎의 배당이 들어오는 구조 덕분에 은퇴자나 생활비 보조가 필요한 투자자에게는 상당히 매력적일 수 있다. 하지만 배당금 자체가 장기적으로 줄어드는 경향이 있고 주가 상승을 크게 기대하기 어려운 만큼, QYLD는 포트폴리오에서 월세 같은 인컴

| 표 12 | QYLD의 포트폴리오

순위	종목명	편입 비중
1	엔비디아	9.88%
2	애플	9.27%
3	마이크로소프트	8.08%
4	나스닥100 지수 콜옵션 (2025년 12월 19일, 행사가 23,950포인트)	7.33%
5	브로드컴	7.10%
6	아마존닷컴	5.52%
7	알파벳 A	4.08%
8	알파벳 C	3.83%
9	테슬라	3.66%
10	메타플랫폼스 A	3.18%
상위 종목 비중 합계		61.93%
총 보유 종목 수		103개

25. 12. 11. 기준, 출처: 시킹알파

을 보완해 주는 부수적인 역할로 접근하는 것이 바람직하다.

JEPQ와 QYLD는 둘 다 나스닥100 지수 기반으로 커버드콜 전략을 활용한다는 공통점을 가지고 있다. 즉, 나스닥을 대표하는 대형 기술주를 기초자산으로 삼고, 동시에 콜옵션 매도를 통해 매달 배당금을 지급하는 구조다. 그래서 두 상품 모두 성장주에 투자하면서도 월세 같은 인컴을 만든다는 특징을 가지고 있다. 하지만 두 ETF는 세부 전략과 성격에서 뚜렷한 차이를 보이고 있어 정리한 표를 참고하면 된다.

| 표 13 | JEPQ vs. QYLD 비교 요약

구분	JEPQ	QYLD
운용사	JP모건	글로벌 X(미래에셋 자회사)
운용 방식	액티브 (종목 선별 + 옵션 매도)	패시브 (나스닥100 + 100% 커버드콜)
기초자산	나스닥100 대형 기술주 중심	나스닥100 지수 전체
주가 흐름	2022년 설정 이후 안정적, 최근 18% 상승	장기 우하향, 최근 10년간 24% 하락
배당수익률(TTM)	약 9.5%	약 12.5%
배당 추세	성장 가능성 있음	점진적 감소 추세
특징	성장성과 인컴 균형, 기술주 성장 일부 반영	원금 성장성 낮음, 생활비 보조형 인컴에 초점
적합 투자자	성장과 인컴을 모두 원하는 투자자	배당을 절대적으로 중시하는 은퇴자

25. 12. 12. 기준, 출처: 시킹알파

GOF
: 끊임없이 배당을 지급한 고배당 폐쇄형 펀드

GOF는 구겐하임Guggenheim에서 운용하는 대표적인 폐쇄형 펀드 Closed-End Fund다. 이름 그대로 다양한 전략적 기회를 활용해 고배당을 추구하는 상품이며, 전통적인 ETF와 달리 채권, 구조화증권, 주식, 파생상품을 폭넓게 활용한다. 투자자 입장에서는 매월 지급되는 안정적인 현금흐름이 가장 큰 매력이다. 특히 2007년 설정 이후 단한 번도 배당을 중단하지 않았다는 점에서 은퇴나 생활비 보조가 필요한 투자자에게 꾸준한 신뢰를 얻고 있다.

| 그림 40 | GOF의 주가 흐름

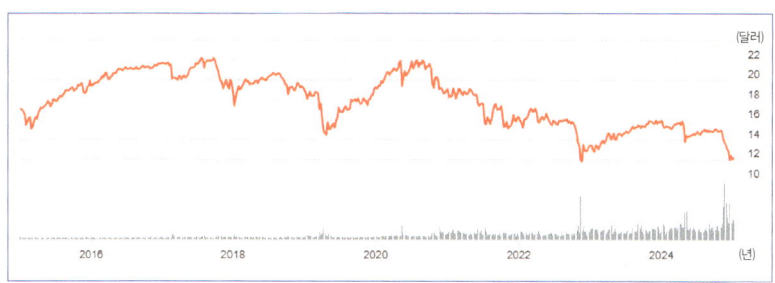

25. 12. 12. 기준, 출처: 시킹알파

최근 10년간 GOF의 주가는 약 28% 하락했다. 코로나 팬데믹 직후 한때 20달러를 넘어섰으나, 이후 금리 인상과 채권 금리 상승 압력으로 조정을 받으며 현재는 12달러 선에 머물러 있다. 주가 흐름만 놓고 보면 성장성은 제한적이다. 그러나 GOF의 본질은 주가 상승이 아닌 꾸준한 배당금 지급에 있다. 장기 보유자들이 GOF를 선택하는

| 그림 41 | GOF의 배당 내역

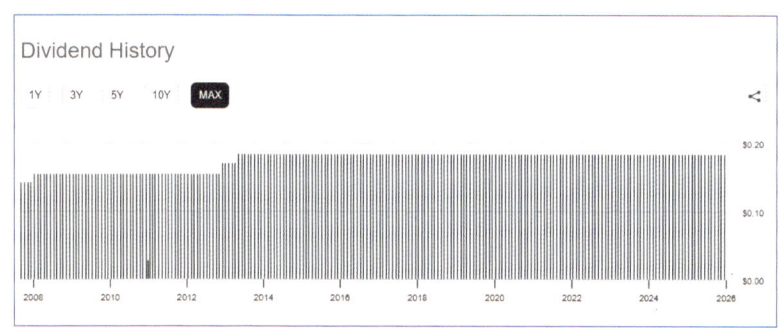

25. 12. 12. 기준, 출저: 시킹알파

이유도 자본이득이 아니라 매달 현금흐름이 들어오는 안정감 때문이다.

GOF의 가장 큰 장점은 끊임없는 고정적인 금액의 배당 기록이다. 2007년 이후 지금까지 매월 꾸준히 지급되었다. 최근 연간 배당금은 약 2.19달러, 배당수익률은 14~15%에 달한다. 배당금이 크게 늘어나지는 않았지만, 꾸준히 같은 금액을 지급해 왔다는 사실만으로도 제2의 월급을 원하는 투자자에게는 상당히 매력적이다. 특히 배당 내역을 보면 금융위기, 코로나 팬데믹, 금리 급등기 같은 위기 상황에서도 안정적으로 유지된 것이 눈에 띈다.

GOF의 자산 구성은 전통적인 ETF와 다르다. 단순히 지수를 추종하는 것이 아니라 멀티에셋 구조를 기반으로 주식과 채권을 섞어 운

| 그림 42 | GOF의 섹터 비중

보유 자산 구성 비율

주식 자산

● 정보·기술	31.91%	● 필수소비재	5.32%
● 금융	13.34%	● 에너지	3.12%
● 임의소비재	11.08%	● 유틸리티	2.81%
● 산업재	9.43%	● 부동산	2.56%
● 헬스케어	9.34%	● 기초소재	1.99%
● 커뮤니케이션 서비스	9.10%		

비주식 자산

● 회사채	69.53%	● 파생상품	0.76%
● 증권화채권	18.83%	● 현금 및 현금성 자산	0.44%
● 정부채권	1.78%	● 지방채	0.02%

25. 12. 12. 기준, 출처: 시킹알파

용한다. 비중을 보면 채권이 전체의 70% 이상을 차지한다. 주로 회사채와 주택저당증권MBS, 그리고 정부채 같은 고정수익 자산이 중심이다. 나머지 약 30%는 글로벌 주식으로 채워지는데, 기술·헬스케어·산업재·금융 등 여러 섹터에 고르게 분산되어 있다.

상위 10대 보유 자산을 살펴보면 개별 기업보다는 채권성 자산과 파생 구조가 대부분이다. GOF는 단순히 나스닥이나 S&P500 같은 지수를 따라가는 ETF가 아니라, 다양한 자산군을 혼합해 안정적인 고배당 구조를 유지하는 전략형 펀드라는 것을 명확하게 보여준다. 즉, 특정 섹터에 올인하기보다는 여러 자산을 섞어 안정적으로 배당을 만들어 내는 게 GOF의 핵심 전략이다.

| 표 14 | GOF의 포트폴리오

순위	종목명	편입 비중
1	0616 TRS S&P500 주식 총수익스왑 포지션	2.56%
2	아이셰어즈 코어 S&P500 ETF	2.12%
3	미국 재무부 단기 국채(표면금리 0%)	0.89%
4	썬더버드 2022-1A 자산유동화증권 펀드	0.78%
5	라이트닝 2022-1A 자산유동화증권 펀드	0.78%
6	FNCL 6.5% 2025년 10월 만기 주택담보증권	0.78%
7	오브라 롱저비티 펀드 클래스 A	0.73%
8	매디슨 파크 펀딩 53 유한책임회사(LLC)	0.73%
9	FTAI 항공기 임대 자산 펀드	0.71%
10	UMBS 30년 TBA(정규 A등급) 주택저당증권	0.65%
상위 종목 비중 합계		10.74%
총 보유 종목 수		1464개

25. 8. 31 기준, 출처: 시킹알파

GOF는 장기적으로 주가 상승을 크게 기대하기는 어렵다. 하지만 매달 일정한 현금흐름이라는 확실한 장점을 제공하는 대표적 고배당 펀드로 안정성을 바탕으로 한 배당 지급력이 돋보이며, 은퇴자나 매월 일정한 생활비가 필요한 투자자에게는 위험보다 장점이 더 크게 다가오는 상품이라 할 수 있다.

하지만 최근 주가가 급락했기 때문에 향후 주가가 회복되는 상황을 보면서 투자를 판단하는 것이 좋다. 가장 중요한 것은 높은 배당금보다 투자 원금을 지키는 것이기 때문이다.

04

배당주
종목 분석

이제부터는 ETF가 아닌 개별 기업을 중심으로 살펴보고자 한다. ETF에 투자할 때는 편하다. 알아서 종목을 교체해 주고, 시장 상황에 맞춰 포트폴리오를 조정해 주기 때문이다. 하지만 개별 기업 투자는 그렇지 않다. 기업 실적이 흔들리면 배당이 줄거나 끊기기도 하고, 경우에 따라 주가 하락까지 동시에 맞을 수도 있다. 그렇기 때문에 개별 기업에 투자할 때는 ETF보다 훨씬 더 신중한 태도가 필요하다.

3M
: 배당킹이 과거가 된 글로벌 제조 기업

3M은 포스트잇, 스카치테이프 같은 생활용품부터 산업용 접착제, 안전보호 장비, 헬스케어 제품, 전자소재까지 전 세계 산업과 일상에 깊숙이 들어온 글로벌 제조업체다. 한때는 다각화된 사업 구조와 꾸준한 성장 덕분에 '배당킹Dividend King'으로 불리며 안정성과 성장성을 모두 갖춘 기업으로 평가받았다.

하지만 최근 몇 년간 상황은 달라졌다. 귀마개 소송, PFAS(영구화학물질) 환경오염 소송 같은 대규모 법적 리스크, 매출 정체, 비용 증가가 겹치면서 실적에 부담을 주었다. 결국 60년 넘게 이어오던 배당 성장 기록이 2024년에 끊기며 배당 투자자들에게 큰 충격을 안겼다. 이 사건은 '개별 기업 투자는 실적 부진이 곧 배당 삭감으로 이어질 수 있다'는 사실을 단적으로 보여주는 사례가 되었다.

최근 10년간 3M의 주가는 약 15% 상승에 그쳤다. 2018년까지는 250달러를 넘기며 고점을 찍었지만, 소송 리스크와 경기 둔화가 겹치면서 2023년에는 100달러 아래까지 추락했다. 다만 2024년 이후 일부 리스크 해소 기대와 비용 절감 효과가 반영되며 회복세를 보여, 현재는 160~170달러 사이에서 거래되고 있다. 장기 투자 관점에서 큰 자본 성장은 없지만, 최근에는 바닥을 다지고 반등하는 모습이다.

3M의 매출은 2021년 약 350억 달러를 정점으로 한 뒤 줄어들어 최근에는 240억~250억 달러 수준으로 정체되어 있다. 큰 성장세를 기

| 그림 43 | 3M의 주가 흐름

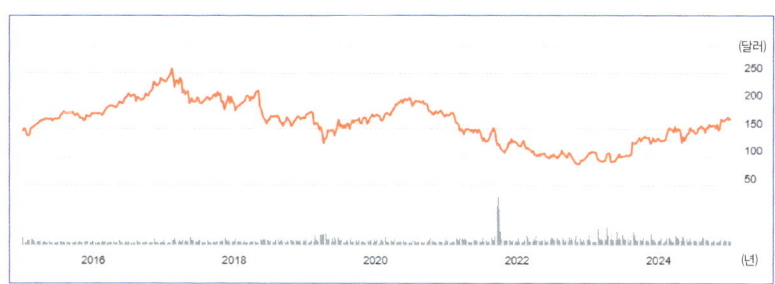

25. 12. 12. 기준, 출처: 시킹알파

| 그림 44 | 3M의 매출 흐름

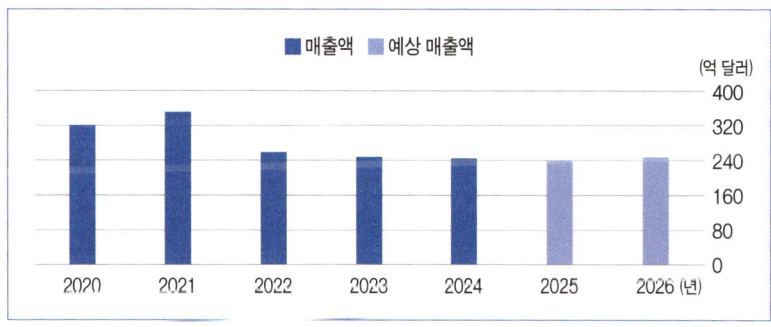

25. 12. 12. 기준, 출처: 시킹알파

대하기는 어렵지만, 3M의 강점은 안정적인 글로벌 고객 기반과 꾸준한 현금흐름 창출 능력에 있다. 또한 매년 약 20억 달러 이상을 연구개발R&D에 투자해 신제품 출시와 새로운 성장 동력 발굴을 시도하고 있다.

3M은 과거 배당 투자자의 교과서 같은 기업이있다. 60년 넘게 배

| 그림 45 | 3M의 배당 내역

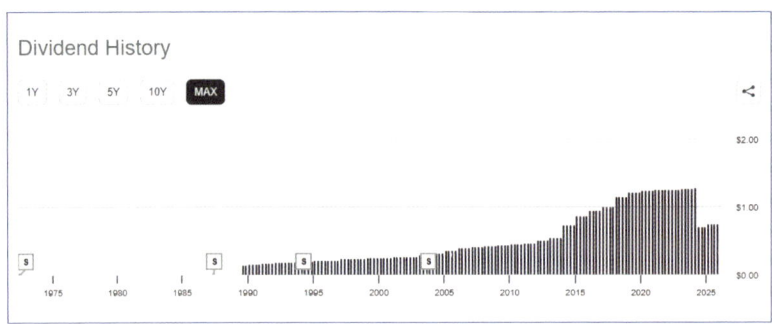

25. 12. 12. 기준, 출처: 시킹알파

당을 늘려왔지만, 2024년 배당 삭감으로 이 전통이 끊겼다. 현재 연간 배당금은 주당 2.92달러, 배당수익률은 1.7%대, 배당성향은 약 37%이다. 최근 5년간 배당성장률은 10% 내외로 하락해, 과거와는 달리 성장이 아니라 방어적인 수준에 머무르고 있다. 그래도 여전히 분기배당을 유지하고 있어 절대적인 배당 지급 자체는 이어지고 있다.

이 책에서는 되도록 배당수익률 3% 이하 기업은 다루지 않으려 했으나, 3M의 배당 삭감 사례가 투자 교훈으로서 의미가 크다는 점에서 예외적으로 포함했다.

3M은 더 이상 고성장주도, 고배당주도 아니다. 하지만 글로벌 시장 점유율, 다양한 제품 포트폴리오, 그리고 꾸준한 현금흐름 창출 능력은 여전히 강점으로 꼽힌다. 무엇보다 중요한 교훈은 60년 넘게 배당을 늘려오던 기업도 위기에 직면하면 배당을 줄일 수 있다는 점

이다. ETF는 리밸런싱을 통해 리스크를 분산하지만, 개별 기업 투자는 언제든 배당 삭감과 주가 급락을 동시에 맞을 수 있다는 사실을 3M이 보여주었다. 따라서 3M은 개별 기업 투자에 있어 더욱 신중한 접근이 필요하다는 점을 보여주는 상징적인 사례로 기억할 만하다.

애브비
: 배당 성장의 전형을 보여주는 제약주

애브비는 글로벌 제약사로, 자가면역질환 치료제 휴미라Humira를 통해 오랫동안 막대한 매출을 올려온 기업이다. 이후에는 항암제 임브루비카Imbruvica, 신경학 분야의 보톡스Botox, 면역학 치료제 스카이리치Skyrizi와 린보크Rinvoq 등으로 포트폴리오를 다각화하며 성장세를 이어가고 있다. 다만 휴미라의 특허 만료로 인한 매출 공백이 가장

| 그림 46 | 애브비의 주가 흐름

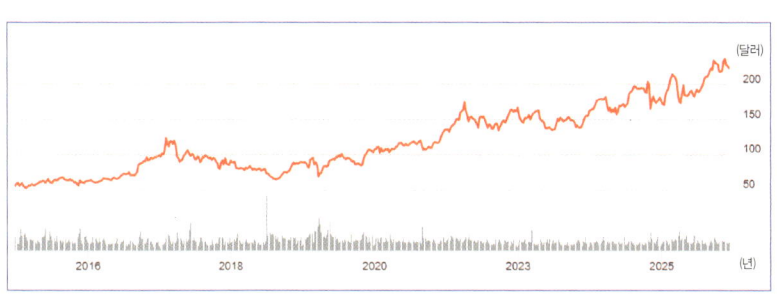

25. 12. 12. 기준, 출처·시킹알파

큰 리스크로 꼽힌다. 애브비는 이 격차를 메우기 위해 신약 출시와 파이프라인 강화에 적극적으로 나서고 있다.

최근 10년간 애브비의 주가는 약 300% 상승했다. 코로나 팬데믹 이후 제약·바이오 업종에 대한 관심이 높아지면서 주가가 큰 폭으로 올랐고, 2024~2025년 들어서도 꾸준히 상승세를 유지하고 있다. 현재 주가는 약 223달러 수준이며, 시가총액은 4,000억 달러 수준으로 글로벌 제약사 중에서도 최상위권이다.

애브비의 매출은 2021년 약 560억 달러까지 증가했지만, 휴미라 매출 둔화로 2023년에는 약 540억 달러로 조정되었다. 그러나 2025년 이후에는 신약 성장과 파이프라인 확충 덕분에 600억 달러 이상으로 다시 증가할 것으로 전망된다. 단기적으로는 특허 공백 리스크가 존재하지만, 중장기적 성장성은 여전히 긍정적이다.

애브비의 또 다른 강점은 배당이다. 애보트랩Abbott Laboratories에서

| 그림 47 | 애브비의 매출 흐름

25. 12. 12. 기준, 출처: 시킹알파

분사된 2013년 이후 매년 배당을 증액하며 현재까지 11년 연속 배당 성장 기업으로 자리 잡았다. 최근 배당수익률은 약 3.1% 수준으로 겉으로는 고배당주라고 보기 어렵지만, 이는 배당 금액이 적어서가 아니라 주가가 빠르게 상승했기 때문에 상대적으로 배당수익률이 낮아 보이는 것이다.

실제로 애브비는 최근 연간 배당금 6.56달러를 지급하며 꾸준히 배당을 늘려왔고 2026년부터는 5% 이상 인상해 6.92달러를 받게 된다. 즉, 장기 보유자 입장에서는 투자 원금 대비 배당수익률이 훨씬 높아졌을 가능성이 크다. 이는 애브비가 단순히 배당을 주는 성장주를 넘어, 주가 성장과 배당 성장을 동시에 누릴 수 있는 종목임을 보여준다.

애브비는 단순히 배당을 지급하는 성장주가 아니라, 주가 성장과 배당 성장을 동시에 누릴 수 있는 종목이다. 안정성과 성장성을 모두

| 그림 48 | 애브비의 배당 내역

25. 12. 12. 기준, 출처: 시킹알파

추구하는 투자자들에게 중요한 선택지가 될 수 있으며, 특히 은퇴자처럼 당장 현금흐름이 필요한 투자자보다는 장기적으로 자산을 불려가려는 젊은 세대에게 더 적합한 배당 성장주라 볼 수 있다.

AT&T
: 배당 삭감의 아픔을 겪은 통신주

AT&T는 미국을 대표하는 통신 기업으로, 이동통신·광대역 인터넷·유선 서비스 등 핵심 인프라를 제공하는 기업이다. 오랜 기간 안정적인 배당주로 투자자들의 관심을 받아왔으며, 한때는 '배당주의 대표 주자'로 불리기도 했다. 다만 최근 몇 년간은 구조 조정과 사업 전략 변화, 그리고 통신 업황의 치열한 경쟁 속에서 기업 가치가 흔들리며 배당 안정성에도 타격을 입었다.

| 그림 49 | AT&T의 주가 흐름

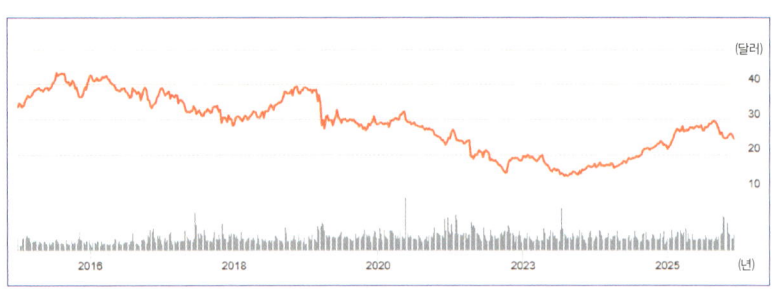

25. 12. 12. 기준, 출처: 시킹알파

최근 10년간 AT&T의 주가는 약 27% 하락하며 부진한 성과를 보였다. 2016년에는 40달러에 근접하기도 했지만, 2022년에는 20달러 초반까지 밀리며 크게 흔들렸다. 이후 워너미디어 분사와 비용 절감, 5G 투자 효과 기대감 덕분에 점차 회복세를 보였고, 현재는 약 25달러 선에서 거래 중이다. 다만 통신 업종 특유의 안정성에도 불구하고, 뚜렷한 성장 모멘텀이 부족하다는 점이 주가에 반영되어 있다.

AT&T의 매출은 2020년 약 1,430억 달러에서 2022년 1,200억 달러로 줄어든 뒤, 최근에는 1,200억~1,300억 달러 수준에서 정체되어 있다. 앞으로도 큰 폭의 성장세는 기대하기 어렵지만, 통신·인터넷 인프라라는 본질적인 사업 구조 덕분에 안정적인 현금흐름 창출은 가능하다. 이는 성장주보다는 방어주적 성격이 강하다는 점을 보여준다.

AT&T는 오랫동안 고배당주로 불리며 배당 투자자들의 대표 주자

| 그림 50 | AT&T의 매출 흐름

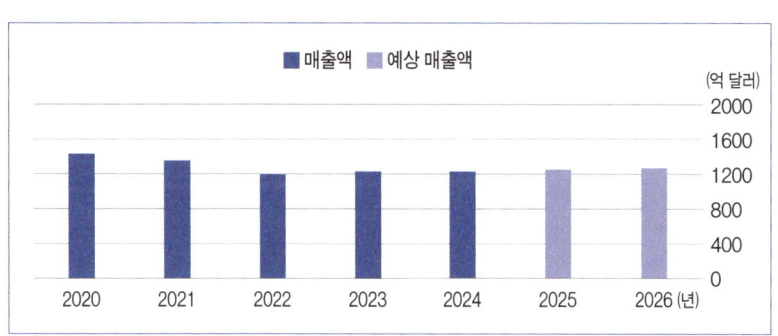

25. 12. 12. 기준, 출처: 시킹알파

| 그림 51 | AT&T의 배당 내역

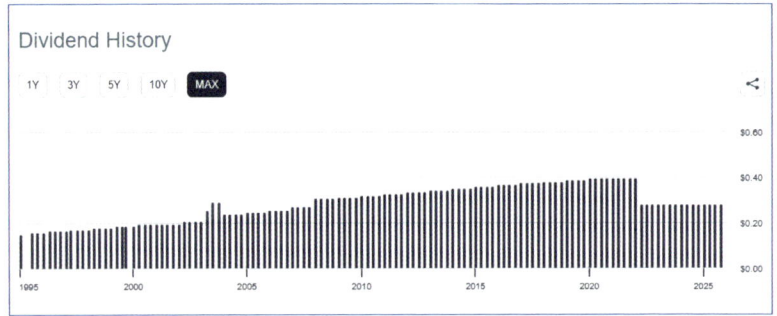

25. 12. 12. 기준, 출처: 시킹알파

로 자리 잡았지만, 2022년 워너미디어 분사 이후 배당을 대폭 삭감했다. 최근 연간 배당금은 1.11달러, 배당수익률은 약 4.5% 수준이다. 과거 연간 1.5달러 이상 지급하던 시절과 비교하면 크게 줄어든 셈이다. 최근 5년간 배당성장률은 6.7% 하락해 오히려 역성장을 기록했다. 여전히 배당 자체는 유지되고 있지만, 과거의 '배당 귀족' 이미지는 사라져 장기 투자자 입장에서는 신중할 필요가 있다.

AT&T는 과거처럼 배당 성장주로 보기에는 무리가 있으며 ETF와 달리 개별 기업 투자의 리스크는 언제든 현실화될 수 있다는 점을 보여주었다. 한때 배당 귀족으로 불렸던 기업조차 사업 구조 조정과 실적 부진으로 배당을 삭감할 수 있다는 점은 투자자에게 중요한 교훈이 된다.

리얼티 인컴
: 월세처럼 든든한 리츠 배당주

리얼티 인컴Realty Income은 미국 상업용 부동산에 투자하는 대표적인 리츠로, 월 단위 배당을 지급하는 특징 때문에 '매달 배당금을 지급하는 회사'라는 별칭을 가지고 있다. 슈퍼마켓, 편의점, 약국, 체인 레스토랑, 대형마트 등 경기 변동에도 비교적 안정적인 수요가 유지되는 필수소비재 업종 중심의 부동산을 장기 임대 계약을 통해 확보해 꾸준한 임대 수익을 창출하고 있다. 이러한 비즈니스 모델 덕분에 경기 사이클과 무관하게 일정한 현금흐름을 만드는 것이 강점이다.

최근 10년간 리얼티 인컴의 주가는 약 13% 상승했다. 급격한 성장은 아니지만, 리츠 특성상 배당을 포함한 총수익률을 고려하면 꾸준한 성과를 낸 셈이다. 코로나 팬데믹과 금리 인상기에는 주가가 50달러 초반까지 밀리며 큰 조정을 받았으나, 이후 회복세를 보이며 현재

| 그림 52 | 리얼티 인컴의 주가 흐름

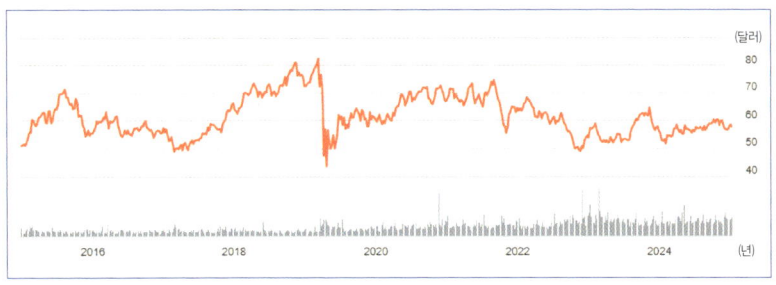

25. 12. 12. 기준, 출처: 시킹알파

는 약 58달러 수준에서 거래되고 있다. 주가 자체는 박스권에 머무는 편이지만, 리츠의 본질적인 투자 매력은 시세 차익보다는 안정적인 배당과 현금흐름에 있다.

리얼티 인컴의 매출은 꾸준히 성장해 왔다. 2020년 약 17억 달러에서 2023년에는 약 41억 달러, 2024년에는 53억 달러를 기록하며 빠르게 증가했다. 2025년 이후에도 소폭 성장할 것으로 전망된다. 이는 지속적인 신규 부동산 매입과 장기 임대 계약 확대에 따른 안정적인 성장 덕분으로 경기 변동에 관계없이 안정적인 임대 수익을 확보해온 리얼티 인컴의 사업 구조가 잘 반영된 결과라 할 수 있다.

리얼티 인컴은 무엇보다 배당에서 독보적인 입지를 가지고 있다. 최근 배당수익률은 5.6% 수준이며, 연간 배당금은 3.24달러다. 1994년 상장 이후 단 한 번도 배당을 끊은 적이 없고, 현재까지 31년 연속 배당 성장 기록을 이어가고 있다. 최근 5년간 배당성장률은 약 3.5%로

| 그림 53 | 리얼티 인컴의 매출 흐름

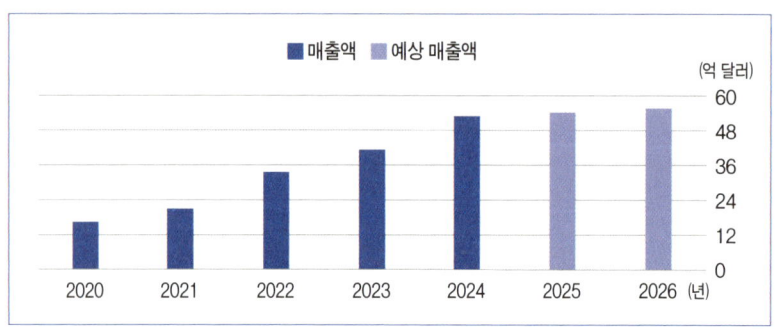

25. 12. 12. 기준, 출처: 시킹알파

| 그림 54 | 리얼티 인컴의 배당 내역

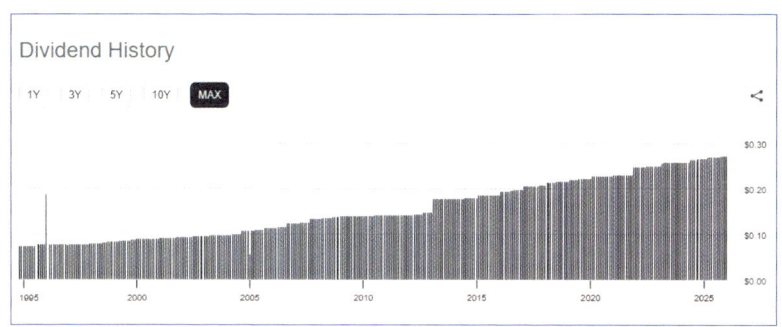

25. 12. 12. 기준, 출처: 시킹알파

크진 않지만, 안정적으로 조금씩 배당을 늘려온 것이 특징이다. 배당 내역을 보면 매달 월세처럼 지급되며, 꾸준히 증가하는 패턴을 유지하고 있다.

리얼티 인컴은 급격한 주가 상승을 기대하기보다는 꾸준한 월세 같은 배당을 원하는 투자자에게 최적화된 종목이다. 특히 은퇴자나 안정적인 현금흐름을 중시하는 투자자에게는 포트폴리오의 핵심으로 자리 잡을 수 있는 리츠라 할 수 있다.

버라이즌
: 꾸준함으로 신뢰를 쌓은 통신 배당주

버라이즌Verizon은 미국을 대표하는 통신사 중 하나로, 이동통신 시비스와 브로드밴드, 유선 네트워크 등 통신 인프라 전반을 제공하는 기업이다. AT&T와 더불어 미국 통신 시장을 양분하는 기업으로, 안정적인 가입자 기반과 꾸준한 현금흐름 창출 능력이 강점이다. 특히 5G 인프라 구축을 선도하며 장기적인 성장 동력을 확보하려 하고 있다.

최근 10년간 버라이즌의 주가는 약 10% 하락했다. 2018~2020년 구간에는 안정세를 보였으나, 2022년 금리 인상과 업종 전반의 투자 부진으로 주가가 30달러 후반까지 하락했다. 이후 배당 매력과 현금흐름 안정성이 부각되면서 현재는 41달러 선에서 거래되고 있다. 통신 업종 특성상 급격한 주가 상승은 어렵지만, 방어주적 성격은 여전히 강하다.

버라이즌의 매출은 안정적으로 유지되고 있다. 2021년 약 1,330억 달러에서 2022년 1,360억 달러로 소폭 증가했으며, 최근에는 1,300

| 그림 55 | 버라이즌의 주가 흐름

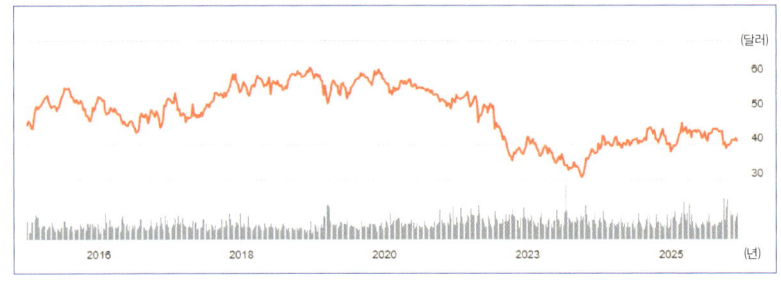

25. 12. 12. 기준, 출처: 시킹알파

| 그림 56 | 버라이즌의 매출 흐름

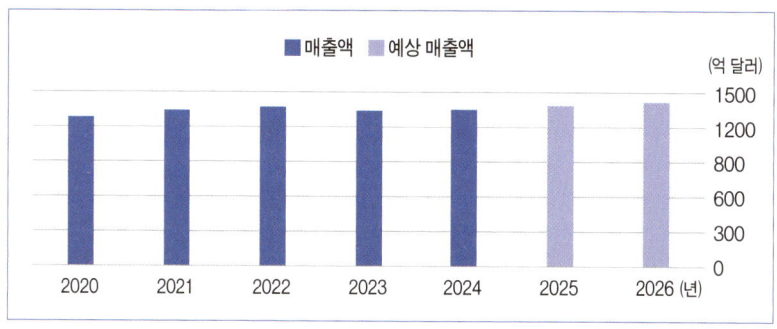

25. 12. 12. 기준, 출처: 시킹알파

억~1,350억 달러 구간에서 정체되어 있다. 향후 2025~2026년에도 매출은 큰 변동 없이 비슷한 수준이 예상된다. 성장성이 크지는 않지만, 안정적인 가입자 기반을 바탕으로 꾸준한 현금 창출 능력을 보여주고 있다.

비라이즌의 배당수익률은 약 6.8% 수순으로, 미국 대형주 중에서도 높은 편에 속한다. 연간 배당금은 2.76달러이며, 분기당 약 0.69달러를 지급한다. 배당성향은 약 58% 수준으로, 무리하지 않은 범위에서 안정적으로 배당을 지급하고 있다.

버라이즌은 20년 연속 배당 성장을 기록 중이다. 최근 5년간 연평균 배당성장률은 2% 내외로 높지 않지만, 안정성과 신뢰성을 보여주는 지표라 할 수 있다. 배당 내역을 보면 매년 소폭이지만 배당을 꾸준히 인상해 왔으며, 배당 안정성에서는 매우 높은 점수를 받을 만하다. 특히 2022~2023년 주기기 그게 하락했던 시기에도 배낭을 삭감

| 그림 57 | 버라이즌 배당 내역

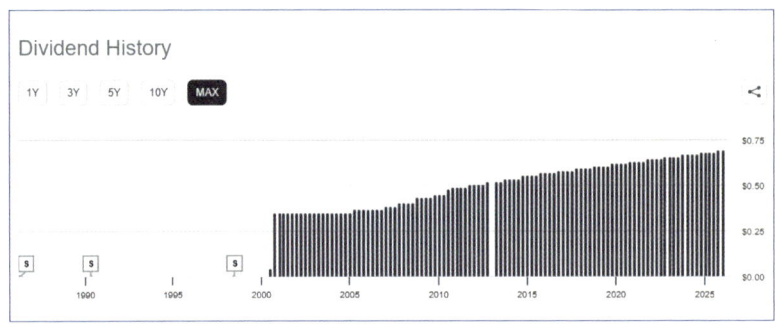

25. 12. 12. 기준, 출처: 시킹알파

하지 않았다는 점은 긍정적으로 평가할 수 있다. 같은 시기 AT&T가 사업 재편으로 배당을 삭감했던 것과 대비되는 대목이다. 이 차이는 버라이즌의 현금흐름 안정성과 주주환원 의지를 잘 보여준다.

버라이즌은 고성장주는 아니지만, 미국 통신 시장에서 안정적인 점유율과 가입자 기반을 갖춘 대표적 방어주다. 주가 상승 여력은 제한적일 수 있으나, 6%가 넘는 배당수익률과 20년 연속 배당 성장 기록은 배당 투자자에게 충분히 매력적이며 특히 단기 시세 차익보다는 장기 보유를 통해 현금흐름을 안정적으로 확보하려는 투자자, 그리고 은퇴자들에게 적합한 종목이라 할 수 있다.

유니버설 코퍼레이션
: 배당킹의 끈질긴 생존력

유니버설 코퍼레이션Universal Corp(이하 유니버설)은 담배 원료 가공 및 공급 분야에서 100년이 넘는 역사를 가진 글로벌 선도 기업이다. 전 세계 담배 제조사에 원료를 공급하는 네트워크를 기반으로 안정적인 수요를 확보하고 있으며, 특히 53년 연속 배당 인상을 이어온 배당킹 기업으로 잘 알려져 있다.

최근 10년간 유니버설의 주가는 약 1% 하락하며 제자리걸음을 했다. 대체로 50~70달러 사이 박스권에서 움직이며 성장성은 제한적이지만, 큰 폭의 하락 위험도 크지 않은 방어적인 성격을 보여준다. 투자자 입장에서는 주가 상승보다는 안정적인 배당 수익이 핵심 가치다.

유니버설의 매출은 장기적으로 완만한 성장세를 보여왔다. 2021년

| 그림 58 | 유니버설의 주가 흐름

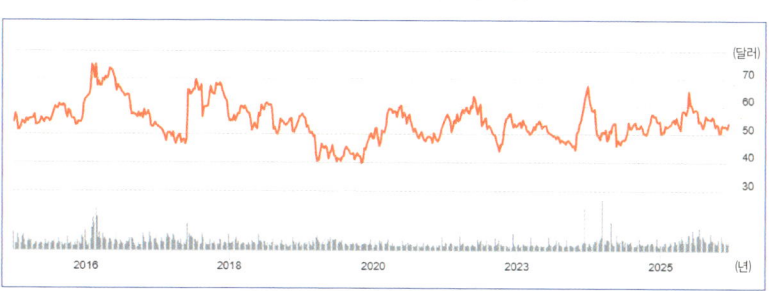

25. 12. 12. 기준, 출처: 시킹알파

| 그림 59 | 유니버설의 매출 흐름

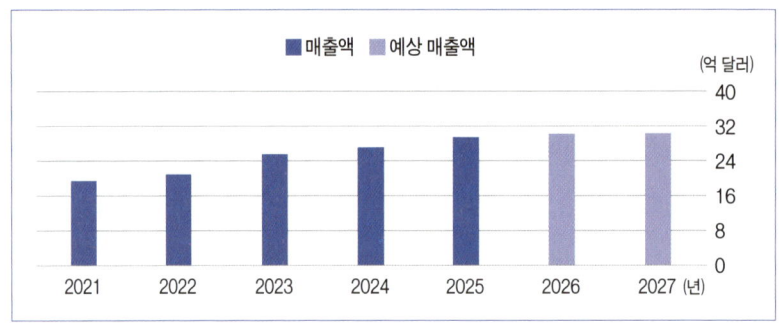

25. 12. 12. 기준, 출처: 시킹알파

약 20억 달러에서 2024년에는 28억 달러 수준까지 증가했다. 2026~
2027년에는 약 30억 달러 수준이 예상되며, 신흥국의 꾸준한 담배
수요와 글로벌 공급망 안정성, 그리고 인플레이션에 따른 단가 상승
이 주요 요인이다. 성장 폭은 크지 않지만, 안정적인 흐름을 유지하
는 구조다.

유니버설의 가장 큰 무기는 역시 배당이다. 최근 배당수익률은 약
6.1%이고, 연간 배당금은 3.28달러다. 특히 53년 연속 배당 인상 기록
은 유니버설을 배당 성장주의 교과서 같은 존재로 만든다. 최근 5년간
배당성장률은 약 1.3%로 낮지만, 단 한 번도 배당을 끊지 않고 꾸준히
늘려왔다는 사실이 투자자에게 안정감을 준다. 배당 내역을 보면 매년
조금씩 꾸준히 상승해 온 전형적인 배당킹 패턴을 보여준다.

유니버설은 고성장을 기대할 수 있는 종목은 아니다. 대신 배당
킹이라는 타이틀에 걸맞게, 장기 보유 시 꾸준한 현금흐름을 제공한

| 그림 60 | 유니버설의 배당 내역

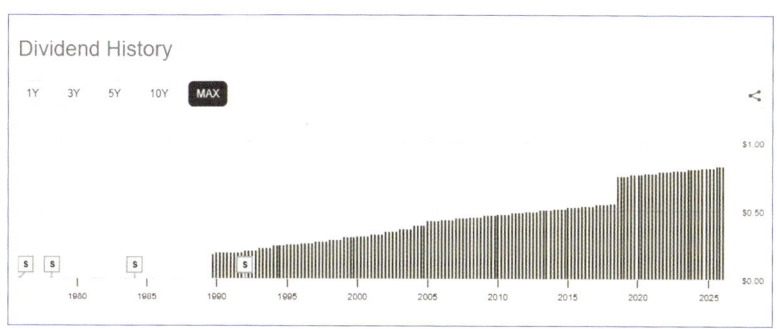

25. 12. 12. 기준, 출처: 시킹알파

다. ETF처럼 자동으로 리밸런싱 되진 않지만, 배당의 연속성과 안정성만큼은 다른 어떤 종목과 견주어도 손색이 없다. 은퇴자나 생활비 보조를 목적으로 하는 투자자에게는 든든한 배당주로 포트폴리오에 자리 잡을 만하다.

알트리아
: 배당킹의 상징적 존재

알트리아는 미국을 대표하는 담배 기업으로, 말보로Marlboro를 비롯한 강력한 글로벌 브랜드를 보유하고 있다. 전통적인 담배 산업은 규제와 건강 이슈로 성장성이 제한적이지만, 알트리아는 브랜드 파워와 가격 인상 전략을 무기로 여전히 막대한 현금흐름을 창출한다.

최근에는 무연담배, 전자담배, 대체 니코틴 제품, 주류 지분 투자까지 포트폴리오를 확장하며 현금흐름의 다변화를 꾀하고 있다.

최근 10년간 주가는 약 3% 상승해 사실상 제자리걸음을 했다. 주가는 대체로 40~70달러 박스권에서 움직이며 성장주는 아니지만, 변동성 속에서도 꾸준한 배당 덕분에 투자자들의 신뢰를 유지해 왔다. 특히 2020년대 초반 주가가 30달러대까지 떨어졌을 때도 배당을 유지하며 장기 보유자에게는 든든한 방패 역할을 해왔다.

매출은 뚜렷한 성장세는 없지만 안정적이다. 2020년 약 210억 달러 수준에서 시작해 2024년까지 비슷한 수준을 유지했으며, 2025~2026년에도 약 200억~210억 달러 범위에서 정체가 예상된다. 전통 담배 수요가 줄고 있음에도 불구하고, 알트리아는 가격 인상과 대체 제품군 확충을 통해 안정적인 매출을 방어하는 전략을 이어가고 있다.

알트리아의 가장 큰 매력은 역시 배당이다. 최근 배당수익률은 약

| 그림 61 | 알트리아의 주가 흐름

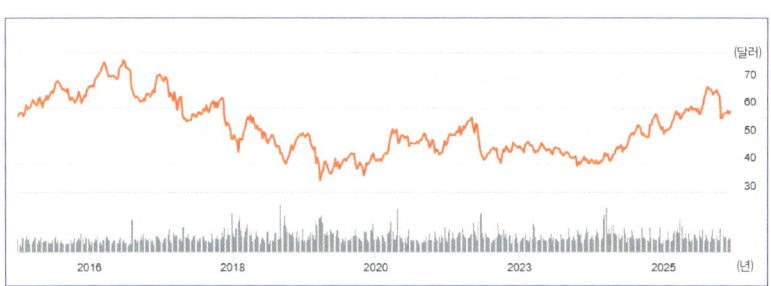

25. 12. 12. 기준, 출처: 시킹알파

| 그림 63 | 알트리아의 매출 흐름

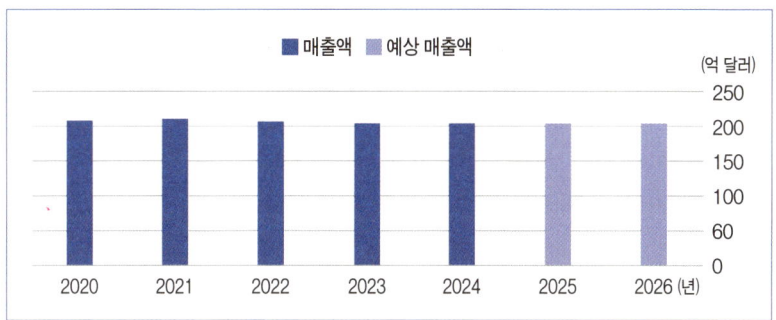

25. 12. 12. 기준, 출처: 시킹알파

7.2%에 달하며, 연간 배당금은 4.24달러다. 배당성향은 약 75%로 다소 높은 편이지만, 55년 연속 배당 인상이라는 기록이 안정성을 입증한다. 최근 5년간 연평균 배당성장률은 약 4%로, 제한된 성장 환경 속에서도 주주환원을 꾸준히 이어가고 있다. 배당 흐름을 보면 시간

| 그림 62 | 알트리아의 배당 내역

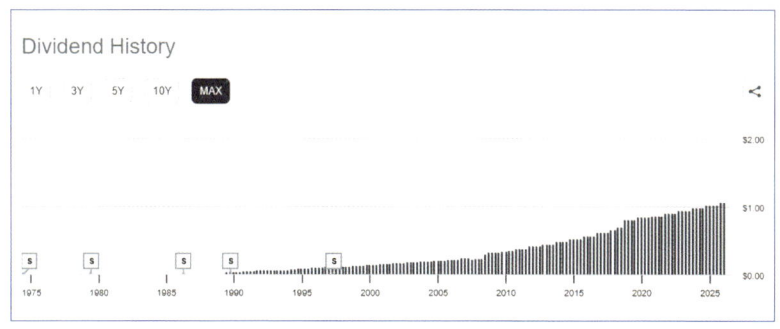

25. 12. 12. 기준, 출처: 시킹알파

이 흐를수록 가파르게 상승해 온 전형적인 '배당킹 곡선'을 확인할 수 있다.

알트리아는 고성장을 기대하기는 어렵지만, 안정적인 현금흐름과 긴 배당 성장 기록이라는 확실한 무기를 갖춘 종목이다. 특히 은퇴자나 생활비 보조 현금흐름을 원하는 투자자에게 적합하며, 포트폴리오에서 안정성을 더해주는 대표적인 배당주라 할 수 있다.

오메가 헬스케어 인베스터스
: 고령화와 함께 가는 고배당 리츠

오메가 헬스케어 인베스터스Omega Healthcare Investors(이하 오메가 헬스케어)는 미국의 일반 요양 시설과 전문 요양 시설에 집중 투자하는 대표적인 헬스케어 리츠다. 고령화 사회로 갈수록 의료·요양 서비스 수요는 구조적으로 증가할 수밖에 없고, 오메가 헬스케어는 이 분야의 부동산을 장기 임대 계약으로 확보하면서 꾸준한 임대 수익을 창출한다. 이런 특성 덕분에 오랜 기간 '고배당 리츠'로 불리며 투자자들의 관심을 받아왔다.

최근 10년간 오메가 헬스케어의 주가는 약 30% 상승했다. 코로나 팬데믹 초기에는 요양 시설 운영사들의 재정 압박으로 주가가 급락했지만 이후 회복세를 보였고, 2022~2023년 금리 인상기 동안에도 변동성이 있었으나 현재는 44달러 수준에서 거래되며 안정세를 유

| 그림 64 | 오메가 헬스케어의 주가 흐름

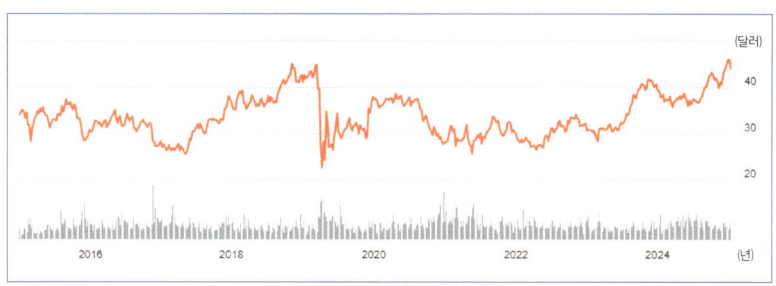

25. 12. 12. 기준, 출처: 시킹알파

지하고 있다. 주가 자체는 성장주처럼 빠르게 오르진 않지만, 배당 기반 현금흐름형 투자라는 본질적 성격이 뚜렷하다.

오메가 헬스케어의 매출은 꾸준한 증가세를 보이고 있다. 2020년 약 9억 달러에서 2024년에는 11억 달러 수준으로 확대되었으며, 2026년에는 약 11억 달러 전후가 예상된다. 경기 변동이나 금리 환

| 그림 65 | 오메가 헬스케어의 매출 흐름

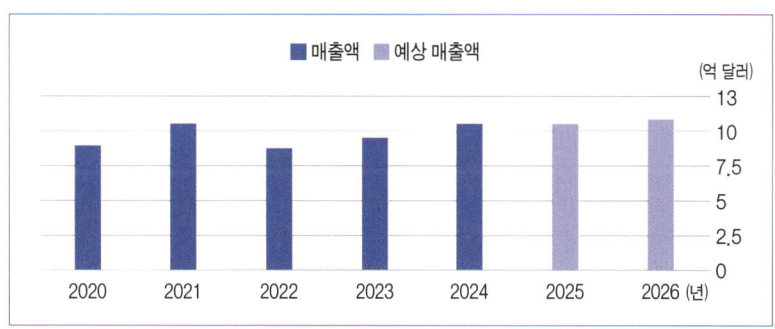

25. 12. 12. 기준, 출저: 시킹알파

경의 영향을 받지만, 본질적으로 고령화와 의료 수요 확대라는 구조적 성장 요인이 뒷받침된 덕이다. 이는 리츠 특유의 안정적인 임대 수익 모델과 결합되어 꾸준한 현금흐름 창출 능력을 보여준다.

현재 배당수익률은 약 6.1% 수준이며, 연간 배당금은 2.68달러다. 분기당 약 0.67달러씩 지급하며, 분기배당 구조를 유지하고 있다. 그러나 배당 내역을 보면 완전히 순탄하지는 않았다. 2000년대 초반, 미국의 '메디케어 개혁 법안' 여파로 요양 시설 운영사들이 타격을 입으며 오메가 헬스케어도 한때 배당을 중단했다. 이후 배당을 재개했지만, 2015년에는 재무적 압박 속에서 배당 삭감을 단행했다. 이처럼 여러 위기를 겪으며 배당 안정성에 흠집이 난 이력이 있지만 다시 배당을 정상화하고 꾸준히 유지해 왔다는 점은 여전히 긍정적으로 평가된다.

오메가 헬스케어는 고령화 사회 흐름 속 고배당 리츠라는 확실한

| 그림 66 | 오메가 헬스케어의 배당 내역

25. 12. 12. 기준, 출처: 시킹알파

투자 테마를 갖고 있다. 배당 중단과 삭감이라는 과거의 흠집이 있긴 하지만, 현재 6%대 배당수익률과 헬스케어 산업의 구조적 성장성을 고려하면 은퇴자나 현금흐름 중심 투자자에게는 여전히 매력적인 종목이다. 다만 완벽한 배당 안정성을 기대하기보다는, 리츠 투자에서 발생할 수 있는 리스크를 감안하면서 접근할 필요가 있다.

고배당 금융회사 BDC 분석

메인 스트리트 캐피탈
: 매월 배당을 주는 BDC의 모범 사례

메인 스트리트 캐피탈Main Street Capital은 미국 휴스턴에 본사를 둔 대표적인 BDCBusiness Development Company(사업개발회사)다. BDC는 미국 증권거래위원회SEC의 특별 규제를 받는 투자회사로, 주로 중소기업·중견기업에 대출과 지분 투자를 제공한다. 일반 은행에서 자금 조달이 어려운 기업에 성장 자본을 공급하고, 그 대가로 이자와 배당, 자본이득을 통해 이익을 얻는 구조다.

BDC는 세법상 과세소득의 90% 이상을 배당으로 지급해야 법인

세 면제를 받을 수 있기 때문에 구조적으로 배당성향이 높다. 그래서 대부분의 BDC는 고배당 성격을 띠며, 메인 스트리트 캐피탈 역시 벌어들인 이익 대부분을 투자자에게 돌려주는 기업'으로 자리 잡았다.

최근 10년간 메인 스트리트 캐피탈의 주가는 약 115% 상승했다. 코로나 팬데믹 당시 단기 급락을 겪었지만 이후 빠르게 회복했고, 2024~2025년에는 60달러대 후반까지 오르며 역사적 고점 부근에서 움직이고 있다. 이는 안정적인 운용 성과와 배당 지급 정책에 대한 시장의 신뢰가 반영된 결과라 할 수 있다.

메인 스트리트 캐피탈의 매출은 안정적인 증가세를 보여왔다. 2020년 약 2억 달러 수준이던 매출은 2023년 약 5억 달러 이상으로 확대되었으며, 2026년에는 약 5억 7,000달러로 예상된다. 이는 중소기업 대출 및 지분 투자 포트폴리오 확대, 안정적인 이자 수익 덕분이다.

또한 포트폴리오 다각화를 통해 안정성을 확보하고 있다. 수백 개의 중견기업에 대출·지분 투자를 분산하고 있으며, 투자 기업은 헬

| 그림 67 | 메인 스트리트 캐피탈의 주가 흐름

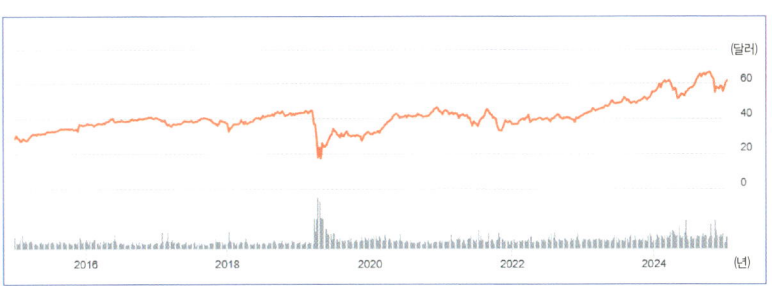

25. 12. 12. 기준, 출처: 시킹알파

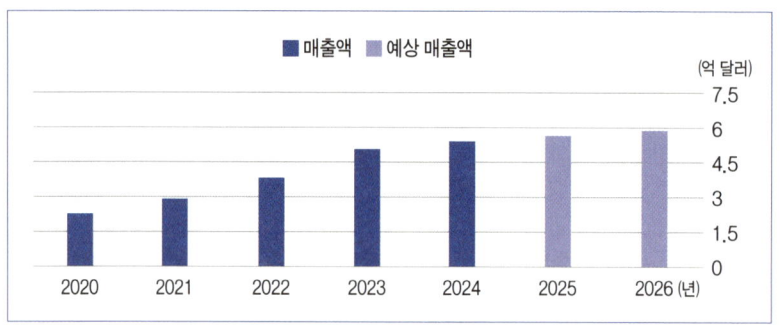

| 그림 68 | 메인 스트리트 캐피탈의 매출 흐름

스케어, 산업재, IT 서비스, 소비재 등 다양한 산업에 걸쳐 있다. 이러한 분산 구조 덕분에 개별 기업 부실이 발생하더라도 전체 펀드의 현금흐름에는 큰 충격이 가지 않도록 설계되어 있다.

메인 스트리트 캐피탈은 특히 배당 투자자들에게 매력적인 종목이다. 현재 배당수익률은 약 7%, 연간 배당금은 4.31달러다. 배당성향은 75% 수준으로 높지만, 앞서 설명한 BDC 구조적 특성 때문이다.

무엇보다 메인 스트리트 캐피탈은 매월 정기 배당을 지급하는 보기 드문 기업이다. 2007년 상장 이후 단 한 번도 배당을 끊지 않았으며, 오히려 매년 소폭의 배당 성장을 이어왔다. 최근 5년간 연평균 배당성장률은 약 4%이다. 게다가 정기 배당 외에도 특별 배당을 지급하는 경우가 있어, 장기 보유자 입장에서는 추가적인 현금흐름을 기대할 수 있다.

또한 메인 스트리트 캐피탈은 매월 배당 지급과 안정적 주가 성장

| 그림 69 | 메인 스트리트 캐피탈의 배당 내역

| 그림 69 | 메인 스트리트 캐피탈의 배당 내역

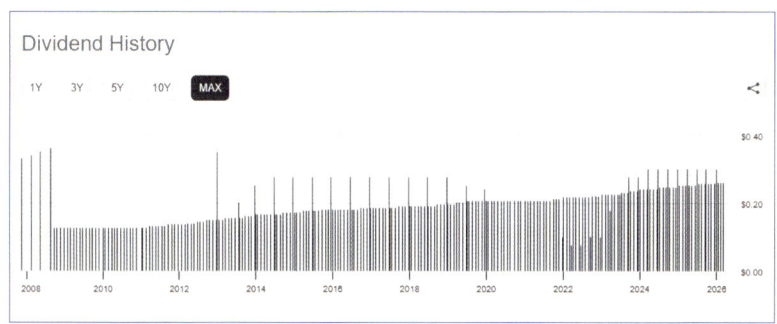

25. 12. 12. 기준, 출처: 시킹알파

이라는 조합을 동시에 제공하는 드문 BDC다. 은퇴자처럼 안정적인 현금흐름을 원하는 투자자뿐 아니라, 장기적인 자본 성장과 배당 인컴을 동시에 추구하는 투자자에게도 적합하다. 다만 경기 사이클에 영향을 받는 BDC 특성상 불황기에 일부 포트폴리오 기업의 부실 리스크가 반영될 수 있다는 점은 유념할 필요가 있다. 그럼에도 불구하고 안정성과 신뢰를 동시에 갖춘 월배당 BDC의 대표 주자라할 수 있다.

페니맥 모기지 인베스트먼트 트러스트 우선주 시리즈 A : 꾸준한 인컴을 주는 누적 우선주

페니맥 모기지 인베스트먼트 트러스트PennyMac Mortgage Investment

Trust는 2009년에 설립된 모기지 리츠로, 주택저당증권, 모기지 서비스 권리MSR, 금리 헤지 등 미국 주택담보대출 관련 자산에 투자한다. 본질적으로 미국 주택 금융시장과 긴밀하게 연결되어 있으며, 금리 변동과 경기 사이클의 영향을 크게 받는다.

우선주 시리즈 A의 특징

페니맥 모기지 인베스트먼트 트러스트 우선주 시리즈 A(이하 페니맥 모기지 인베스트먼트 우선주)는 액면가 25달러 기준으로 발행된 우선주이며, 그중에서도 누적 우선주에 해당한다. 여기서 중요한 차이가 있다. 보통주는 회사가 배당을 중단하면 투자자가 그 배당을 영영 받을 수 없지만, 누적 우선주는 배당이 지급되지 못한 경우 밀린 월급처럼 쌓여 있다가 나중에 반드시 지급된다. 이 때문에 배당 안정성이 보통주보다 훨씬 높다.

| 그림 70 | 페니맥 모기지 인베스트먼트 우선주의 주가 흐름

25. 12. 12. 기준, 출처: 시킹알파

최근 10년간 주가는 대체로 22~26달러 범위에서 안정적으로 움직였다. 코로나 팬데믹 초기에는 10달러 초반까지 급락했지만, 이후 빠르게 회복해 원래의 범위로 복귀했다. 지금은 24달러대에서 거래되며 안정적인 박스권 흐름을 보이고 있다.

이 회사의 전체 실적은 변동성이 크다. 2020년에는 약 14억 달러에 달했지만, 이후 금리와 주택담보대출 시장 환경 변화로 매출이 줄며 최근에는 4억~5억 달러 수준에서 유지되고 있다. 앞으로도 이 구간에서 안정될 것으로 전망된다. 즉, 성장성보다는 주택 금융시장의 흐름에 따라 매출 변동이 불가피한 구조이다.

페니맥 모기지 인베스트먼트 우선주의 가장 큰 매력은 바로 배당이다. 현재 배당수익률은 약 8.5%, 연간 배당금은 2.03달러(분기당 0.51달러)다. 다만 우선주의 특성상 배당 성장은 없으며, 지난 5년간 배당 성장률도 0%다. 하지만 누적 우선주라는 구조 덕분에 지급 안정성이

| 그림 71 | 페니맥 모기지 인베스트먼트 우선주의 매출 흐름

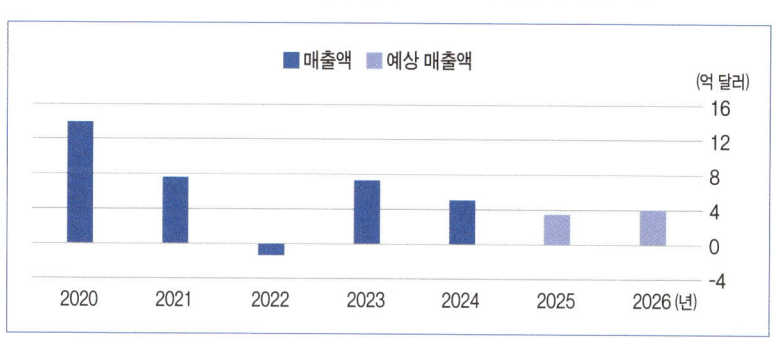

25. 12. 12. 기준, 출처: 시킹알파

| 그림 72 | 페니맥 모기지 인베스트먼트 우선주의 배당 내역

| 그림 72 | 페니맥 모기지 인베스트먼트 우선주의 배당 내역

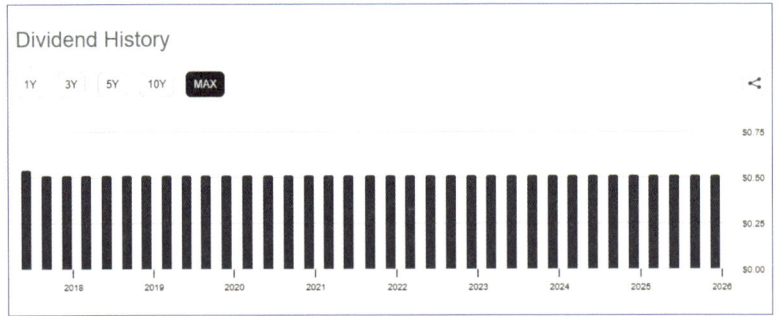

25. 12. 12. 기준, 출처: 시킹알파

보장된다는 점이 핵심이다. 배당 내역을 봐도 배당은 일정하게 유지되었으며, 투자자는 마치 제2의 월급처럼 꾸준한 인컴을 확보할 수 있다.

이 배당주는 자본 성장보다는 안정적인 현금흐름을 원하는 투자자에게 적합하다. 특히 은퇴자나 보수적인 배당 투자자에게 알맞으며, 누적 우선주 구조와 8%대의 고배당 수익률이 그 핵심 장점이다.

아레스 캐피탈
: 대형 BDC의 안정된 고배당

아레스 캐피탈Ares Capital은 2004년에 설립된 미국 최대 규모의 BDC다. 본사는 뉴욕에 있으며, 글로벌 자산운용사 아레스 매니지

| 그림 73 | 아레스 캐피탈의 주가 흐름

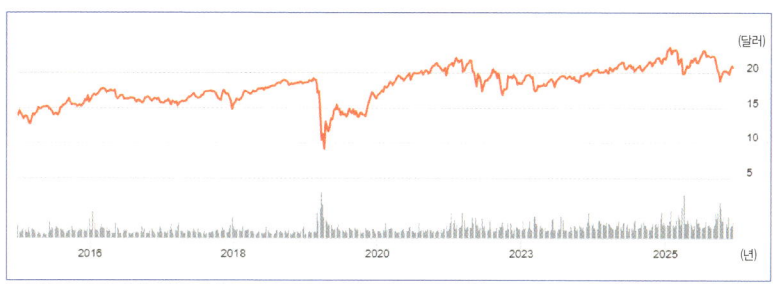

25. 12. 12. 기준, 출처: 시킹알파

먼트가 운용을 맡고 있다. 아레스 캐피탈은 주로 중견기업에 대출과 지분 투자를 제공하고, 이자 수익과 배당을 통해 현금흐름을 창출한다. 대부분의 BDC가 그렇듯 아레스 캐피탈도 전통적으로 높은 배당성향을 유지하며, 고배당 대표주로 자리 잡았다.

최근 10년간 아레스 캐피탈의 주가는 약 31% 상승했다. 주가는 대체로 15~23달러 범위에서 움직였으며, 2020년 코로나 팬데믹 당시 단기적으로 10달러 중반까지 급락했지만 이후 빠르게 회복했다. 현재는 20달러 초반대에서 거래되며 안정적인 박스권 패턴을 보이고 있다. 대형 BDC 특유의 자산 규모와 운용 안정성이 반영된 결과라 할 수 있다.

매출은 꾸준히 성장세를 이어가고 있다. 2020년 약 15억 달러였던 매출은 2023년 26억 달러 이상으로 확대되었으며, 2026년에는 32억 달러를 상회할 것으로 전망된다. 중소기업 대출 포트폴리오 확대와 안성적인 이자 수익이 성장을 이끌었다. BDC의 본질적 특

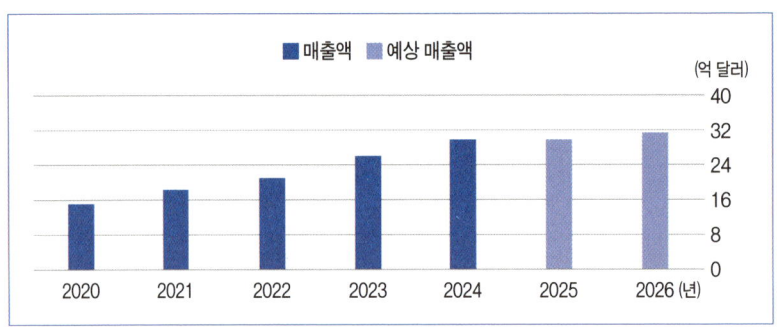

| 그림 74 | 아레스 캐피탈의 매출 흐름

25. 12. 12. 기준, 출처: 시킹알파

성상 경기 사이클에 따라 차입 기업의 신용 리스크가 발생할 수 있지만, 아레스 캐피탈은 수백 개 기업에 분산 투자해 리스크 관리 능력이 뛰어나다.

현재 배당수익률은 9.2%, 연간 배당금은 1.92달러로 분기당 0.48달러를 지급하고 있다. 배당성향은 약 90%로 매우 높은 편이지만, 이는 BDC 구조상 자연스러운 수치다. 최근 5년간 연평균 배당성장률은 약 3.7%로, 단순히 고배당에 그치지 않고 배당을 조금씩 늘려온 점도 긍정적이다. 배당 내역을 보면, 금융위기나 코로나 팬데믹 같은 위기 상황에서도 배당을 크게 줄이지 않고 유지해 왔다는 점이 돋보인다. 이는 대형 BDC로서의 자산 규모와 분산된 투자 구조 덕분에 가능한 안정성이라 할 수 있다.

아레스 캐피탈은 대형 BDC라는 장점과 고배당, 안정성이라는 동시에 갖춘 종목이다. 단기적인 주가 변동성은 감수해야 하지만, 장

| 그림 75 | 아레스 캐피탈의 배당 내역

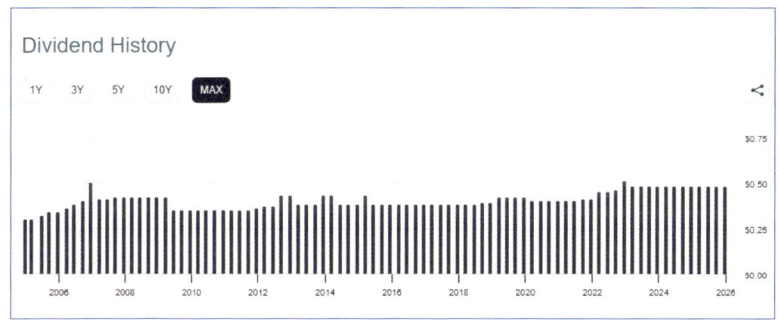

25. 12. 12. 기준, 출처: 시킹알파

기 보유자에게는 분기마다 꼬박꼬박 지급되는 9%대 배당이 강력한
무기가 된다. 은퇴자나 현금흐름 중심 투자자에게 특히 매력적이며,
BDC 섹터를 대표하는 핵심 종목으로 자리매김했다.

허큘리스 캐피탈
: 실리콘밸리형 고배당 BDC

허큘리스 캐피탈Hercules Capital은 미국 최대 규모의 전문 BDC 중 하
나로, 주로 벤처 성장 단계의 혁신기업에 자금을 공급한다. 투자 대
상은 기술, 생명공학, 헬스케어, 서비스형 소프트웨어SaaS, 지속가능
에너지 등 신성장 산업 중심이며, 대출과 지분 투자를 통해 수익을
창출한다. 이 때문에 흔히 '실리콘밸리형 BDC'라고 불리기도 한다.

| 그림 76 | 허큘리스 캐피탈의 주가 흐름

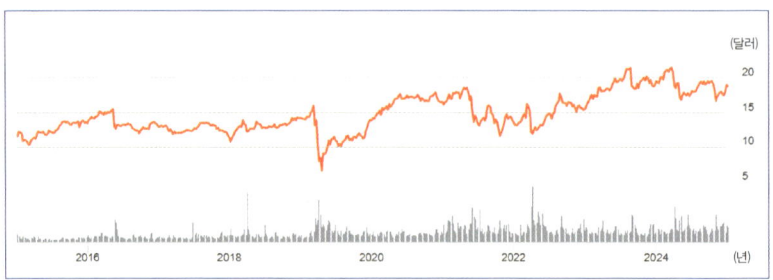

25. 12. 12. 기준, 출처: 시킹알파

최근 10년간 허큘리스 캐피탈의 주가는 약 62% 상승했다. 코로나 팬데믹 당시 큰 폭으로 하락했지만 빠르게 회복했고, 이후 15~22달러 범위에서 꾸준히 움직였다. 현재는 18달러대에 거래되고 있으며, 역사적 고점 구간 근처에서 안정적인 흐름을 보이고 있다. 이는 경기 변동성에도 불구하고 허큘리스 캐피탈이 안정적인 현금흐름을 유지

| 그림 77 | 허큘리스 캐피탈의 매출 흐름

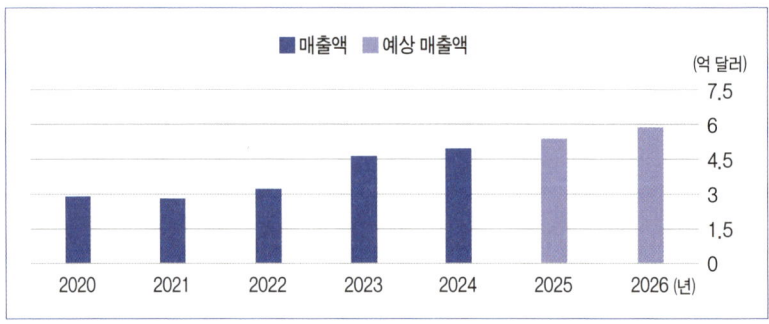

25. 12. 12. 기준, 출처: 시킹알파

한 덕분이라 할 수 있다.

허큘리스 캐피탈은 매출 성장세가 뚜렷하다. 2020년 약 3억 달러 수준이던 매출은 2024년에 5억 달러에 근접했고, 2026년에는 약 6억 달러 수준이 예상된다. BDC 특성상 경기 상황과 금리에 영향을 받을 수밖에 없지만, 포트폴리오 다각화와 벤처기업 네트워크 덕분에 안정적인 성장세를 이어가고 있다.

현재 배당수익률은 10%로 BDC 섹터 내에서도 높은 수준이다. 연간 배당금은 약 1.88달러이며, 배당성향은 83%이다. 배당 내역을 보면 2000년대 후반 글로벌 금융위기 당시 일시적인 조정이 있었으나, 이후 안정적으로 배당을 이어가며 현재는 분기당 0.4~0.5달러 사이에서 유지되고 있다. 최근 5년간 연평균 배당성장률은 약 4.5% 수준으로, 배당 안정성과 성장성을 동시에 보여주고 있다.

허큘리스 캐피탈은 혁신기업 투자라는 성장 잠재력과 BDC 구조

| 그림 78 | 허큘리스 캐피탈의 배당 내역

25. 12. 12. 기준, 출저: 시킹알파

상 고배당 정책이 결합된 독특한 투자처다. 실리콘밸리형 BDC라는 별칭에 걸맞게, 미래 성장 산업에 베팅하면서도 연 10%대 배당을 확보할 수 있는 매력적인 종목이다. 다만 벤처기업 중심 포트폴리오 특성상, 경기 침체기에는 리스크가 더 크게 확대될 수 있다는 점을 반드시 유념해야 한다.

캐피탈 사우스웨스트
: 배당과 주가를 동시에 잡은 월배당 BDC

캐피탈 사우스웨스트Capital Southwest는 미국 중소기업·중견기업에 자금을 공급하는 전통적인 BDC이다. 1960년대부터 이어온 긴 역사 덕분에 여러 경기 사이클을 겪으며 살아남았다는 점이 강점이다. 포트폴리오의 중심은 우선순위담보대출First-lien loan 대출인데, 기업이 파산하더라도 가장 먼저 돈을 회수할 수 있는 구조다. 여기에 더해 스폰서 후원 기업에 집중 투자한다는 특징도 있다. 즉, 사모펀드나 벤처캐피털 같은 기관투자자가 이미 투자한 회사에 대출을 해주기 때문에, 만약 기업이 위기에 빠져도 뒤에 있는 스폰서가 자금을 추가 투입하거나 경영에 개입할 가능성이 높다. 쉽게 말해 '든든한 부모가 있는 자녀' 같은 기업에 돈을 빌려줘 회수 가능성이 높아지는 셈이다.

최근 10년간 캐피탈 사우스웨스트의 주가는 약 48% 상승했다. 코로나 팬데믹 시기 급락했지만 이후 빠르게 회복했고, 현재는 21~22

| 그림 79 | 캐피탈 사우스웨스트의 주가 흐름

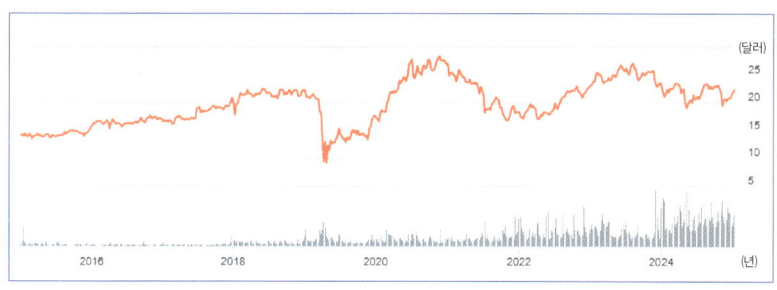

25. 12. 12. 기준, 출처: 시킹알파

달러 수준에서 거래되고 있다. 고점인 25달러 부근에서는 조정을 받았지만, 장기적으로는 안정적 상승세를 보여주며 오래 살아남은 BDC라는 신뢰감을 준다.

캐피탈 사우스웨스트는 가파른 성장세를 보여왔다. 2021년 약 7천만 달러에서 2024년 2억 달러에 근접했고 2026년에는 약 2억 5,000만 달러까지 성장할 것으로 전망된다.

BDC 특성상 금리와 경기 상황에 영향을 받지만, 보수적인 포트폴리오 운영 덕분에 안정적인 매출 기반을 확보하고 있다. 특히 스폰서 후원 기업 중심의 구조가 신용 리스크를 줄여주며 성장세를 유지하는 원동력이 되고 있다.

캐피탈 사우스웨스트의 가장 큰 변화 중 하나는 배당 정책이다. 2023년과 2024년까지만 해도 분기배당으로 분기당 0.57~0.58달러를 지급하며, 특별 배낭을 간헐적으로 더 지급하는 구조였다. 그러나

| 그림 80 | 캐피탈 사우스웨스트 매출 흐름

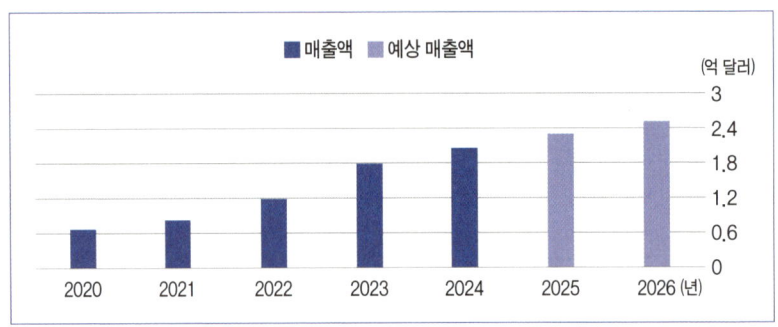

25. 12. 12. 기준, 출처: 시킹알파

2025년 7월부터는 월배당 체제로 전환했다. 현재 매달 약 0.1934달러를 지급하고 있으며, 특정 시점에는 특별 배당(0.06달러)도 함께 지급된다. 최근 5년간 연평균 배당성장률은 2% 수준으로, 안정적인 배당 성장 흐름도 유지 중이다.

| 그림 81 | 캐피탈 사우스웨스트의 배당 내역

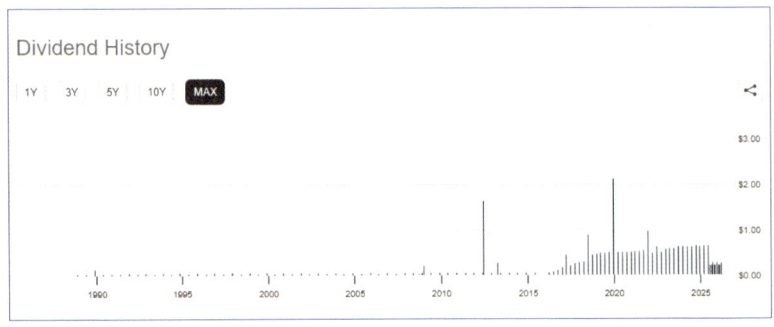

25. 12. 12. 기준, 출처: 시킹알파

또한 보수적인 대출 구조와 스폰서 후원 기업 중심 전략으로 안정성을 확보한 동시에, 배당 투자자 친화적인 정책을 꾸준히 보여왔다. 특히 월배당 체제 전환은 은퇴자나 현금흐름 중심 투자자에게 제2의 월급 같은 의미를 준다. 11%대 배당수익률에도 불구하고 장기적으로 주가가 우상향해 온 드문 사례라는 점에서, '배당과 주가를 동시에 잡은 BDC'라는 별칭이 잘 어울린다.

크레센트 캐피탈 BDC
: 사모펀드가 뒷받침하는 보수적 고배당 BDC

크레센트 캐피탈Crescent Capital BDC는 조금 더 보수적인 성격이다. 벤처기업 리스크에 크게 노출되지 않고, 주로 사모펀드가 소유하거나 후원하는 중간 시장 기업에 돈을 빌려준다. 게다가 포트폴리오의 90% 이상이 우선순위담보대출이기 때문에 기업이 어려움에 처했을 때도 가장 먼저 변제받을 수 있는 자리에 서 있는 구조다. 다시 말해 보수적이고 안정적인 포트폴리오를 운영하는 셈이다.

이 구조의 장점은 해당 기업이 빚을 갚지 못하더라도 뒤에서 버티는 사모펀드가 있어 자금 재조정이나 추가 투입으로 손실 가능성을 줄이는 데 있다. 즉, 단순히 기업 자체가 아닌 사모펀드가 후원하는 안정적인 네트워크를 통해 방어력을 확보하는 방식이다. 그래서 크레센트 캐피탈 BDC는 사모펀드가 보증하는 대출이라는 점에서 다

| 그림 82 | 크레센트 캐피탈 BDC의 주가 흐름

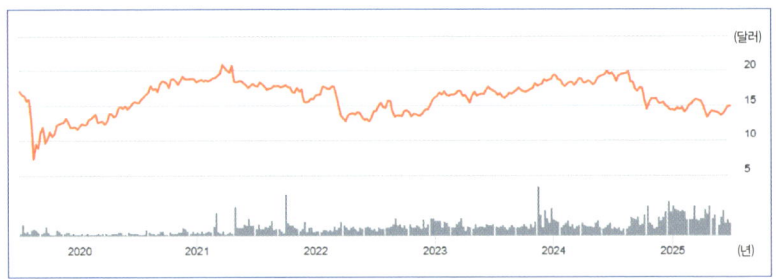

25. 12. 12. 기준, 출처: 시킹알파

른 BDC보다 비교적 안전한 포트폴리오를 갖췄다고 볼 수 있다.

주가는 상장 이후 다소 부진한 흐름을 보여왔다. 현재는 15달러 수준에서 거래 중이며, 최근 52주 범위는 13~20달러였다. 장기적으로는 고점 대비 약세를 보이고 있어 자본 성장성은 제한적이다. 대신 안정적 배당 지급을 통한 인컴 매력이 더 부각되는 구조다.

실적을 보면 2021년 약 1억 달러 매출에서 꾸준히 증가해 2024년에는 2억 달러를 넘어섰다. 다만, 2025년 이후에는 매출이 1억 5,000만~1억 7,000만 달러 수준으로 둔화될 것으로 전망된다. 폭발적인 성장보다는 완만한 보수적 성장세가 이어질 가능성이 높다.

현재 배당수익률은 12.2%로, BDC 섹터 내에서도 상당히 높은 편이다. 연간 배당금은 약 1.83달러, 분기당 0.42달러다. 최근 5년간 연평균 배당성장률은 6.4% 수준으로, 일부 성장 여력도 보여줬다. 배당 지급 이력은 2020년 이후 꾸준히 이어져 왔으며, 때때로 특별 배당이 지급되기도 한다. 다만 앞으로는 배당 증가보다는 현 수준 유지

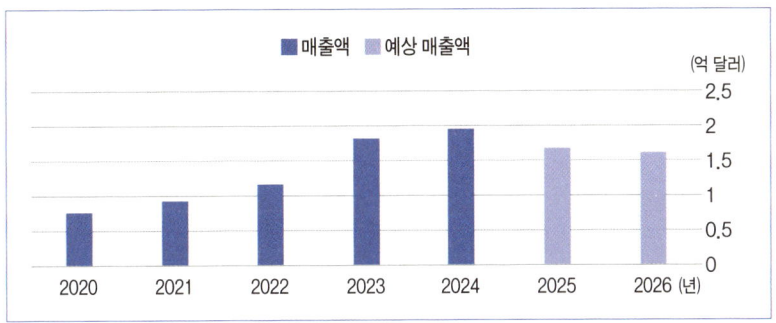

| 그림 83 | 크레센트 캐피탈 BDC의 매출 흐름

25. 12. 12. 기준, 출처: 시킹알파

에 무게가 실린다.

크레센트 캐피탈 BDC는 보수적인 구조 속에서 고배당을 추구한다. 사모펀드가 후원하는 기업을 대상으로, 상환 우선순위가 높은 대출을 중심으로 포트폴리오를 구성해 안정성을 확보했다. 그래서 다

| 그림 84 | 크레센트 캐피탈 BDC의 배당 내역

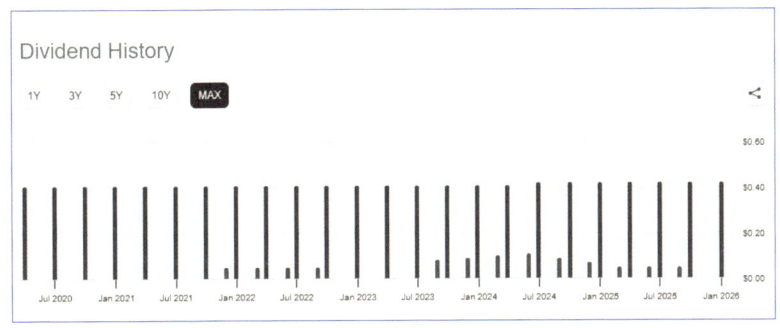

25. 12. 12. 기준, 출처: 시킹알파

른 공격적인 BDC에 비해 리스크는 낮고, 인컴 투자자에게 매력적이라 할 수 있다.

주요 BDC
비교 정리

BDC는 공통적으로 높은 배당수익률과 법적 구조에 따른 배당 의무를 가진다. 하지만 자세히 들여다보면 기업마다 성격이 분명하게 다르다. 예를 들어 미국 최대 규모를 자랑하는 아레스 캐피탈은 포트폴리오를 넓게 분산해 안정성을 추구하는 유형이다. 경기 변동이 있어도 비교적 꾸준한 현금흐름을 유지하는 것이 강점이다. 반면 허큘리스 캐피탈은 테크와 바이오 같은 혁신기업에 적극적으로 투자해 성장성을 노린다. 실리콘밸리형 BDC라는 별칭답게 변동성은 크지만, 성장과 고배당을 동시에 잡으려는 성향이 뚜렷하다.

보수적인 운용을 택하는 곳도 있다. 캐피탈 사우스웨스트는 낮은 부채비율과 안정적인 운용을 기반으로 배당을 꾸준히 늘려왔으며, 최근에는 월배당 체제로 전환해 은퇴자나 인컴 투자자에게 매달 들어오는 생활비라는 의미를 더하고 있다. 크레센트 캐피탈 BDC 역시 방어적인 성향이 강하다. 스폰서 후원 기업 중심으로 대출을 집행하고 상환 우선순위가 높은 구조를 유지해 안정성을 극대화한다. 단기 주가 상승은 제한적일 수 있지만, 높은 배당수익률과 안정성을 동시에 원하는 투자자에게는 매력적인 선택이 된다.

그리고 빼놓을 수 없는 기업이 메인 스트리트 캐피탈이다. 'BDC계 블루칩'으로 불릴 만큼 오랜 기간 배당 성장을 이어온 보기 드문 사례이며, 월배당 구조와 함께 신뢰도 높은 배당 히스토리를 갖고 있어 장기 투자자 사이에서 선호도가 높다.

결국 BDC 투자는 단순히 배당률만 보고 결정할 수는 없다. 각 회사가 어떤 구조로 운용되는지, 어떤 기업군에 포트폴리오를 집중하는지, 그리고 배당 정책이 얼마나 일관되게 유지되어 왔는지까지 함께 살펴야 한다. 고배당이라는 장점 뒤에는 경기 침체, 금리 환경, 개별 기업의 리스크 같은 변수가 늘 존재하기 때문이다.

| 표 15 | 주요 BDC 특징

종목 코드	기업명	주요 특징	배당 수익률	배당 주기	투자 포인트
MAIN	메인 스트릿 캐피탈	BDC계 블로칩, 중소기업 지분 투자 + 대출 병행, 꾸준한 월배당	약 7%	월	장기적 안정성, 배당 성장 히스토리, 가장 우량주로 꼽힘
ARCC	아레스 캐피탈	미국 최대 BDC, 포트폴 리오 다변화, 안정적 현금 흐름	약 9.2%	분기	가장 대표적인 대형 BDC, 경기 변동에도 안정성 확보
HTGC	허큘러스 캐피탈	실리콘밸리형 BDC, 테 크/바이오 중심 혁신기업 투자	약 10%	분기	성장성 및 고배당, 벤처기업 중심이라 경기 민감도 큼
CSWC	캐피탈 사우스웨스트	역사 깊은 BDC, 낮은 부 채비율과 꾸준한 배당 성 장, 최근 월배당 전환	약 11.5%	월 (특별 배당 병행)	배당과 주가 동반 성 장, 보수적 운용과 안정적 현금흐름
CCAP	크레센트 케피탈 BDC	보수적 구조, 우선순위 대 출 중심, 사모펀드 지배 기입 대출	약 12.2%	분기 (특별 배당 병행)	방어적 성격, 스폰서 후원 기업 중심으로 안정성 누수

정리하자면 안정적인 현금흐름과 보수적 운용을 원한다면 메인스트리트 캐피탈, 아레스 캐피탈, 크레센트 캐피탈 BDC가 잘 맞고, 배당과 함께 성장성까지 잡고 싶다면 허큘리스 캐피탈이나 캐피탈 사우스웨스트이 더 매력적일 수 있다. 고배당 인컴 자체가 목적이라면 두 자릿수 배당률을 제공하는 크레센트 캐피탈 BDC나 캐피탈 사우스웨스트 같은 기업이 눈에 띈다.

이번 장에서는 배당주의 기본 특징을 짚어보고 배당 ETF, 배당주, 그리고 다양한 BDC 사례를 훑어보았다. 결국 배당 투자에서 중요한 것은 자기 투자 성향에 맞는 선택이다. 이 원리를 잘 이해하고 자신만의 기준을 세운다면, 장기적인 배당 인컴 포트폴리오를 설계하는 데 큰 도움이 될 것이다.

3장

현금흐름을 만드는
커버드콜의 원리

현금흐름을 만드는 전략, 커버드콜 이해하기

커버드콜covered call은 주식을 보유한 상태에서 그 주식에 대한 콜옵션Call Option을 동시에 매도하는 전략이다. 얼핏 보면 '옵션을 이용한 고수 전략'처럼 느껴지지만, 커버드콜의 핵심은 이미 보유한 자산을 바탕으로 어떻게 현금흐름을 만드느냐에 있다. 많은 투자자가 주가가 오르기만을 기다리며 자본을 묶어두는 동안, 커버드콜은 그 자산 위에서 매달 일정한 프리미엄 수익을 창출한다. 말 그대로 주식을 '월세를 받는 자산'으로 바꾸는 셈이다.

커버드콜을 제대로 이해하려면 먼저 그 작동 원리를 알아야 한다. 콜옵션이 무엇인지, 왜 프리미엄이 발생하는지, 그리고 어떤 시장 구간에서 수익이 극대화되는지를 이해해야 이 전략을 올바르게 활용할 수 있다. 주가가 오를 때, 떨어질 때, 그리고 횡보할 때 각각 어떤 결과가 나타나는지 명확히 알게 되면, 커버드콜을 단순히 '고배당 상품'이 아니라 체계적으로 설계된 현금흐름 전략으로 보이기 시작할 것이다.

이 장에서는 커버드콜의 기본 원리부터 실제 ETF 구조, 그리고 전략이 빛을 발하는 구간까지 차례로 살펴보고자 한다. 복잡한 금융 용어 대신 일상의 사례를 활용해 설명함으로써 커버드콜이 어떻게 작동하며 왜 매달 배당처럼 현금이 들어오는지 현실적인 시각으로 이해할 수 있을 것이다.

커버드콜 전략을 이해하기 위해서는 먼저 옵션option이라는 개념을 알아야 한다. 단어만 보면 낯설고 복잡해 보이지만, 사실 옵션은 우리가 일상에서 이미 경험하고 있는 '선택권'과 크게 다르지 않다.

예를 들어 아파트를 분양받을 때 발코니 확장, 시스템 에어컨, 빌트인 가전 같은 선택 사양을 옵션이라고 부르고, 자동차를 살 때도 선루프, 내비게이션, 스마트 크루즈 컨트롤 등을 옵션이라고 한다. 공통점은 단순하다. 있어도 되고 없어도 되지만, 선택하려면 반드시 '추가 비용'을 내야 한다는 점이다.

금융에서 말하는 옵션도 같은 원리다. '특정 자산을 미래의 정해진 시점에 미리 약속된 가격으로 사거나 팔 수 있는 권리'를 뜻한다. 중요한 것은 의무가 아니라 권리라는 점이다. 원하면 행사할 수 있지만, 원치 않으면 포기할 수도 있다. 이러한 권리를 얻기 위해 지불하는 비용을 프리미엄premium이라고 한다. 이론적으로는 모든 주식에 적용할 수 있지만, 실제로는 옵션 시장이 열려 있는 종목만 커버드콜 전략을 사용할 수 있다.

이제 이 옵션이 실제로 어떻게 작동하는지, 우리가 잘 아는 생활 속 사례를 통해 하나씩 살펴보자.

콜옵션
: 살 권리를 사는 것

한정판 운동화 예약권

A는 요즘 인기 있는 한정판 운동화를 꼭 갖고 싶었다. 정가는 20만 원이지만 발매 당일에는 몇 분 만에 매진되고, 중고 시장에서는 프리미엄이 붙어 40만~50만 원에 거래되곤 한다.

그러던 중 매장 직원이 이렇게 말했다.

"고객님, 이번 신제품은 경쟁이 워낙 치열합니다. 하지만 2만 원만 내시면 '예약권(옵션)'을 드립니다. 그러면 발매일에 정가 20만 원에 구매할 권리를 보장받을 수 있습니다."

A는 잠시 망설이다가 예약권(콜옵션)을 샀다.

- **가격이 크게 오른 경우**(시세 50만 원)

  "좋아! 예약권 덕분에 20만 원에 사서 50만 원에 팔면 30만 원 차익이시. 예약권 값 2만 원을 빼노 순이익은 28만 원이야."

- **가격이 그대로인 경우**(시세 20만 원)

  "20만 원에 살 수 있긴 하지만 시세도 그대로네. 굳이 행사할 필요가 없어. 결국 예약권 값 2만 원만 손해네."

- **가격이 내려간 경우**(시세 15만 원)

  "정가 20만 원에 사서 15만 원에 파는 건 바보짓이지. 권리는 그냥 버려야겠다. 그래도 잃는 건 예약권 값 2만 원뿐이니까."

성수기 항공권 얼리버드 예약권

B는 여름휴가를 준비하며 가족 3명의 항공권을 찾던 중 항공사에서 '얼리버드 예약권' 광고를 보게 된다.

"지금 티켓 1장당 2만 원만 내시면, 3개월 뒤 성수기에도 왕복 항공권을 정가 30만 원에 구매할 권리를 보장합니다."

B는 조건을 꼼꼼히 따져본 끝에 예약권 3장을 샀다.

- **가격이 크게 오른 경우**(시세 60만 원)

  "좋았어! 예약권 덕분에 30만 원에 3장을 사서 90만 원만 지출했네. 원래라면 2배로 올라 180만 원이었을 텐데, 예약권 값 6만 원을 감안해도 84만 원을 절약했어."

- **가격이 그대로이거나 하락한 경우**(30만 원 또는 25만 원)

  "해당 국가에 지진이 있었다더니, 성수기인데도 가격이 보통

때보다 더 싸네. 예약권은 행사할 필요가 없지. 결국 6만 원 손해로 끝났네."

- **휴가를 못 가는 경우**
회사에 급한 프로젝트가 생겨 휴가를 포기했다.
"휴… 여행 자체가 무산되었네. 예약권은 필요 없어졌으니 6만 원은 날린 셈이군."

이처럼 콜옵션은 살 권리를 사는 것이다. 가격이 오르면 수익은 크게 늘어나지만, 가격이 그대로이거나 떨어지거나, 혹은 필요가 없어져도 손실은 프리미엄으로 제한된다.

풋옵션
: 팔 권리를 사는 것

지금까지 살펴본 콜옵션이 '오를 것'에 대비하는 권리였다면, 반대로 '내릴 것'에 대비하는 권리도 있다. 그것이 바로 풋옵션Put Option이다.

호텔 환불권

C는 가족과 함께 주말에 갈 유명 호텔을 예약했다. 숙박비는 30만 원. 그러나 혹시 아이가 아프거나 회사에 일이 생기면 돈만 날릴 수

있다는 걱정이 되었다. 그때 예약 사이트에서 이런 문구를 발견했다.

"3만 원만 추가하시면 '환불 옵션'을 선택하실 수 있습니다. 취소 시 예약금을 전액 돌려드립니다."

C는 안전을 위해 환불 옵션을 선택했다.

- **여행을 정상적으로 간 경우**

  환불 옵션은 쓰지 않았으니 3만 원은 그냥 사라졌다. 보험료처럼 소멸된 셈이다.

- **여행을 못 가게 된 경우**

  출발 당일 아이가 아파 취소했지만, 환불 옵션 덕분에 30만 원을 돌려받았다.

  "3만 원 내길 잘했네. 아니었으면 30만 원을 다 날릴 뻔했어."

렌터카 보험

D는 가족 여행을 위해 렌터카를 빌렸다. 직원이 말했다.

"하루에 3만 원만 추가하시면 '완전 자차 보험'이 들어갑니다. 사고가 나도 수리비를 내실 필요가 없어요."

D는 큰 사고를 대비해 보험에 가입했다.

- **사고가 없을 때**

  "3만 원은 버린 셈이지만, 마음 편히 여행할 수 있었으니 그걸

174

로 만족해야지."

• 사고가 났을 때

차량 수리비가 무려 1,000만 원이 나왔지만, 보험 덕분에 D가
부담한 건 단 3만 원뿐이었다. "와… 정말 다행이야. 이게 바로
보험의 힘이구나."

이처럼 풋옵션은 팔 권리를 사는 것이다. 가격이 내려가거나 상황
이 나빠질 때 손실을 줄여주는, 일종의 보험 역할을 한다. 손실은 프
리미엄 비용으로 제한된다.

옵션을 이해하기 위해 일상에서의 사례를 살펴보았다. 콜옵션은
'살 권리', 풋옵션은 '팔 권리'다. 옵션은 권리를 거래하는 상품이라는
점이 핵심이며, 이 권리를 사고파는 것만으로도 투자자는 전혀 새로
운 전략을 만들 수 있다.

02

커버드콜의 원리와
수익 구조

앞에서 설명한 것과 같이 옵션은 단순히 권리를 사고파는 것 같지만, 이를 기존에 보유한 자산과 조합하면 새로운 투자 전략을 세울 수 있다. 그중에서도 주식을 보유한 상태에서 옵션을 활용해 매달 안정적인 현금흐름을 만드는 대표 전략이 바로 커버드콜이다. 쉽게 말하면, '내가 이미 가진 자산을 바탕으로 추가 이익을 얻는 방법'이라고 할 수 있다.

예를 들어 내가 우량주 100주를 들고 있다고 하자. 이 주식은 장기적으로 안정적인 흐름을 보여주지만, 당장 급등할 가능성은 크지 않다. 이때 단순히 주가 상승만 기다리기보다는 그 주식 위에 콜옵션을 매도해 매달 프리미엄을 받는 것이다. 이렇게 하면 주식을 보유하면서도 월세처럼 꾸준한 현금흐름을 만들 수 있다. 이 원리를 조금 더 쉽게 이해하기 위해 사과 농부의 선도 계약 사례를 들어보겠다.

가을이 다가오면 사과 수확기를 맞는다. 한 농부는 매년 사과 한 상자를 보통 5만 원에 팔 수 있는데, 올해도 시장 가격이 그 정도일 것이라 예상했다. 그런데 어느 날 도매상이 농부에게 찾아와 이렇게 말한다.

"지금 제가 5,000원을 드릴 테니, 3개월 뒤에 사과 한 박스를 5만 원에 살 수 있는 권리를 주세요."

농부는 잠시 생각하다가 고개를 끄덕였다. 어차피 사과는 팔 예정이고, 계약금 5,000원까지 챙길 수 있다면 손해 볼 일은 없어 보였기 때문이다. 이것이 바로 콜옵션 매도다. 도매상은 프리미엄(5,000원)을 주고 정해진 가격(5만 원)에 사과를 살 수 있는 권리를 확보했다. 그럼 이제 상황별 전개를 살펴보자.

1. 가격이 크게 오른 경우

3개월 뒤 시장에서 공급이 부족해져 사과 한 박스 값이 7만 원까지 치솟았다.

도매상: 좋았어! 나는 약속대로 5만 원에 사서 시장에서 7만 원에 팔면 2만 원 이익이지. 프리미엄 5,000원을 뺀 순이익은 1만 5,000원이야.

농부: 나는 7만 원짜리를 5만 원에 팔아야 하니 2만 원 손해네.

그래도 프리미엄 5,000원 받은 게 있으니 실제 손해는 1만 5,000원이군.

가격이 오르면 매수자는 큰 이익을 보고, 매도자는 그만큼 손해를 본다. 다만 매도자는 프리미엄을 받았기 때문에 손실을 일부 방어할 수 있다.

2. 가격이 그대로인 경우

3개월 뒤 가격이 그대로 5만 원에 거래되고 있다.

도매상: 굳이 권리를 행사할 이유가 없네. 시장에서도 똑같이 5만 원이니까. 결국 5,000원 프리미엄만 날렸어.

농부: 도매상이 권리를 행사하지 않았네. 나는 사과를 그냥 5만 원에 시장에 팔면 돼. 거기에 프리미엄 5,000원까지 챙겼으니 결과적으로 이익이야

가격이 그대로라면 매수자는 프리미엄만 잃고, 매도자는 프리미엄만큼 이익을 본다.

3. 가격이 크게 떨어진 경우

공급 과잉으로 사과값이 폭락해 3만 원까지 떨어졌다.

도매상: 시장에선 3만 원인데 굳이 5만 원 주고 살 필요는 없지. 계약금 5,000원은 포기하더라도 권리를 행사하지 않는 게 낫

겠다.

농부: 도매상이 권리를 포기했으니 사과는 시장에 팔아야겠지. 사과값 3만 원에 프리미엄 5,000원 받은 걸 합치면 3만 5,000원을 손에 쥐게 되네. 5만 원 이상 받았을 때보다 아쉽지만, 그래도 프리미엄 덕에 손실을 줄일 수 있었어.

가격이 떨어질 때 매수자의 손실은 프리미엄으로 제한되고, 매도자는 자산 가격 하락 위험을 감수하지만 프리미엄 덕분에 일정 부분 방어 효과를 얻는다.

이 구조가 바로 커버드콜의 기초가 되는 원리다. 농부가 사과라는 기초자산을 가지고 있으면서, 그 위에 '선도 계약(콜옵션 매도)'을 얹는 것과 같기 때문이다.

| 표 16 | 상황에 따른 손실 계산

상황	시장 가격	매수자(도매상)	매도자(농부)
가격 상승	7만 원	5만 원에 매수 후 7만 원에 매도 → 프리미엄 5,000원 지출 → **이익 1만 5,000원**	7만 원 가치를 5만 원에 팔아야 함 → 2만 원 손실 + 프리미엄 5,000원 → **손실 15,000원**
가격 동일	5만 원	권리 행사하지 않음 → **프리미엄 5,000원 손실**	5만 원에 판매 + 프리미엄 5,000원 → **이익 5,000원**
가격 하락	3만 원	권리 행사하지 않음 → **프리미엄 5,000원 손실**	3만 원에 판매 + 프리미엄 5,000원 → **3만 5,000원 수취** (기대치 5만 원 대비 **손실 1만 5,000원**)

커버드콜의 구조와
핵심 메커니즘

1. 보유 주식(기초자산)

농부가 가진 사과에 해당한다. 커버드콜 ETF의 경우, 특정 지수나 기업 주식을 기초자산으로 들고 있다.

2. 콜옵션 매도

농부가 도매상에게 '미리 살 권리'를 팔고 프리미엄을 받은 것과 같다. 커버드콜 ETF는 보유 주식을 담보로 콜옵션을 시장에 내다 팔고, 그 대가로 옵션 프리미엄을 확보한다.

3. 프리미엄 수익

농부가 5,000원을 챙겼듯이, 커버드콜 ETF도 옵션 프리미엄을 받아 투자자들에게 배당 형태로 지급한다.

지금까지 알아본 바와 같이 커버드콜 전략은 주가가 크게 오르면 상승분을 제한적으로만 누리지만, 주가가 횡보하는 구간에서는 옵션 프리미엄 덕분에 안정적인 수익을 기대할 수 있다. 바로 이 구간에서 커버드콜 전략은 가장 빛을 발한다. 다만 주가가 하락하는 국면에서는 옵션 프리미엄으로 손실을 일부 방어할 수는 있어도 근본적으로 보유 주식의 가치가 떨어지는 문제를 완전히 막을 수는 없다.

이는 농부가 사과를 시장에 내다 팔 때 가격이 폭락하면 계약금(프리미엄) 덕분에 손해를 조금 줄일 수는 있지만, 본질적인 가격 하락을 막지 못하는 것과 같다. 마찬가지로 커버드콜 ETF도 기초자산인 주식이나 지수가 크게 하락하면 손실을 완전히 상쇄할 수는 없다.

결국 커버드콜 ETF는 상승장에서의 수익은 일부 포기하는 대신, 횡보장에서 안정적인 현금흐름을 확보하는 전략이다. 즉, 주식의 급등에 올인하기보다는 현재의 변동성 속에서 꾸준히 배당을 챙기고 싶은 투자자에게 더 적합한 방법이라 할 수 있다.

물론 커버드콜 전략이 완벽한 해결책은 아니다. 상승장에서의 아쉬움, 하락장에서의 한계가 분명 존재한다. 그럼에도 불구하고 내가 이 전략, 그리고 그중에서도 커버드콜 ETF에 주목한 이유가 있다. 지금부터 그 이유를 하나씩 풀어보려 한다.

커버드콜 ETF를 선택한 이유

최근 유튜브 콘텐츠나 출간된 서적을 보면, 미국 주식에 일찍 진입해 성공을 거둔 사례를 심심찮게 접할 수 있다. 10억~15억 원을 SCHD 같은 배당주에 투자해 매달 수백만 원의 배당금을 수령하며 경제적 자유를 이루었다는 이야기들이다. 누구나 한 번쯤 꿈꾸는 삶이지만, 그렇다고 그 길이 모든 사람에게 똑같이 열려 있는 것은 이니다.

그들이 보여주는 성취는 분명 값지고 소중하다. 오랜 시간 꾸준히 투자해 온 노력과 그 결실을 폄하할 이유는 전혀 없다. 그러나 그들이 걸어온 방식을 그대로 따라 하기에는, 나를 포함한 많은 사람에게 현실적인 제약이 크게 작용한다. 예를 들어 매달 100만 원씩 SCHD에 투자한다고 가정해도, 경제적 자유라 부를 수 있는 수준에 이르기까지는 20~30년이라는 긴 호흡이 필요하다. 그리고 그 20~30년은 소득이 안정적으로 유지되며, 중간에 투자 중단 없이 자금이 지속적으로 투입된다는 이상적인 조건이 갖춰졌을 때 가능한 이야기다.

하지만 우리는 각자의 삶에서 그 이상의 변수와 부담을 안고 살아간다. 단순 노무직에 종사하는 사람들, 계약직 근로자, 자영업자, 외벌이 가정, 은퇴를 앞둔 중장년층까지…. 소득이 일정하지 않고 지출이 수시로 흔들리는 현실 속에서 '30년 후의 경제적 자유'라는 말은 너무나 멀고 추상적이다. 당장의 생활비를 걱정해야 하는 이들에게는 '꾸준한 장기 투자'라는 조건 자체가 커다란 진입장벽이 된다. 비슷한 서사 속에서 자신을 돌아보며 마음 한편이 무거워진다 해도, 당장 실천할 수 있는 해결책이 없다는 사실이 더 큰 좌절로 다가올 뿐이다.

그래서 많은 이들이 커버드콜 ETF를 대안으로 검토하기도 한다. 비교적 적은 투자금으로도 높은 배당금을 받을 수 있고, 이를 생활비나 노후 자금으로 활용할 수 있기 때문이다. 실제로 커버드콜 ETF 중에는 1년 배당률(TTM 기준)이 50%, 심지어 100%를 넘는 상품도 있다.

한편으로 원금을 깎아 먹으면서 배당을 지급한다는 우려가 존재한다. 이에 맞서 '주가가 반 토막이 나더라도 투자 후 1~2년만 지나면 누적 배당금이 원금을 상쇄하기 때문에 결국 이익'이라는 주장도 나온다. 틀린 말은 아니다. 하지만 나는 조금 다른 관점에서 접근하고 있다. 나 역시 커버드콜 ETF에 투자하고 있지만, 배당금을 당장 사용하는 것이 바람직하지 않다고 생각하는 이유이기도 하다.

예를 들어 마지막 자산이라 할 만한 퇴직금 1억 원을 세후 연 40% 수준의 월배당을 지급하는 커버드콜 ETF에 투자했다고 가정해 보자. 1년 후 배당금은 4,000만 원, 2년 후에는 8,000만 원에 이른다. 겉으로 보기에는 상당한 수익이 난 것처럼 보인다. 그러나 같은 시점에 주가가 반 토막 나 원금이 5,000만 원으로 줄어들었다면, 배당금 8,000만 원을 포함해 전체 자산은 1억 3,000만 원으로 30% 증가한 정도에 그친다. 표면적으로는 손익이 분명하지만, 만약 이 배당금을 전부 생활비로 써버렸더라면 남는 것은 빈 토막 난 원금 5,000만 원뿐이다. 이 상황에 놓이게 된다면, '앞으로 매년 4,000만 원의 배당이 유지되지 않으면 어떻게 살아가야 하지?'라는 불안이 마음 깊숙이 자리할 수밖에 없다.

더 큰 문제는 커버드콜 ETF가 지급하는 배당금이 매달 일정하지 않다는 점이다. 연 4,000만 원 수준이라고 해도 어느 달에는 250만 원이 나오고, 어느 달에는 500만 원이 나오기도 한다. 2배 가까이 차이 나는 변동 폭은 생활비로 쓰기에는 상당한 불안정을 초래한다. 결국 '일급처럼 쓰는 배당'이라는 개념과는 본질적으로 거리가 있다.

그래서 나는 커버드콜 ETF의 배당금을 생활비로 소비하기보다, 오히려 복리를 활용해 자산을 증식하는 수단으로 접근하고 있다. 2024년 5월부터 나는 커버드콜 ETF에 본격적으로 투자하기 시작했고, '받은 배당금은 단 한 푼도 쓰지 않고 전부 재투자한다'라는 원칙을 세웠다. 그렇게 하면 자산은 기하급수적으로 성장하게 된다. 투자금이 배당금을 만들고 그 배당금이 다시 배당을 낳는 구조, 이른바 '배당금의 배당금' 효과가 실현되는 것이다. 초기에는 체감되지 않지만, 3년만 지나도 복리의 힘이 크게 드러난다. 지금 시작하지 않고 뒤로 미룬다면, 복리라는 시간의 무기를 스스로 놓치는 셈이 된다.

물론 커버드콜 ETF는 장점만 있는 상품이 아니다. 분명한 리스크가 존재한다. 그래서 나는 명확한 투자 원칙을 세우고, 비교적 보수적이고 체계적인 방식으로 접근하고 있다. 이제부터 그 기준과 종목 선정 과정, 그리고 실제 운용 전략을 차근차근 설명해 보려 한다.

03

커버드콜 ETF의
리스크와 한계

커버드콜 ETF는 '매달 배당이 나오는 ETF'라는 매력적인 문구로 많은 투자자의 관심을 받고 있다. 하지만 안정적인 배당 뒤에는 반드시 이해해야 할 리스크가 존재한다. 커버드콜 전략은 상승장에서 수익이 제한되고, 하락장에서의 방어력이 완전하지 않다는 구조적 특성을 갖고 있기 때문이다.

커버드콜 ETF는 '수익을 나누는 대신 안정성을 얻는 전략'이다. 문제는 이 안정성조차도 언제나 보장되는 것이 아니라는 점이다. 배당금 변동, 자본 잠식, 세금 문제, 그리고 짧은 운용 이력 등은 투자 전에 반드시 짚고 넘어가야 할 부분이다.

이 장에서는 커버드콜 ETF를 운용하거나 투자할 때 마주할 수 있는 핵심 리스크 5가지를 구체적으로 살펴보고자 한다. 단순히 위험을 피하기 위한 것이 아니라, 이 상품의 구조를 제대로 이해하고 더 현명하게 운용하는 방법을 익히는 것이 목적이다.

커버드콜 ETF의
숨겨진 리스크

1. 원금 손실 위험과 수익 제한 구조

커버드콜 ETF는 대부분 특정 기술주(예: 마이크로소프트, 테슬라, 엔비디아 등)를 기초자산으로 삼는다. 이러한 ETF는 기본적으로 기초자산의 주가 흐름을 그대로 따른다. 따라서 주가가 하락하면 ETF 역시 함께 떨어질 수밖에 없다. 물론 커버드콜 전략이 하락장에서 일정 부분 완충 역할을 하기는 하지만, 손실을 완전히 막아주지는 못한다.

커버드콜 ETF의 구조는 주식을 보유한 상태에서 콜옵션을 매도하는 방식이다. 이렇게 옵션을 팔고 받은 프리미엄이 매달 배당 형태로 지급된다. 그러나 주가가 상승할 경우 이 구조가 오히려 상승폭을 제한하는 족쇄가 되기도 한다. 콜옵션을 매도하면 가격이 일정 수준 이상 오르더라도 추가 수익을 누릴 수 없기 때문이다. 즉, 상승장의 과실은 제한되고 하락장의 충격은 그대로 받는 구조다.

결국 커버드콜 ETF는 안정적인 현금흐름을 얻는 대신, 상승장에서의 이익을 일부 포기하는 전략이다. 이 원리를 제대로 이해하지 못한 채 단순히 배당률이 높다는 이유로 접근한다면, 예상보다 큰 손실이나 수익 제한에 실망할 수 있다.

2. 배당금 변동성

커버드콜 ETF의 가장 큰 특징은 정해진 시기에 배당이 나오고 대부분 월배당이나 주배당이라는 점이다. 그러나 많은 투자자가 놓치는 부분이 있다. 그 배당금은 결코 고정되어 있지 않다는 사실이다.

어떤 달에는 100만 원이 들어오지만, 다음 달에는 40만 원만 받을 수도 있다. 겉보기에는 일정한 배당처럼 보이지만 실제로는 시장 상황과 변동성에 따라 배당 규모가 크게 달라진다. 이유는 간단하다. 커버드콜 ETF의 배당 재원은 기업의 순이익이 아니라 옵션 매도에서 발생하는 프리미엄 수익이기 때문이다.

시장 변동성이 높을수록 옵션 프리미엄이 커지고 배당금도 늘어난다. 반대로 시장이 조용하고 변동성이 낮을 때는 프리미엄이 줄어들어 배당금도 감소한다. 즉, 커버드콜 ETF의 배당은 예금 이자처럼 예측 가능한 현금흐름이 아니라, 시장 컨디션에 따라 오르내리는 변동형 흐름에 가깝다. 겉으로는 안정적으로 보일 수 있지만, 그 이면에는 언제든 달라질 수 있는 불확실성이 존재한다.

3. 자본 잠식 우려

커버드콜 ETF의 높은 배당률은 얼핏 보기에 매우 매력적으로 보이지만, 그 배당이 항상 건강한 수익에서 나오는 것은 아니다. 일부

ETF는 고배당을 유지하기 위해 내부 자산을 매각하거나 순자산을 줄여 배당 재원을 마련하기도 한다. 이런 구조는 표면적으로는 배당처럼 보이지만, 실제로는 내 투자금을 돌려받는 것에 불과하다.

단기적으로는 배당이 꾸준히 지급되는 것처럼 보여도 장기적으로는 순자산이 점점 줄어들며 결국 자본이 잠식되는 구조가 된다. 즉, 배당을 유지하기 위해 자본을 깎아 먹는 방식이라면 그 배당은 진정한 의미의 수익이라고 보기 어렵다.

커버드콜 ETF의 핵심은 안정적인 현금흐름을 얼마나 지속 가능한 방식으로 만들어 내느냐에 있다. 따라서 배당률이 높다고 해서 무조건 좋은 상품이라고 단정할 수는 없다.

4. 세금 문제

커버드콜 ETF에 1억 원을 투자해 연 배당률이 50%라고 하면 1년 배당금은 약 5,000만 원에 이른다. 표면적으로는 매우 높은 수익처럼 보이지만, 반드시 고려해야 할 세금 리스크가 존재한다.

배당소득이 세전 기준 연 2,000만 원을 초과하면 금융소득종합과세 대상자가 된다. 이 구간에 들어서면 단순히 세율이 높아지는 문제가 아니라 종합소득세율이 적용되어 실제 수익률이 크게 떨어질 수 있다. 더 큰 문제는 소득이 잡히는 순간 여러 제도적 부담이 함께 발생한다는 점이다.

특히 은퇴자나 프리랜서, 사업자의 경우 지역가입자 건강보험료 산정 기준에 직접적인 영향을 미친다. 배당소득이 증가할수록 건강

보험료가 수십만 원씩 늘어날 수 있으며, 이로 인해 체감 수익률은 생각보다 훨씬 낮아질 가능성이 있다.

5. 운용 불안정성

커버드콜 ETF는 최근 1~2년 사이에 출시된 신생 상품이 많다. 장기간에 걸친 운용 이력과 시장 검증이 충분하지 않다는 점은 투자자에게 큰 불안 요소가 된다.

ETF라는 상품의 핵심은 '일정한 전략을 얼마나 안정적으로 지속할 수 있는가'에 있다. 하지만 커버드콜 ETF는 운용사마다 콜옵션 매도 비중이나 만기 구조가 조금씩 달라, 실제 성과에서도 차이가 발생한다. 이 때문에 아직은 장기 성과의 일관성을 신뢰하기 어렵다. 또한 시장 변동성, 옵션 프리미엄 수준 등 외부 요인에 따라 배당금과 수익률이 크게 출렁일 수 있다.

따라서 커버드콜 ETF를 선택할 때는 단순히 높은 배당률이나 최근 성과만 보고 판단하기보다 운용 기간, 운용사의 안정성, 그리고 전략 유지 가능성을 함께 검토하는 것이 바람직하다.

리스크를 감수하고도 커버드콜을 택한 이유

앞서 살펴본 것처럼 커버드콜 ETF에는 분명한 한계와 리스크가 존재한다. 상승장에서의 수익 제한, 하락장에서의 방어력 부족, 자본 잠식 가능성, 세금 부담, 그리고 운용 불안정성까지…. 누가 보더라도 완벽한 투자 상품이 아니다.

그럼에도 불구하고 나는 이 전략을 선택했다. 단순히 높은 배당률이라서가 아니라, 지금의 내 상황에 더 현실적인 해법이라고 판단했기 때문이다. 그 이유를 설명하기 위해 하나의 사례를 떠올려보려 한다.

30대 중반 이상이라면 2002년 한일 월드컵 당시 한국과 이탈리아의 16강전을 기억할 것이다. 경기 전 예상은 이탈리아의 압도적 우세였다. 한국은 FIFA 랭킹 40위, 이탈리아는 6위. 게다가 전반 초반 이탈리아가 먼저 골을 넣으며 한국은 1점 차로 뒤지고 있었다.

보통이라면 수비를 강화해 실점을 막으려 했을 것이다. 하지만 히딩크 감독은 정반대의 선택을 했다. 부상으로 빠진 수비수를 대신해 공격수를 투입했고, 후반 막판에는 주장 홍명보마저 교체하며 공격수를 줄줄이 넣었다. 올인에 가까운 과감한 결정이었다.

결과는 모두가 아는 대로다. 후반 43분 설기현의 동점 골, 이어진 연장에서 안정환의 극적인 골든골이 터지며 한국은 이탈리아를 꺾고 8강에 진출했다. 히딩크는 위험을 감수했지만, 그 결단이 기적을 만들어 냈다. 만약 그가 안전한 수비만 고집했다면, 그날의 드라마는 불가능했을 것이다.

나는 커버드콜 ETF에 투자하면서 이 경기의 전략을 떠올렸다. 물론 SCHD 같은 안정적인 배당 ETF를 20~30년 보유하는 전략도 훌륭

하다. 그러나 현실적으로 100만~200만 원을 투자하며 20년 이상 기다릴 수 없는 사람도 있다. 시간이 부족한 사람, 자본이 제한된 사람, 그리고 지금 당장 현금흐름이 필요한 사람에게는 다른 전략이 필요하다.

그래서 나는 히딩크 감독처럼 생각했다.

'위험을 피하기보다 전략적으로 받아들이자.'

커버드콜 ETF는 바로 그 선택의 결과였다. 상승장에서의 한계와 하락장의 리스크, 신생 ETF의 불안정성까지 모두 알고 있었다. 그럼에도 나는 그 위험을 감수하는 대신, 매달 배당이라는 확실한 현금흐름을 얻기로 했다. 그것이 지금의 나에게 알맞은 투자이자 동시에 생존 전략이었다.

04

커버드콜 ETF, 어떻게 선택하고 투자할 것인가

나는 커버드콜 ETF를 단기 수익을 위한 도구로 보지 않는다. 이 전략은 장기적인 자산 구축을 위한 워밍업 단계, 다시 말해 자산 증식의 초석에 가깝다. 초기에는 높은 배당률과 복리 효과를 활용해 빠르게 자산을 불리고, 이후에는 더욱 안정적인 자산으로 옮겨가는 '단계적 자산 전환 전략'을 세운 것이다. 그러나 이 전략이 제대로 작동하려면 반드시 명확한 투자 원칙과 자제력 있는 실행이 뒷받침되어야한다. 그렇지 않으면 고수익 뒤에 숨어 있는 고위험에 쉽게 휘말릴수 있다.

그래서 나는 다음 원칙을 세웠다. 커버드콜 ETF에 투자하고자 한다면 반드시 참고하기를 바란다.

1. 총투자금의 한도 설정 - 손실 감내선

앞서 알아본 것처럼 커버드콜 ETF는 구조적으로 리스크가 내재된 상품이다. 특히 기초자산의 주가가 급락하거나 커버드콜 전략의 한계가 노출될 경우 단기간에 큰 손실을 볼 수 있다. 그래서 나는 투자금 자체에 상한선을 두었다.

거치식(일시금 투자): 최대 1,000만 원

적립식(분할 투자): 최대 1,500만 원

이 기준은 단순한 숫자 제한이 아니라, 내가 감당할 수 있는 심리적 마지노선이기도 하다. 예를 들어 커버드콜 ETF에 1억 원을 투자했는데 30% 손실이 나면, 무려 3,000만 원의 손해가 발생한다. 이는 상당한 심리적 스트레스를 유발하며 일상생활에도 영향을 미칠 수 있다. 반면 1,000만 원 투자라면 손실은 300만 원 수준으로, 생활에 직접적인 타격 없이 감내 가능한 범위다.

무엇보다 중요한 점은 절대 빚내서 투자하면 안 된다는 것이다. 빚을 지고 투자했다가 손실이 발생하면 조급해지고, 이 조급함은 더 큰 위험을 불러온다. 투자는 반드시 내가 감당할 수 있는 돈으로만 해야 한다. 만약 당장 1,000만 원이 없다면, 매달 30만~50만 원씩 적립식 투자를 통해 차근차근 시작하면 된다. 투자는 자신의 능력 안에서, 감당할 수 있는 범위 안에서 이루어져야 한다. 투자에서 중요한 것은 속도가 아니라 지속가능성이다.

2. 3년간 매도 금지 – 복리 효과를 위한 인내

커버드콜 ETF의 가장 큰 장점은 매달 들어오는 현금흐름이다. 매달 통장에 찍히는 수십만 원의 배당금은 누구라도 쉽게 유혹을 받는다. '이 돈으로 외식이나 여행을 해볼까?' 하는 식으로 말이다. 하지만 나는 그 유혹을 철저히 이겨내기로 했다. 이 투자법의 진짜 목표는 단기 소비가 아니라 복리를 극대화하는 것이기 때문이다.

복리는 시간이 쌓일수록 위력을 발휘한다. 처음에는 미미하지만, 시간이 흐르면 배당금이 배당금을 낳는 구조가 완성된다. 나는 그 임계점을 3년으로 본다. 그 기간 동안은 어떤 일이 있어도 매도하지 않는다. 내가 바라보는 커버드콜 ETF는 시세 차익을 노리는 상품이 아니라, 중장기적인 복리 기반의 자산 증식 도구다.

3. 모든 배당금은 100% 재투자 – 황금알을 낳는 구조 만들기

복리를 완성하는 마지막 핵심은 재투자다. 매달 들어오는 배당금을 생활비로 쓰지 않고 다시 ETF에 투자하면, 배당금이 또 다른 배당금을 낳는 선순환 구조가 만들어진다.

나는 이 구조를 황금알을 낳는 거위에 비유한다. 처음에는 한 마리의 거위가 황금알을 낳는다. 그 황금알로 또 다른 거위를 사고 새로 들인 거위도 황금알을 낳는다. 이렇게 한 마리였던 거위가 서너 마리로 늘고 시간이 더 흐르면 여러 마리의 거위가 매달 수많은 황금알을 낳는 구조가 완성된다.

그러나 이 구조가 완성되기 전에 배당금을 소비하거나, 수익이 났다는 이유로 매도하는 순간 복리의 성장 동력은 곧바로 끊어져 버린다. 그래서 나는 어떠한 상황에서도 배당금은 전액 재투자하는 것을 원칙으로 삼았다.

4. 타이밍을 본 의미 있는 리스크 테이킹

커버드콜 ETF는 분명 리스크가 존재한다. 그러나 명확한 원칙과 절제된 실행력을 기반으로 접근한다면, 단기간에 자산을 키워 장기 안정 자산으로 전환하는 전략적 디딤돌이 될 수 있다.

나는 무작정 공격적인 투자에 올인하는 사람이 아니다. 히딩크 감독이 보여준 것처럼 '타이밍을 본 리스크 테이킹', 즉 지금이 아니면 시도할 수 없는 시점에 명확한 목표와 전략을 갖고 도전하는 방식을 택한다.

물론 이 방법이 모든 사람에게 맞는 것은 아니다. 월 100만~200만원 이상을 꾸준히 20~30년간 투자할 수 있는 자본과 시간이 있다면, 더 안정적인 장기 배당 ETF가 더 적합할 수도 있다.

결국 모든 투자의 결과는 스스로 감당해야 한다. 따라서 이 전략역시 충분한 이해와 숙고 끝에 신중하게 선택해야 한다.

배당률보다 더 중요한
주가의 흐름

커버드콜 ETF를 이야기할 때 많은 사람이 가장 먼저 던지는 질문은 언제나 같다.

"배당률이 몇 %야?"

나 역시 처음에는 그랬다. 연 40%, 50%라는 숫자를 들으면 솔직히 가슴이 뛰었다. 매달 월급처럼 배당이 들어온다고 생각하면 누구라도 귀가 솔깃할 것이다. 하지만 시간이 지나면서 분명하게 깨달았다. 진짜 중요한 것은 배당률 그 자체가 아니라, ETF의 주가 흐름이다.

주가가 꾸준히 하락한다면 아무리 배당률이 높아도 실질 수익은 줄어들고, 오히려 원금 손실이 더 크게 누적될 수 있다. 예를 들어 20달러이던 ETF가 10달러로 반 토막이 나면, 연 배당률이 40%라 하더라도 원금을 회복하는 데만 상당히 오랜 시간이 필요할 수 있다. 배당이 들어와도 밑 빠진 독에 물 붓기처럼 허무하게 느껴질지도 모른다.

커버드콜 ETF를 공부하고 투자하면서 내린 결론은 단 하나였다. 결국 답은 기초자산에 있다. 모든 판단의 중심에는 기초자산이 필요하다. ETF는 하나의 종목이 아닌 묶음이다. 그 묶음을 구성하는 핵심이 바로 기초자산이다. 커버드콜 전략이 아무리 정교하고 안정적으로 보인다 해도, 기초자산의 가치가 흔들리면 ETF 역시 흔들릴 수밖에 없다.

즉, 장기적으로 우상향할 수 있는 기초자산이 핵심이다. 배당도, 수익도 결국은 기초자산의 성과에 달려 있기 때문이다. 그 배당을 가능하게 만드는 토대가 무엇인지, 그 토대가 향후 몇 년간 견조하게 유지될 수 있는지, 그리고 실제 주가 흐름이 그것을 입증하고 있는지를 살펴야 한다.

그래서 나는 스스로에게 반복해 묻는다.

"이 기초자산은 앞으로도 성장할 수 있는가?"
"이 ETF는 복리로 자산을 늘릴 수 있는 구조인가?"
"주가 흐름이 그 가능성을 스스로 증명하고 있는가?"

이 질문에 확신이 없다면 배당률이 아무리 높아도 투자하지 않는다. 기초자산의 주가가 무너지면 원금이 손실되고, 배당의 매력도는 자연히 퇴색되기 때문이다. 그래서 커버드콜 ETF를 고를 때 나는 언제나 먼저 기초자산의 성장 가능성과 시장의 큰 흐름을 본다.

이쯤에서 이렇게 생각하는 사람이 많을 것이다.

"기초자산이 가장 중요하다면서, 그럼 그냥 그 종목에 직접 투자하면 되는 거 아닌가?"

맞는 말이다. 기초자산의 주가가 크게 오르면 커버드콜 ETF보다 훨씬 높은 수익률을 얻을 수 있다. 커버드콜 전략은 구조적으로 상승 수익을 일정 부분 제한하기 때문이다. 단기 수익률만 놓고 본다면, 기초자산에 직접 투자하는 게 더 유리한 선택일 수 있다.

하지만 나는 투자 판단을 단지 수익률이라는 한 가지 기준으로만 보지 않는다. 나에게는 투자에서 얻는 심리적 안정감, 그리고 계좌의 지속가능성 또한 매우 중요하게 여긴다.

커버드콜 ETF는 기초자산보다 수익률이 다소 낮을 수 있다. 그렇지만 그 대신 매달 정기적으로 들어오는 배당이라는 확실한 보상이 있다. 나에게는 이 점이 크게 작용했다. 배당이 계좌에 꾸준히 찍히는 것을 보는 순간, 심리적으로 커다란 안정감이 찾아온다.

'이번 달도 내 돈이 성실하게 일하고 있구나.'
'이 배당으로 다시 ETF를 사면, 다음 달 배당은 더 늘어나겠지.'

이렇게 작은 희망이 쌓이며 성장의 선순환이 만들어진다. 그리고 커버드콜 ETF의 낮은 진입 가격도 나에게는 큰 장점으로 다가왔다. 예를 들어 1주당 20달러 정도인 ETF를 보면 자연스럽게 이런 생각이 든다. '일주일에 스타벅스 커피 한두 잔만 줄이면 1주는 살 수 있겠군.' 이것은 단순한 절약의 의미를 넘어서, 내가 아낀 돈이 매달 배당을 만들어내는 자산으로 전환된다는 사실 자체만으로 강력한 동기부여가 된다.

물론 기초자산에 직접 투자해 주가가 상승하면, 수익률 면에서는 커버드콜 ETF보다 훨씬 큰 보상을 받을 수 있다. 실제로 2022년부터 투자하고 있는 엔비디아의 수익률을 보면 내 계좌는 608%, 딸아이 계좌는 716%이다. 이렇게 높은 수익률이 계좌에 꽂혀 있을 때의 만

족감은 상당하다. 하지만 매달 배당을 받는 경험과는 결이 다르다. 그리고 내 경우, 그 차이는 생각보다 훨씬 크게 다가왔다.

그래서 나는 오늘도 커피 한 잔을 아끼고, 일주일 동안 모은 돈으로 ETF 1주를 산다. 그렇게 손에 넣은 작은 자산들은 한 달이 지나면 또다시 배당이라는 형태로 나에게 돌아온다. 아주 작은 씨앗이지만, 그 씨앗은 매달 조용히 싹을 틔우며 작은 희망을 선물한다.

사실 기초자산 투자와 커버드콜 ETF를 병행하는 전략이야말로 가장 현실적이고 효과적인 방식이라고 생각한다. 커버드콜 ETF는 매달 들어오는 배당 덕분에 심리적 안정을 주고, 비교적 적은 금액으로도 투자를 이어갈 수 있으며, 꾸준한 현금흐름 구조를 만들어 준다. 반면 기초자산 직접 투자는 상승장에서 수익률을 극대화할 수 있고, 커버드콜 ETF로는 온전히 담아내기 어려운 급등장의 기회를 잡을 수 있다.

즉, 커버드콜 ETF는 오늘의 나에게 확실한 현금흐름을 제공하고, 기초자산 투자는 미래의 나에게 시세 차익이라는 더 큰 보상을 준다. 이 2가지를 균형 있게 조합하면 매달 안정적인 수익과 장기적인 자산 성장을 동시에 추구할 수 있다.

05

지수 추종, 포트폴리오형 커버드콜 ETF 종목 탐구

이제부터는 커버드콜 ETF에 대해 본격적으로 살펴보고자 한다. 다시 한번 강조하지만, 커버드콜 ETF는 어떤 기초자산을 추종하느냐에 따라 성격이 크게 달라진다. 동일한 커버드콜 전략을 쓰더라도 나스닥100, S&P500, 혹은 특정 섹터 지수를 기반으로 하느냐에 따라 수익 구조와 리스크가 완전히 다르게 나타난다. 따라서 기초자산과 함께 살펴야만 의미 있는 분석이 가능하다.

2장에서 이미 다룬 JEPI, JEPQ, QYLD는 이번 장에서 제외하고자 한다. 대신 여기에서는 배당수익률이 20%를 넘어서는 이른바 '초고배당 커버드콜 ETF'를 중심으로 집중해 보려 한다. 높은 배당률로 투자자들의 이목을 끌지만, 그만큼 구조적인 리스크와 한계도 분명히 존재하기 때문이다. 결국 이 상품들의 매력과 위험을 동시에 이해하는 것이 핵심이다.

최근 몇 년 사이 커버드콜 ETF 시장은 폭발적으로 성장했다. 나스닥100, S&P500 같은 대형 지수뿐 아니라, 테슬라와 엔비디아처럼 특정 개별 종목을 기초자산으로 한 커버드콜 ETF까지 잇달아 출시되어 투자자들의 선택지는 과거보다 훨씬 넓어졌다. 그러나 이러한 모든 상품을 일일이 다루는 것은 오히려 본질을 흐릴 수 있다.

그래서 이 책에서는 일드맥스YieldMax와 라운드힐Roundhill, 두 브랜드의 상품에 집중하기로 했다. 일드맥스는 브랜드 중심으로 운영되는 구조이며 실제 운용은 타이달Tidal이 맡고 있다. 반면 라운드힐은 운용사이자 브랜드 역할을 동시에 수행하는 것이 특징이다. 다만 투자자 입장에서는 두 경우 모두 결국 '브랜드명 ETF'로 인식되는 만큼, 여기서는 두 브랜드를 중심으로 주요 초고배당 커버드콜 ETF들을 비교, 분석해 나가고자 한다.

SDTY, XDTE
: S&P500이라는 기초자산

S&P500을 기초자산으로 하는 SDTY와 XDTE는 표면적으로는 같은 지수를 기반으로 하지만, 전략 구성과 성과 흐름은 상당히 다르게 나타난다.

| 그림 85 | SPY의 주가 흐름

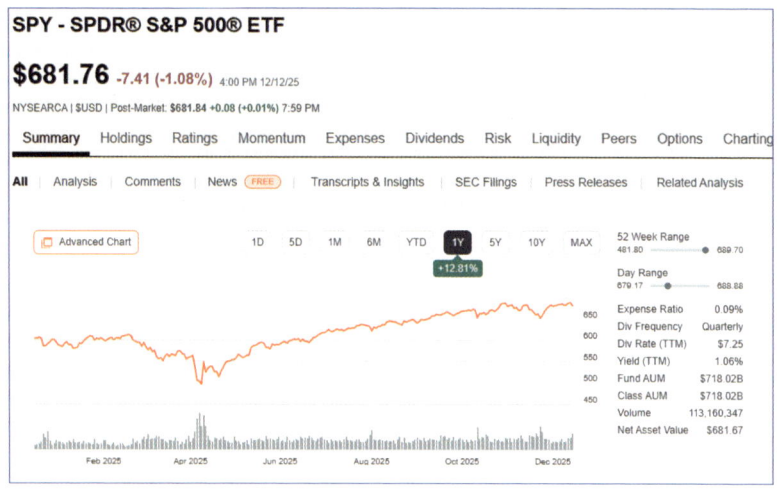

25. 12. 12. 기준, 출처: 시킹알파

S&P500을 추종하는 대표 ETF인 SPY의 최근 1년 수익률은 약 12.8%이다. 전형적인 지수형 ETF는 배당보다 자본이익(주가 상승)에 초점을 두기 때문에 배당수익률은 1% 남짓에 불과하다. 즉 SPY와 같은 전통적 지수 ETF는 장기적인 성장을 투자 목적의 중심에 둔 상품이다.

반면 같은 S&P500을 기반으로 한 SDTY는 전혀 다른 흐름을 보여준다. SDTY는 2025년 2월 5일 일드맥스에서 출시된 신생 ETF다. 운용 기간이 아직 1년이 채 되지 않았지만, 출시 이후 주가 흐름을 보면 약 10% 하락했다. 현재 공시된 배당수익률은 20.52%지만, 이는 지금까지 지급된 배당 총액을 단순 합산한 값이다. 지급 내역을 연

| 그림 86 | SDTY의 주가 흐름

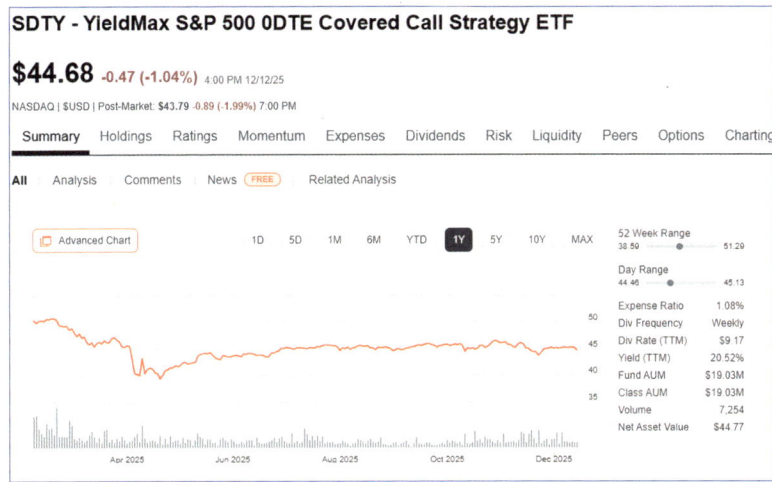

25. 12. 12. 기준, 출처: 시킹알파

환산해 추정하면 예상 배당수익률은 약 24% 수준으로, 기초자산인 S&P500의 상승률을 크게 웃도는 인컴 수익을 보여준다.

| 그림 87 | SDTY의 배당 내역

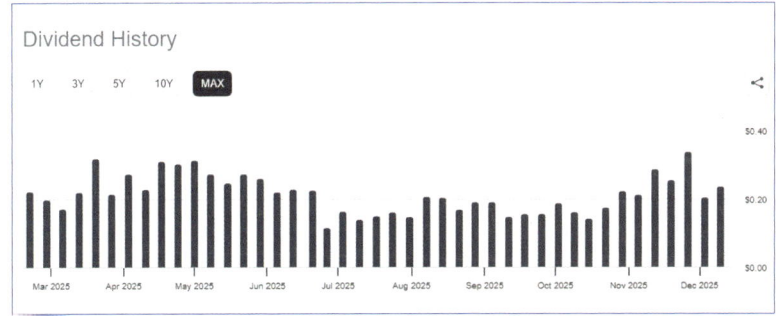

25. 12. 12. 기준, 출처: 시킹알파

다만 주목해야 할 부분은 배당 패턴이다. SDTY는 주배당 구조를 갖고 있는데 출시 초반에는 주당 0.2~0.3달러 수준으로 높은 배당을 지급했지만, 시간이 지날수록 배당 규모가 점차 줄어드는 흐름을 보였다. 즉 화려한 초반 배당률이 시간이 지나면서 자연스럽게 희석될 수 있음을 시사한다.

XDTE는 라운드힐 브랜드에서 운용하는 대표적인 S&P500 기반 커버드콜 ETF다. 2025년 기준 XDTE의 최근 1년 성과를 보면 주가는 약 18.8% 하락했다. 같은 기간 SPY가 약 12.8% 상승한 것을 고려하면, 커버드콜 전략의 구조적 한계가 고스란히 드러난다. 기초자산이 상승하더라도 옵션 매도로 인해 그 상승폭을 온전히 누릴 수 없

| 그림 88 | XDTE의 주가 흐름

25. 12. 12. 기준, 출처: 시킹알파

고, 프리미엄만을 주요 수익원으로 삼는 방식이기 때문이다.

그 대신 XDTE는 SPY 대비 압도적으로 높은 배당률을 제공한다. 현재 배당수익률은 27.6%이며, 연간 배당금 총액은 약 11.89달러에 이른다. XDTE 역시 주배당 구조를 채택하고 있다. 배당 내역을 보면 2024년 말~2025년 초 구간에서 특별히 큰 배당이 발생한 시점이 있었고, 이후에는 주당 0.15~0.25달러 선에서 비교적 안정적인 흐름을 이어가고 있다.

자, 그렇다면 배당금을 모두 재투자한다고 가정했을 때 결과는 어떻게 달라질까? SDTY의 출시일(2025년 2월 5일)을 기준으로 SPY, SDTY, XDTE 세 상품의 총수익률을 비교한 결과를 보자.

같은 기간 SPY는 약 13.4% 상승하며 가장 좋은 성과를 기록했다. 반면 SDTY는 9.1%, XDTE는 8.2%에 그쳤다. 매주 지급되는 배당금을 빠짐없이 재투자했음에도 기초자산을 그대로 추종한 SPY의 성과

| 그림 89 | XDTE의 배당 내역

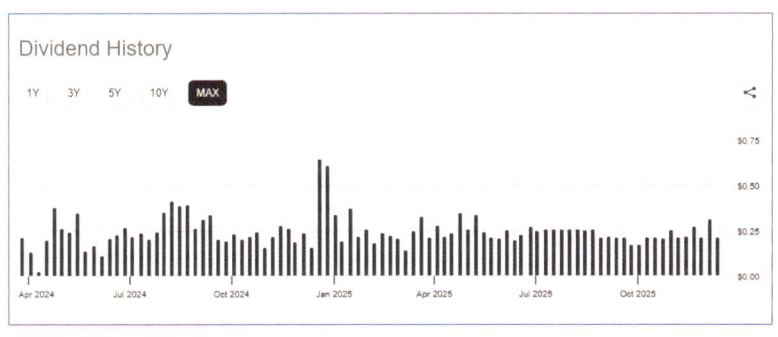

25. 12. 12. 기준, 출처: 시킹알파

| 그림 90 | SPY, SDTY, XDTE의 총수익률 비교

25. 12. 12. 기준, 출처: 시킹알파

를 따라잡지 못했다는 점이 인상적이다.

이는 커버드콜 ETF의 구조적 한계를 다시 한번 확인해 준다. 커버드콜 전략은 주가 상승분을 옵션 매도로 일정 부분 포기하는 대신 프리미엄을 배당으로 돌려주는 방식이기 때문에, 강세장에서는 항상 기초자산 대비 성과가 뒤처질 수밖에 없다. 배당 재투자를 통해 그 격차를 다소 줄일 수는 있지만, '배당을 더 받는 대신 주가 상승은 제한된다'는 본질은 변하지 않는다.

흥미로운 점은 XDTE가 SDTY보다 배당수익률은 더 높았음에도 총수익률에서는 오히려 뒤처졌다는 사실이다. 그 이유는 XDTE의 주가 하락폭이 상대적으로 컸기 때문이다. 숫자로 보이는 배당률이 아무리 높아도 주가 하락을 상쇄하지 못하면 총수익률은 자연히 낮아질 수밖에 없다. 즉 높은 배당률이 곧 높은 총수익률을 의미하는 것은 아니다라는 사실을 다시 한번 보여주는 사례다.

QDTY, QDTE
: 나스닥100이라는 기초자산

나스닥100을 기초자산으로 하는 커버드콜 ETF를 살펴보기에 앞서, 먼저 전체 시장 흐름을 이해하기 위해 QQQ의 최근 성과부터 보겠다. QQQ는 최근 1년 동안 16.6%라는 비교적 높은 수익률을 기록했다. 나스닥100 특성상 빅테크 기업 중심의 강한 성장세가 그대로 반영된 결과다. 배당은 연 0.46% 수준으로 사실상 의미가 없지만, 주가 자체가 크게 오르면서 총수익률을 견인했다.

반면 2025년 2월 12일 출시된 QDTY는 동일한 나스닥100을 기초

| 그림 91 | QQQ의 주가 흐름

25. 12. 12. 기준, 출처: 시킹알파

| 그림 92 | QDTY의 주가 흐름

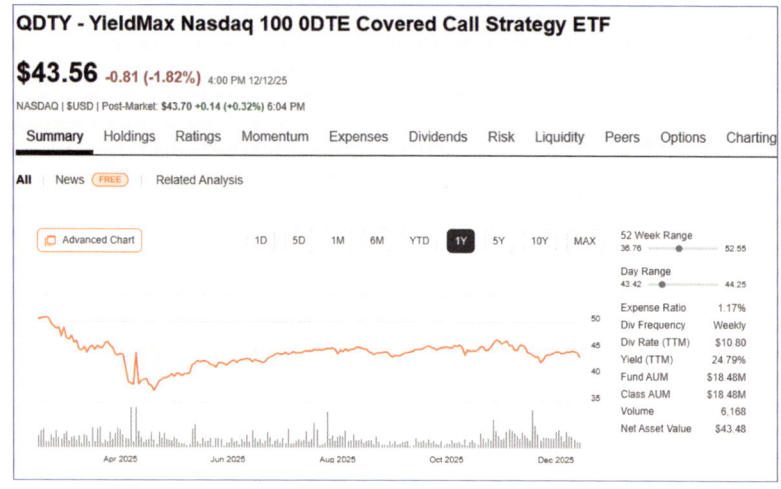

자산으로 하지만, 커버드콜 전략을 적용함으로써 완전히 다른 움직임을 보인다. 출시 이후 주가는 약 14.2% 하락했으며 최근까지도 뚜렷한 추세 없이 박스권에 머물러 있다. 현재 배당수익률은 24.8%지만, 실제 지급된 배당금을 기준으로 연환산해 보면 예상 배당수익률은 약 30% 수준이다.

배당은 매주 지급되며, 주당 0.2~0.4달러 수준에서 비교적 안정적인 흐름을 유지해 왔다. 다만 다른 커버드콜 ETF들과 마찬가지로 출시 초기에는 배당이 높았다가 시간이 지나며 다소 줄어드는 경향이 있는지, 장기 투자자의 경우 이 흐름을 꾸준히 확인할 필요가 있다.

이번에는 QDTE를 살펴보자. 정식 명칭 '라운드힐 혁신 100 QDTE

| 그림 93 | QDTY의 배당 내역

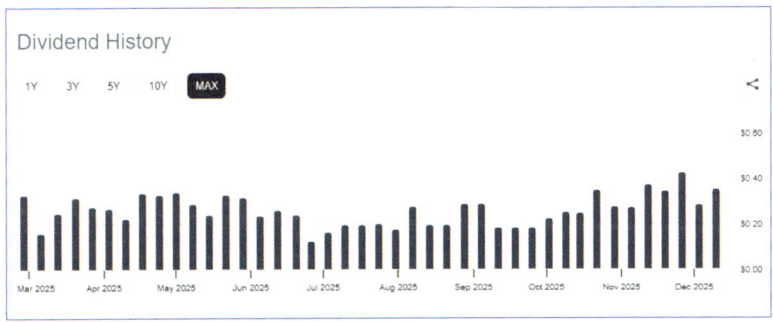

25. 12. 12. 기준, 출처: 시킹알파

커버드콜 전략 ETF'에서 알 수 있듯이 QDTE는 혁신지수Innovation-100 Index를 기초자산으로 한다. 이 지수는 혁신기업 100개를 기반으로 구성되었지만, 실제로는 나스닥100과 상당 부분 겹치는 종목이 많아 성격 또한 유사하다. 따라서 이 책에서는 이해를 돕기 위해, 나스닥 100 기반 커버드콜 ETF인 QDTY와 비교 분석하는 맥락에서 QDTE 역시 나스닥100과 성격이 유사한 지수로 보고 다루고자 한다.

QDTE의 주가는 최근 1년간 약 20% 하락했다. 커버드콜 전략의 구조적 한계가 그대로 드러난 것이다. 기초지수가 반등할 때 상승분을 온전히 따라가지 못하고, 하락할 때는 옵션 프리미엄이 어느 정도 방어 역할을 하지만 완전한 하방 방어는 어렵다. 그럼에도 QDTE의 배당수익률은 33.25%로 커버드콜 ETF 중에서도 높은 수준이다.

QDTE 또한 매주 배당을 지급한다. 배당 내역을 살펴보면 간헐적으로 0.8달러 수준의 큰 배딩이 나온 시점이 있었고, 전반적으로는

| 그림 94 | QDTE의 주가 흐름

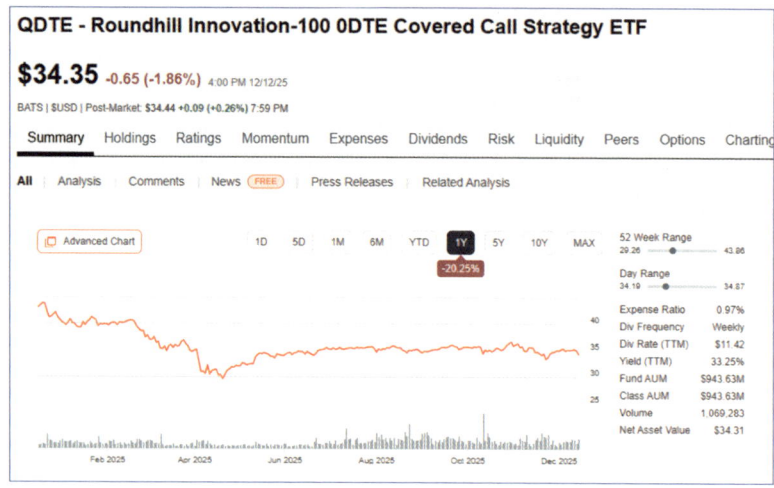

| 그림 95 | QDTE의 배당 내역

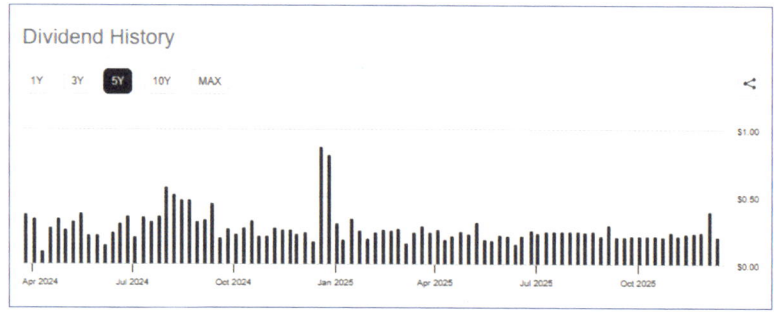

주당 0.15~0.35달러 선에서 꾸준한 흐름을 보이고 있다.

이번에는 배당금을 전부 재투자한다고 가정했을 때 총수익률이

| 그림 96 | QQQ, QDTY, QDTE의 총수익률 비교

25. 12. 12. 기준, 출처: 시킹알파

어떻게 달라지는지 확인해 보겠다. 비교 기준 시점은 QDTY의 출시일인 2025년 2월 12일 이후로 설정했다.

해당 기간 나스닥100을 추종하는 QQQ의 총수익률은 약 14.9%였다. 반면 커버드콜 전략을 사용하는 QDTY의 총수익률은 10.1%, QDTE는 12.4%를 기록했다. 배당금을 매주 재투자했음에도 불구하고 커버드콜 ETF들의 총수익률은 QQQ에 미치지 못한 것이다.

다만 QDTE가 QDTY보다 더 높은 총수익률을 기록한 점은 흥미롭다. 이는 지수 구성의 차이, 즉 기초자산의 특성에서 비롯된 것으로 보인다. 동일한 커버드콜 전략이라도 기초자산의 성격에 따라 성과 차이가 분명히 나타날 수 있다는 점을 보여주는 사례다.

YMAG, MAGY
: 매그니피센트7이라는 기초자산

이번에는 매그니피센트Magnificent7을 기초자산으로 하는 커버드콜 ETF를 살펴보고자 한다.

매그니피센트7이란?

최근 미국 증시에서 가장 주목받는 키워드 중 하나가 바로 매그니피센트7M7이다. 'Magnificent'는 '장엄한, 위대한, 눈부시게 훌륭한'이라는 뜻을 지닌 단어로, 단순히 7개 기업을 묶은 표현이라기보다 이 기업들이 시장을 압도적으로 주도하고 있다는 뉘앙스를 담고 있다.

여기에 포함되는 기업은 애플, 마이크로소프트, 엔비디아, 아마존, 알파벳, 메타, 테슬라다. 이들은 AI, 클라우드, 전기차, 온라인 플랫폼 등 미래 성장산업을 주도하며 미국 증시 전체 시가총액을 사실상 움직이는 핵심 엔진으로 자리 잡았다. 따라서 M7은 단순한 대형주 묶음이 아니라 미국 증시의 성장을 이끄는 상징적 집합으로 보는 것이 더 정확하다.

MAGS는 M7 종목들을 직접 편입해 운용하는 라운드힐의 ETF로, 투자자는 MAGS를 통해 7개 빅테크 기업에 동시에 분산 투자하는 효과를 얻는다. 최근 1년 수익률은 약 17%이며 배당금은 연간 0.44달러 수준으로 거의 의미가 없고 성장 잠재력을 온전히 가져가는 구조

| 그림 97 | MAGS의 주가 흐름

다. 운용자산은 40억 달러 이상으로 빠르게 확대되어 ETF 자체의 안정성도 확보한 상태다.

MAGS 출시 이전에는 빅테크에 투자하려면 개별 종목을 모두 매수해야 하는 번거로움이 있었지만, 이제는 MAGS 1주만으로도 7개 종목을 한 번에 보유할 수 있어 투자 진입 장벽이 크게 낮아졌다.

YMAG는 M7을 기초자산으로 삼아 운용되는 일드맥스의 커버드콜 ETF다. 다만 MAGS처럼 종목을 직접 편입하는 방식이 아니라, 옵션 인컴 전략을 통해 배당 수익을 극대화하는 데 초점을 둔 구조다.

최근 1년 성과를 보면 주가는 28.4% 하락했지만, 배당수익률은 49.4%에 달한다. 주가만 보면 손실처럼 보이지만, 실제 투자자는 매

| 그림 98 | YMAG의 주가 흐름

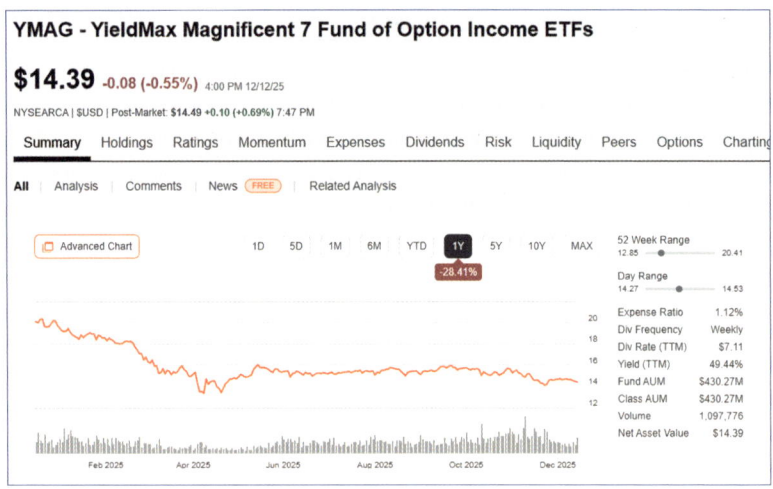

| 그림 99 | YMAG의 배당 내역

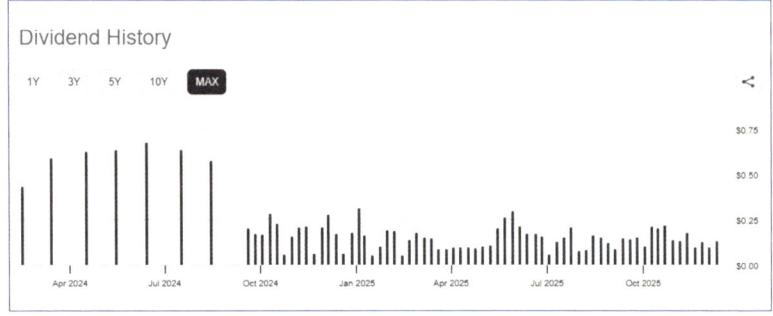

주 배당을 지급받는다. 재투자를 하지 않는다고 가정해도 배당수익률에서 주가 하락분을 감안하면 약 21%의 수익이 남는 셈이다.

YMAG의 또 다른 특징은 배당 주기다. 초기에는 월배당 구조였으나 2024년 하반기부터 주배당으로 변경되었다. 덕분에 투자자는 더 촘촘한 현금흐름을 확보할 수 있고, 재투자 시 복리 효과도 빠르게 작동한다. 주당 배당금은 0.05~0.3달러 사이에서 움직였으며, 시간이 갈수록 점차 안정된 흐름을 보이고 있다.

라운드힐이 운용하는 M7 기반 커버드콜 ETF로는 MAGY가 있다. 기초자산 구성은 MAGS와 동일하지만, 커버드콜 전략을 더해 인컴 창출 기능을 강화한 상품이다. 2025년 4월 23일 출시된 신생 ETF로 운용 기간이 짧고 출시 이후 수익률은 0.3%에 머물러 있다.

MAGY는 주배당 구조를 채택하고 있으며 최근 주당 약 0.38달러

| 그림 100 | MAGY의 주가 흐름

MAGY - Roundhill Magnificent Seven Covered Call ETF

$53.25 -0.78 (-1.44%) 4:00 PM 12/12/25

BATS | $USD | Post-Market: $53.32 +0.07 (+0.13%) 7:56 PM

Summary   Holdings   Ratings   Momentum   Expenses   Dividends   Risk   Liquidity   Peers   Options   Charting

All   Analysis   Comments   News (FREE)   Related Analysis

⌂ Advanced Chart   1D   5D   1M   6M   YTD   **1Y**   5Y   10Y   MAX

Expense Ratio
Div Frequency
Div Rate
Yield
Fund AUM
Class AUM
Volume
Net Asset Value

Jan 2025   Apr 2025   Jul 2025   Oct 2025

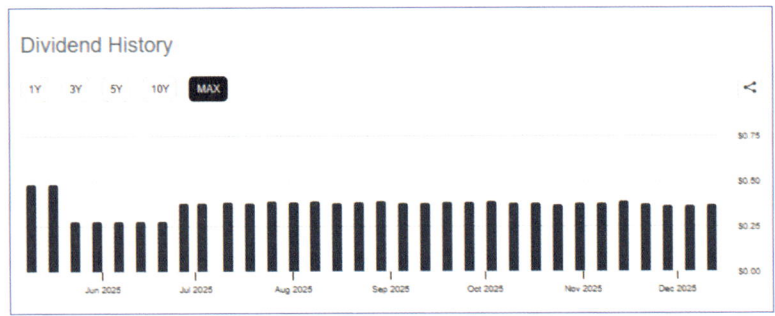

25. 12. 12. 기준, 출처: 시킹알파

수준으로 안정적으로 지급되고 있다. 이를 연으로 환산하면 배당수익률은 대략 35%대로 추정된다. 배당 지급 패턴도 일정하게 유지되고 있어 인컴 투자자에게는 분명 매력적 요소다.

이제 배당금을 전부 재투자한다고 가정했을 때 총수익률을 비교해 보자. 비교 시점은 MAGY 출시일인 2025년 4월 23일 이후로 설정했다.

결과를 보면 MAGS가 50.9%, YMAG이 39.9%, MAGY가 24.9%의 수익을 기록했다. 또한 YMAG와 MAGY의 주가 흐름을 비교하면 MAGY가 약 0.6% 정도 앞선다. 결국 이 차이를 만드는 핵심 요인은 배당 구조라고 볼 수 있다. YMAG는 28%의 주가 하락을 기록했지만, 연 50%에 달하는 초고배당을 꾸준히 지급해 왔다. 이 배당을 재투자하면서 총수익률이 크게 개선되어 40% 수준까지 오른 것이다. 고배당 → 재투자 → 복리의 구조가 실제로 작동한 사례라 할 수 있다.

216

| 그림 102 | MAGS, YMAG, MAGY의 총수익률 비교

25. 12. 12. 기준, 출처: 시킹알파

반면 MAGY는 주당 0.27~0.38달러 수준의 안정적인 배당을 지급했지만, 연 환산 기준 35%대 배당수익률에 머물렀다. 그 결과 배당 재투자 효과에서도 YMAG과의 격차가 벌어지게 되었다.

MAGS는 배당이 거의 없는 대신 순수하게 M7의 주가 상승을 반영

| 그림 103 | YMAG, MAGY의 주가 수익률 비교

25. 12. 12. 기준, 출처: 시킹알파

하기 때문에 가장 높은 총수익률을 기록했다. 인컴보다는 성장을 노리는 ETF의 본질을 그대로 보여준 결과라 할 수 있다.

지금까지는 지수나 섹터를 기초자산으로 하는 커버드콜 ETF를 살펴보았다. 이제부터는 한 단계 더 들어가, 개별 종목을 기초자산으로 하는 상품들을 살펴보겠다.

06

개별 종목을 따르는
커버드콜 ETF 종목 탐구

NVDY, NVDW
: 엔비디아라는 기초자산

엔비디아는 GPU 분야의 절대 강자로 출발해 이제는 AI 반도체와 데이터센터 솔루션의 대표 주자가 된 기업이다. 시가총액은 약 4조 3,000억 달러에 달하며, 현재 미국 증시에서 가장 영향력 있는 종목 중 하나다. 지난 1년간 주가는 27.4% 상승했다. 배당은 연 0.04달러 수준으로 거의 의미가 없으며, 철저히 성장주로서 평가받는다.

NVDY는 엔비디아를 기초자산으로 한 일드맥스의 커버드콜 ETF 다. 성과부터 보자면, 최근 1년간 수기는 40.6% 하락을 기록했다. 같

| 그림 104 | 엔비디아의 주가 흐름

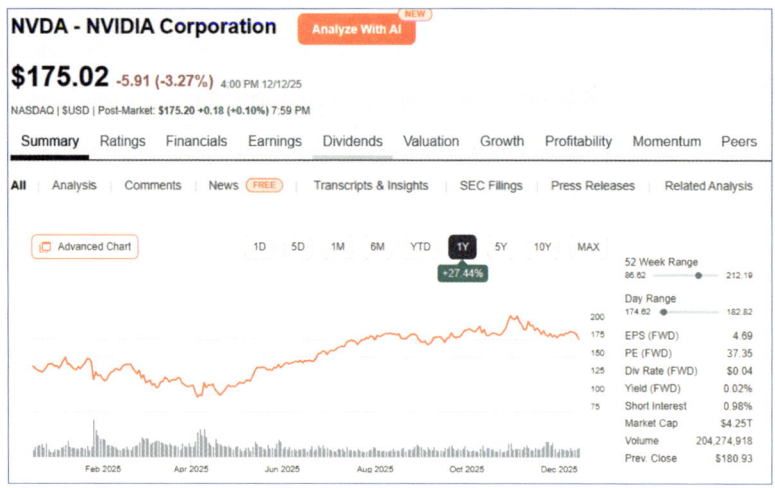

25. 12. 12. 기준, 출처: 시킹알파

은 기간 엔비디아가 27% 이상 오른 것과 비교하면 극명한 차이를 보인다. 커버드콜 전략의 특성상 상승장에서 주가를 따라가지 못하고, 오히려 하락장에서 방어력도 약하기 때문에 본주 대비 수익률이 낮게 나온다.

그럼에도 불구하고 NVDY가 주목받는 이유는 따로 있다. 바로 압도적인 배당금 때문이다. 현재 연 배당수익률은 무려 84% 수준으로 거의 ETF 가격만큼의 배당이 1년 새 들어온 셈이다. 하지만 이것은 주가 하락이 가져온 착시 현상이다. 만약 주가 하락 후 본주와 같이 상승분을 온전히 가져가 25달러를 회복했다면 연 배당수익률은 50% 정도가 될 것이다.

| 그림 105 | NVDY의 주가 흐름

| 그림 106 | NVDY의 배당 내역

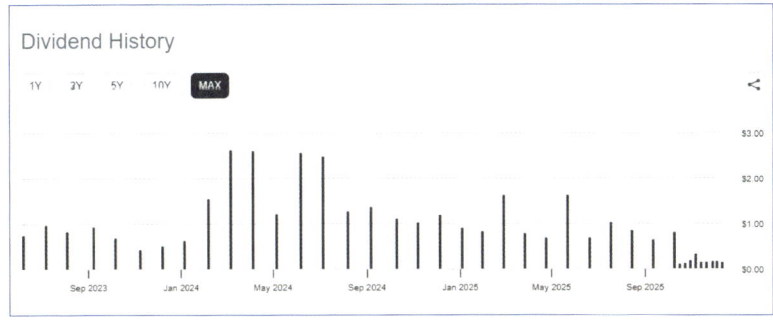

NVDY는 월배당을 지급하다가 2025년 10월부터 주배당을 지급

하고 있다. 실제 배당 내역을 보면 매월 0.6달러에서 많게는 2달러

이상 지급된 적도 있다. 하지만 금액의 변동성이 크고, 시간이 지날수록 점차 줄어드는 흐름을 확인할 수 있다. 이유는 NVDY가 주가의 일정 비율을 매월 배당으로 지급하기 때문이다. 예를 들어, 월 6%의 배당이라면 주가가 25달러일 때는 1.5달러를 지급할 수 있지만, 주가가 15달러로 떨어지면 같은 6% 배당이라도 0.9달러밖에 되지 않는다. 결국 배당 자체가 주가 하락의 영향을 직접 받는 구조인 셈이다.

커버드콜 ETF도 주가가 오르면 배당도 커지고, 주가가 떨어지면 배당도 같이 줄어든다. 높은 배당에 매료되더라도, 결국은 주가 자체가 배당의 원천이라는 점을 기억해야 한다.

이에 비해 NVDW는 엔비디아를 기초자산으로 하되, 주간 단위 수

| 그림 107 | NVDW의 주가 흐름

25. 12. 12. 기준, 출처: 시킹알파

익률을 1.2배(120%) 추종하도록 설계된 라운드힐의 레버리지 커버드
콜 ETF다. 덕분에 단순 커버드콜 ETF인 NVDY와 달리 상승장에서
주가를 따라가지 못하는 한계를 어느 정도 보완할 수 있는 구조다.
(이후부터 다룰 라운드힐의 개별 종목 추종 ETF 또한 모두 'W'로 끝나는데 이는 기초자산

을 1.2배 추종하도록 설계되어 있으니 참고하기를 바란다.)

실제로 출시 이후 성과를 보면, 현재 주가는 약 40달러 수준으로
최근 수익률은 본주와 거의 비슷하거나 오히려 웃도는 구간도 있었
다. 즉, 상승장에서 레버리지 효과가 작동하며 커버드콜 ETF의 약점
을 덜어내는 모습을 보여준다. 다만 하락장에서는 그만큼 낙폭이 더
커질 수 있다는 점이 리스크라 할 수 있다.

현재까지 배당수익률은 48.7%로, 1년이 채 되지 않았음을 고려
하면 연환산 기준 약 60% 수준으로 추정된다. 배당 구조를 보면,
NVDW는 이름처럼 주 단위 배당을 지급한다('w'는 'weekly pay'로 주배당을

| 그림 108 | NVDW의 배당 내역

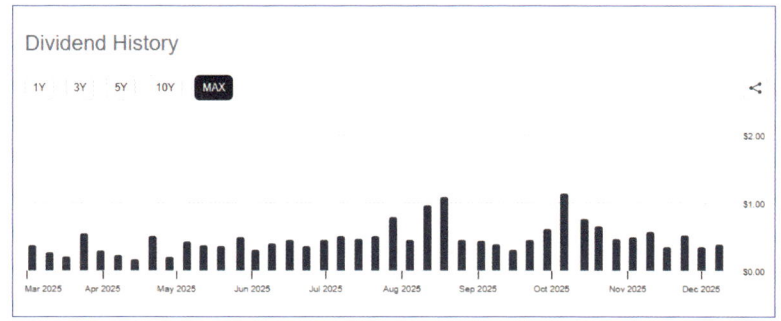

25. 12. 12. 기준, 출처: 시킹알파

의미한다). 매주 0.3~1.1달러 수준의 배당이 꾸준히 나오고 있으며 매주 금액의 변동성은 있으나 시간이 지나도 배당금이 줄어드는 모습은 없다.

그럼 이번에는 배당금을 전부 재투자한다고 가정했을 때의 총수익률을 비교해 보자. 비교 시점은 NVDW 출시일인 2025년 2월 19일 이후로 설정했다.

결과는 흥미롭다. 각각 엔비디아 25.7%, NVDY 21.2%, NVDW 24.2%의 수익률을 보인다. 그래프를 보면, NVDY는 높은 배당 덕분에 꾸준한 현금흐름을 제공했음에도 불구하고 총수익률은 본주보다 낮았다. 반면, NVDW는 엔비디아를 1.2배 추종하는 구조 덕분에 커버드콜 ETF임에도 불구하고 엔비디아에 버금가는 높은 수익률을 기록했다.

커버드콜 ETF의 매력은 언제나 높은 배당수익률로 포장된다. 하

| 그림 109 | 엔비디아, NVDY, NVDW의 총수익률 비교

25. 12. 12. 기준, 출처: 시킹알파

지만 주가가 받쳐주지 않으면 아무 의미가 없다. 주가가 버텨주고, 더 나아가 지속적으로 상승할 때만 배당도 유지되고 총수익률도 의미를 가진다. 아무리 80%, 100%, 심지어 120%라는 눈에 띄는 배당률이 붙어 있어도, 기초자산이 무너지면 그 배당도 함께 사라진다. 배당은 덤일 뿐이다. 결국 투자에서 가장 중요한 것은 주가가 꾸준히 우상향하는 것이며, 나는 이것이 투자의 본질이라 믿는다.

APLY, AAPW
: 애플이라는 기초자산

애플은 단순한 스마트폰 제조사가 아니다. 아이폰, 맥북, 아이패드 같은 하드웨어는 물론이고, 앱스토어, 애플뮤직, 아이클라우드, 애플페이와 같은 서비스 부분까지 포함해 거대한 생태계를 구축했다. 이 생태계 덕분에 애플은 소비자에게서 꾸준히 반복적인 수익을 만들어 내는 구조를 갖췄다. 현재 시가총액은 약 3조 8,000억 달러로, 미국뿐 아니라 전 세계에서 가장 영향력 있는 기업 중 하나다.

지난 1년간 애플의 주가는 약 12.2% 상승했다. 폭발적인 상승은 아니지만, 꾸준히 상승세를 이어가며 안정적인 대형 기술주라는 입지를 다시 한번 확인시켰다. 다만 배당은 연 1.04 달러로 배당수익률이 0.4%에 불과해, 사실상 성장성과 안정성에 방점이 찍혀 있고 배당은 의미 없는 수준이다.

| 그림 110 | 애플의 주가 흐름

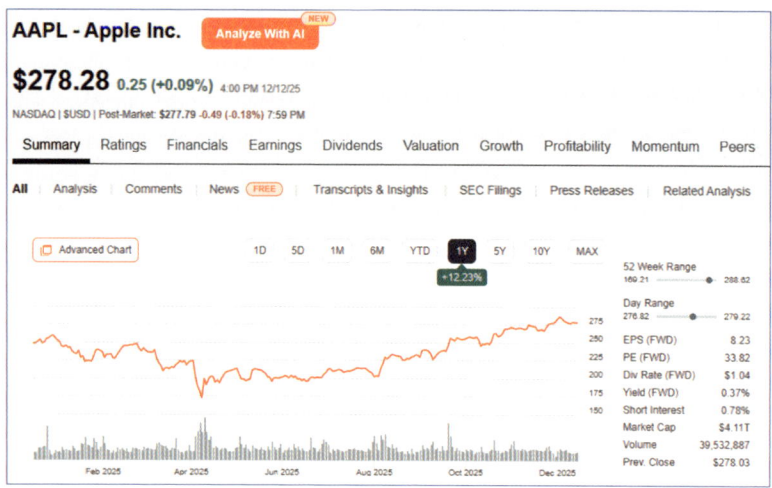

25. 12. 12. 기준, 출처: 시킹알파

이런 애플을 기초자산으로 한 커버드콜 ETF가 일드맥스의 APLY
다. 최근 1년간 성과를 보면, APLY의 주가는 약 25.3% 하락했다. 같
은 기간 애플 본주가 12.2% 상승한 것과 대조적이다. 이는 앞서 다룬
다른 커버드콜 ETF들과 마찬가지로, 상승장에서 본주의 상승분을
온전히 따라가지 못하고 하락장에서도 방어력이 제한적인 구조 때
문이다. 그 결과 본주 대비 성과가 크게 낮게 나온 것이다.

그럼에도 불구하고 APLY가 가진 강점은 배당이다. 현재 연 배당수
익률은 약 33.3% 수준으로, 매월 배당을 지급한다. 단순 계산으로 배
당수익률에서 주가 하락분 25.3%를 차감하더라도 약 8%의 실질 수익
률이 나온다. 이는 기초자산인 애플의 1년 주가 상승률 12.2%와 비교

| 그림 111 | APLY의 주가 흐름

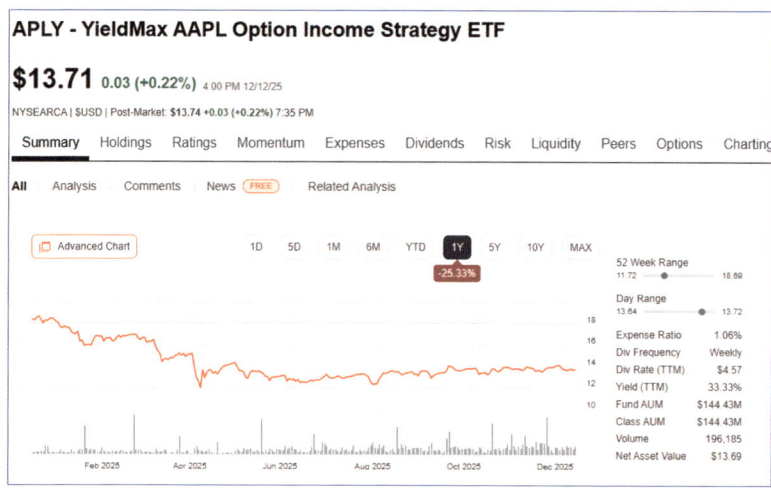

25. 12. 12. 기준, 출처: 시킹알파

| 그림 112 | APLY의 배당 내역

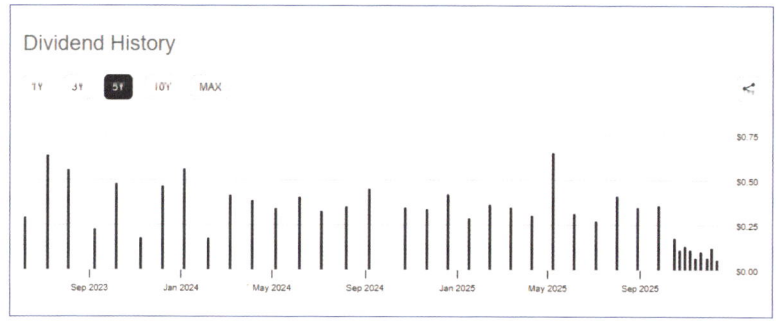

25. 12. 12. 기준, 출처: 시킹알파

하면 4.2% 정도 낮은 수치지만, 여전히 준수한 성과라 할 수 있다.

APLY는 월배당을 지급하다가 2025년 10월부터 주배당을 지급하고 있다. 실제 배당 내역을 보면, 매월 대체로 0.2~0.6달러 수준의 배당이 꾸준히 지급되었고, 특정 달에는 0.7달러에 가까운 배당이 나온 적도 있다. 다만 월별 배당금이 일정하지 않고 변동성이 있다는 점은 주의해야 한다. APLY는 애플 주식이 제공하지 않는 고배당 인컴을 제공한다는 점에서 매력이 있지만, 주가 자체는 본주와 다른 흐름을 보인다는 점을 반드시 이해해야 한다.

AAPW 또한 애플을 기초자산으로 하는 커버드콜 ETF다. 이름처럼 매주 배당을 지급한다는 점에서 월 단위 배당을 주는 APLY와 차별화된다. AAPW의 주가는 2025년 2월 19일 출시 이후 다소 부진한 흐름을 보였다. 출시 직후 주가는 50달러 수준에서 출발했지만, 이후

| 그림 113 | AAPW의 주가 흐름

25. 12. 12. 기준, 출처: 시킹알파

| 그림 114 | AAPW의 배당 내역

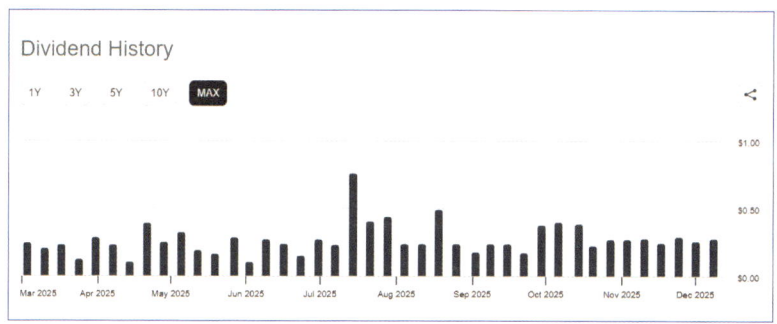

하락세를 거쳐 현재는 약 42.5달러 부근에 머물고 있다.

2025년의 실제 배당 내역을 보면 매주 0.1달러에서 많게는 0.75달러까지 지급되었다. 평균적으로는 0.2~0.4달러대에서 꾸준히 유지되고 있으며 시간이 지나도 금액이 줄어드는 현상은 없다.

AAPW 출시일인 2025년 2월 19일 이후를 기준으로 배낭금을 노두 재투자한다고 가정했을 때의 총수익률을 비교해 보자.

애플은 약 14%, APLY는 8.9%, 그리고 AAPW는 12.3% 상승했다. 수치만 놓고 보면 본주인 애플이 가장 우세하지만, 그래프를 자세히 들여다보면 다른 특징이 보인다.

AAPW는 기초자산을 1.2배 추종하도록 설계되어 있기 때문에 하락 구간에서는 낙폭이 본주보다 더 크게 나타났다. 실제로 출시 직후 하락장에서 AAPW의 주가는 빠르게 밀리며 본주 대비 더 큰 손실을 기록했다. 하지만 이후 상승 국면으로 전환되자 레버리지 효과가 작

| 그림 115 | 애플, APLY, AAPW의 총수익률 비교

25. 12. 12. 기준, 출처: 시킹알파

동하면서 AAPW의 곡선은 가파르게 회복했고, 본주와의 격차를 빠르게 줄여나갔다.

반대로 APLY는 커버드콜 프리미엄 덕분에 하락장에서 손실 폭을 일정 부분 상쇄할 수 있었다. 그래서 같은 구간을 비교하면 APLY의 낙폭이 가장 작았다. 하지만 상승장에서는 프리미엄 수익이 오히려 상단을 막아버려 본주를 따라잡지 못했고, 결과적으로 총수익률도 제한적인 흐름을 보였다.

즉, 두 ETF는 같은 애플 기반 커버드콜이지만 성격은 무척 다르다. AAPW는 레버리지를 더해 상승장에서의 약점을 보완하려는 구조고, APLY는 상대적으로 방어적이지만 상승장에서는 뒤처질 수밖에 없다.

TSLY, TSLW
: 테슬라라는 기초자산

테슬라는 전기차를 넘어 배터리, 에너지 저장장치, 자율주행 소프트웨어까지 아우르는 미래 모빌리티 기업으로 자리매김했다. 창업자 일론 머스크의 비전과 실행력은 시장의 극단적인 기대와 불안을 동시에 이끌며, 테슬라는 언제나 가장 뜨거운 성장주로 꼽혀왔다.

현재 시가총액은 약 1조 5,000억 달러로, 글로벌 완성차 기업 중 단연 독보적이다. 지난 1년간 주가는 9.8% 상승했다. PER은 250배가 넘는 고평가 상태라, 여전히 '고위험·고변동성 성장주'라는 꼬리

| 그림 116 | 테스라의 주가 흐름

25. 12. 12. 기준, 출처: 시킹알파

표가 붙는다.

TSLY는 테슬라를 기초자산으로 한 일드맥스의 커버드콜 ETF다. '테슬리'라고 부르기도 하며 특히 한국인 투자자에게 인기가 높은 상품이기도 하다. 성과부터 보면, 최근 1년간 TSLY의 주가는 52.6% 하락했다. 같은 기간 본주가 9.8% 상승한 것과 비교하면 극명한 차이다. 커버드콜 전략의 특성상 상승장에서 본주의 이익을 가두어 버리기 때문에 급등장에서 본주와의 괴리가 크게 벌어졌다. 특히 테슬라처럼 변동성이 큰 성장주에 커버드콜을 씌우면 상승을 따라가지 못하는 현상이 더 뚜렷하게 나타난다.

그럼에도 불구하고 TSLY가 투자자들의 시선을 끄는 이유는 배당

| 그림 117 | TSLY의 주가 흐름

25. 12. 12. 기준, 출처: 시킹알파

때문이다. 현재 연 배당수익률은 약 84%로 압도적인 월배당이 이어지고 있다. 사실 TSLY가 출시된 2022년 11월부터 투자를 했다면 지급된 배당금은 이미 원금을 회수하고도 남는다. 그 이후부터는 모두 순수익이기 때문에 주가 흐름과 상관없이 마음 편한 투자를 하고 있다는 투자자도 꽤 있다. 하지만 2024년과 2025년 초기에 매수한 투자자는 지속되는 하락에 밤잠을 설칠 수밖에 없는 종목이 바로 TSLY다.

TSLY는 월배당을 지급하다가 2025년 10월부터 주배당을 지급하고 있다. 실제 배당 내역을 보면, 2023년에는 매월 주당 1달러 이상 꾸준히 지급했고, 2024년에도 0.6~1.2달러 수준이 유지되었다. 하지만 2025년 들어서는 주가 하락과 함께 배당금도 줄어드는 흐름이 보인다. 최근 지급된 배당은 대체로 0.2~0.8달러 수준으로, 과거 대비 절반 가까이 줄었다. 이는 결국 배당이 주가와 옵션 프리미엄에 직접적으로 연동되기 때문이다. 게다가 2025년 12월 1일 5 대 1로 주식

| 그림 118 | TSLY의 배당 내역

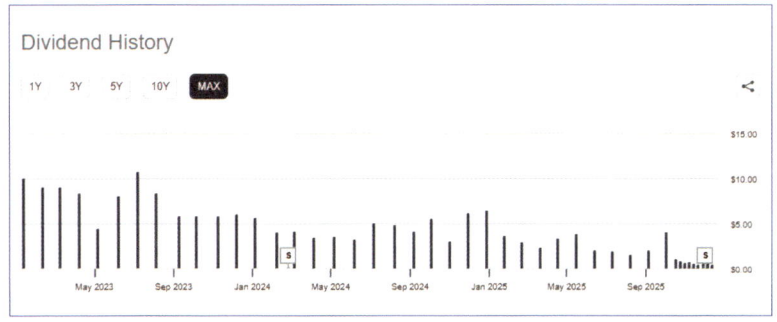

25. 12. 12. 기준, 출처; 시킹알파

병합을 단행했기 때문에 현재 표기된 배당금은 예전 배당금의 5배에 달하는 것처럼 보인다.

TSLY는 높은 배당이라는 강력한 매력에도 불구하고, 본주와의 괴리가 크고 배당금조차 시간이 갈수록 줄어들 수 있다는 점에서 투자난도가 높다. 본주가 상승세를 이어간다 해도 TSLY는 그 상승분을 따라잡을 수 없으며, 배당 또한 기초자산의 흐름에 따라 출렁인다. 화려해 보이는 배당률만 보고 접근하기보다는, 본질적으로 커버드콜 ETF가 가진 구조적 한계를 먼저 이해해야 한다.

TSLW는 테슬라를 기초자산으로 하는 라운드힐의 커버드콜 ETF로 2025년 2월 19일에 출시되었다. 주간 수익률을 1.2배로 추종하면

| 그림 119 | TSLW의 주가 흐름

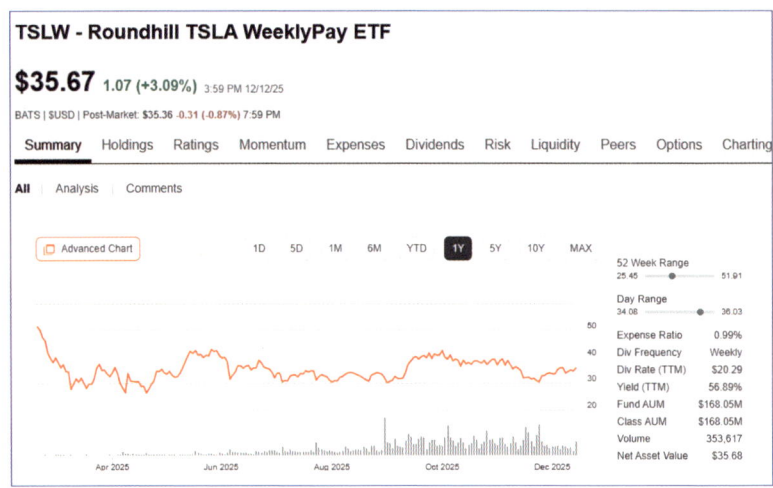

 25. 12. 12. 기준, 출처: 시킹알파

서 동시에 옵션 프리미엄을 활용해 매주 배당을 지급하는 구조다.

출시 이후 주가 흐름을 보면, 초반에는 50달러 부근에서 시작했지만 이후 급락을 겪으며 3월 말에는 25달러대까지 밀렸다. 하지만 이후 점진적으로 회복하면서 최근에는 약 36달러 수준을 유지하고 있다. 결과적으로 출시일 이후 현재까지 총 성과는 약 24% 하락한 수준이다. 테슬라가 같은 기간 9.8% 상승한 것에 비해 여전히 부진한 흐름이지만, 하락장에서 낙폭이 확대된 후 다시 빠르게 따라붙는 특성이 드러난다. 이는 레버리지를 통한 상승 구간 회복력이 ETF 성과에 반영된 결과라 할 수 있다.

배당 구조를 보면 TSLW는 주간 단위로 배당을 지급한다. 실제 배당 내역을 살펴보면 매주 0.2달러에서 많게는 1.2달러 수준까지 지급되었다. 초반에는 변동성이 있었지만, 시간이 갈수록 지급 금액이 줄어들지 않는다는 점이 TSLY와의 차별점이다.

| 그림 120 | TSLW의 배당 내역

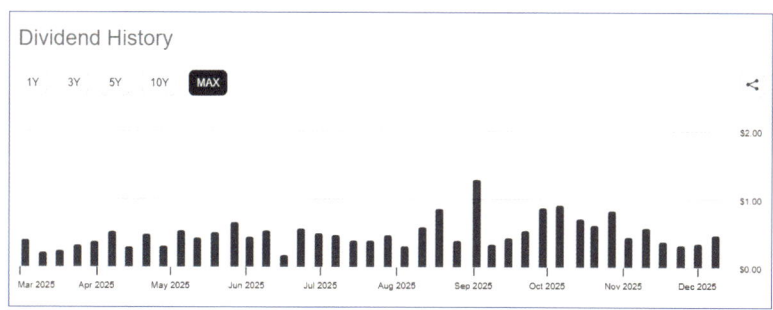

25. 12. 12. 기준, 출처: 시킹알파

TSLW의 특징은 명확하다. 상승장에서 레버리지 효과로 본주보다 빠르게 따라붙으며 배당도 함께 늘어난다. 반대로 하락장에서는 손실이 확대될 수밖에 없다. 공격적인 성격이 매우 강한 ETF다. 본주의 변동성이 큰 만큼 위험 역시 배가되지만, 레버리지를 감수할 수 있는 투자자라면 인컴과 주가 회복력 모두를 동시에 노려볼 수 있다.

이번에는 배당금을 전부 재투자한다고 가정했을 때의 총수익률을 비교해 보겠다. 비교 시점은 TSLW 출시일인 2025년 2월 19일 이후로 설정했다.

성과를 보면, 테슬라는 27.3%, TSLY는 29%, TSLW는 24.5%의 상승률을 기록했다. 세 종목 모두 큰 차이 없이 유사한 구간에서 수렴했다는 점이 흥미롭다. 하지만 그래프를 자세히 들여다보면 차이를 알 수 있다.

매우 특이하게도 TSLY가 가장 높은 수익률을 기록했다. 이는 테슬

| 그림 121 | 테슬라, TSLY, TSLW의 총수익률 비교

25. 12. 12. 기준, 출처: 시킹알파

라가 작년 12월부터 4월까지 급락한 후 한동안 횡보를 했는데 이때 TSLY는 커버드콜 프리미엄 덕분에 가장 완만한 낙폭을 보였고 횡보하는 구간에서는 수익을 얻었기 때문이다.

반면 TSLW는 본주를 1.2배를 추종하는 레버리지 구조 탓에 하락장에서 가장 큰 낙폭을 보였고 본주가 오르는 기간이 짧아 회복력을 발휘할 수 없어 가장 수익률이 낮을 수 밖에 없었다.

테슬라는 고위험·고변동성 성장주라 투자가 쉽지 않은 종목이다. 하지만 성장주의 성과를 온전히 담고 싶다면, 테슬라에 투자하는 것이 단순하면서도 효과적인 답일 수 있지 않을까 싶다.

CONY, COIW
: 코인베이스라는 기초자산

코인베이스는 미국 최대의 암호화폐 거래소이자, 글로벌 시장에서도 가장 영향력 있는 크립토 플랫폼(암호화폐거래, 게임, 검증 등 다양한 블록체인 기반 서비스를 제공하는 온라인 플랫폼) 중 하나다. 비트코인과 이더리움 같은 주요 코인의 거래가 집중되며, 기관투자자를 위한 커스터디 서비스(금융자산 또는 디지털자산을 대신 안전하게 보관·관리해주는 전문 서비스), 스테이킹, 클라우드 인프라 등으로 사업을 확장했다. 그 결과 단순 거래소를 넘어선 종합 크립토 금융 기업으로 자리매김했다.

그러나 2025년 말 현재 코인베이스의 주가는 연초 대비 하락 흐름

| 그림 122 | 코인베이스의 주가 흐름

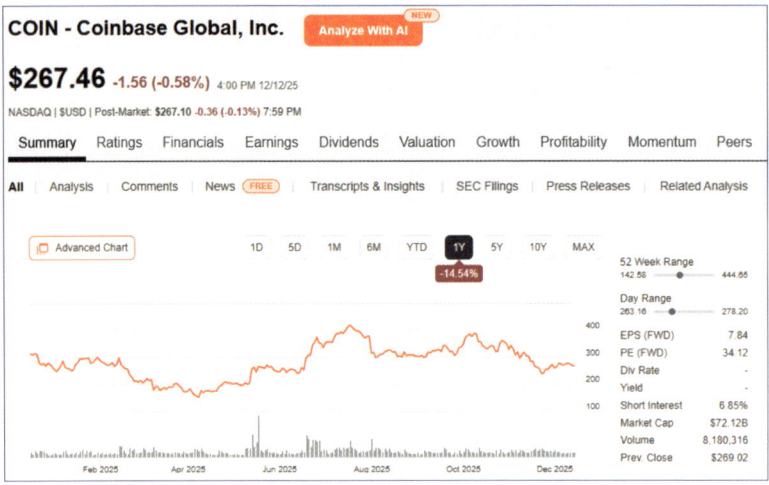

25. 12. 12. 기준, 출처: 시킹알파

을 보이고 있다. 2025년 12월 기준 주가는 약 267~277달러대에서 움직이고 있으며, 이는 최근 몇 달 동안의 암호화폐 시장 변동성 확대와 직결된다. 코인베이스 주식은 10월 말 고점 대비 약 30% 이상 하락한 흐름도 나타났다는 보도가 있을 정도로, 비트코인 가격의 급락과 위험자산 회피 심리가 주가에 영향을 주고 있다.

실제로 비트코인 가격은 2025년 초 강세를 보였지만 이후 변동성이 커지면서 9만 달러 선 근방까지 떨어지는 등 큰 폭의 등락을 기록했다. 이러한 암호화폐 시장의 흐름은 코인베이스 주가에도 그대로 반영되고 있다.

코인베이스의 주가는 암호화폐 생태계 전반의 투자 심리와 거래량 변화에 민감하게 반응한다. 코인베이스는 전통 금융시장의 기업과 달리 거래 수수료와 거래량이 실적에 매우 직접적인 영향을 주는 구조이기 때문에 시장 변동성이 확대되는 구간에서는 더 큰 가격 등락을 겪을 수 있다.

그럼에도 불구하고 코인베이스는 여전히 강력한 브랜드 파워와 광범위한 이용자 기반, 사업 확장성을 갖춘 기업으로 평가된다. 예를 들어 플랫폼 기반의 예측 시장, 토큰화 자산 거래, 기관 대상 서비스 등은 회사의 중장기 성장 동력으로 거론되는 분야다. 이런 확장성은 단순 거래소 수익에 의존하는 구조를 넘어서는 방향으로의 진화를 의미한다.

즉, 코인베이스는 암호화폐 시장의 변동성을 그대로 반영하는 성장형 주식으로 볼 수 있다. 단기적 가격 조정이 분명 존재하지만, 비트코인과 이더리움 등 주요 디지털 자산의 유동성과 거래 활동이 회복되는 국면에서는 다시 강한 반등 여력도 존재한다. 투자자는 코인베이스의 이러한 특성을 이해하고, 암호화폐 전반의 흐름을 함께 고려해 투자 결정을 내리는 것이 중요하다.

CONY는 코인베이스를 기초자산으로 하는 커버드콜 ETF다. 일명 '코니'로 불리며 한때 국내 투자자들 사이에서 높은 배당수익률로 주목받았고, 특히 TSLY와 함께 화제가 되었다. CONY는 기초자산 코인베이스를 보유하고 그 위에 콜옵션을 매도해 옵션 프리미엄을 취하는 방식으로 배당 수익을 만든다.

CONY는 2025년 12월 2일 기준으로 10 대 1 주식병합을 단행했

| 그림 123 | CONY의 주가 흐름

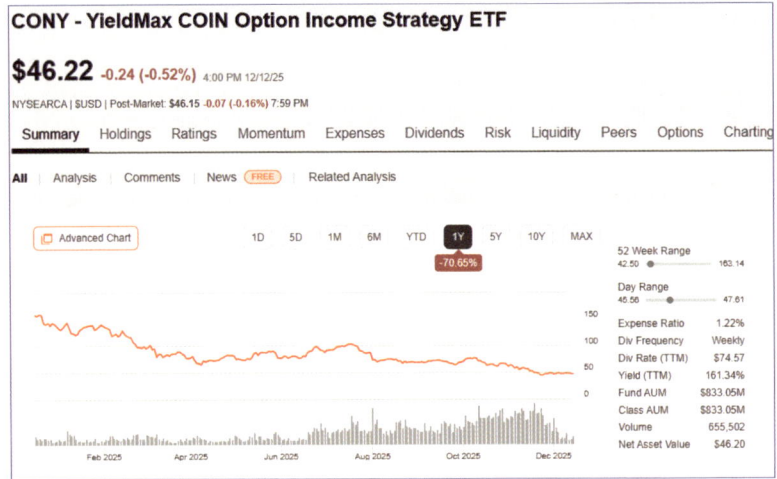

25. 12. 12. 기준, 출처: 시킹알파

다. 이는 주가가 장기간 약세를 보인 가운데 유통 단위를 정리하고 유동성 및 가격 체계를 개선하기 위한 조치로 해석된다. 주식병합 후 CONY의 단가는 종전보다 크게 높아졌지만, 병합을 제외한 순수 가격 성과는 여전히 약세 흐름이다.

최근 1년 성과를 보면, CONY의 주가는 약 70.6% 하락했다. 같은 기간 코인베이스의 14.5% 하락과 비교하면 하락폭이 매우 크다. 커버드콜 전략 특성상 상승장에서 본주의 급등을 따라가지 못하고, 옵션 프리미엄으로 인컴을 추구하는 구조이기 때문이다. 특히 코인베이스처럼 변동성이 극단적으로 큰 자산의 커버드콜은 상승 제한 효과가 훨씬 두드러지게 나타난다. 이는 TSLY와 비슷하다고 할 수 있다.

| 그림 124 | CONY의 배당 내역

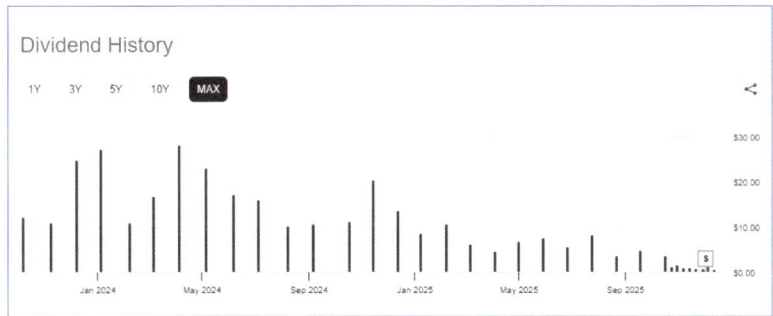

25. 12. 12. 기준, 출처: 시킹알파

배당 측면을 보면 CONY는 월배당에서 2025년 10월 주배당으로 변경했으며 현재 배당수익률은 약 161% 수준에 달한다. 숫자만 보면 매혹적이지만, 실제 배당 흐름을 들여다보면 다른 현실이 보인다. 주식 병합 이전 기준으로 보면 2023~2024년에는 월 1~2달러 이상 꾸준히 지급되었지만, 2025년에 들어서는 0.3~0.8달러 수준으로 크게 줄어들었다. 이는 주가 하락과 옵션 프리미엄 축소가 맞물린 결과다. 배당이 일정하게 유지되는 것이 아니라 기초자산의 가격 흐름과 변동성에 직접적으로 연동되며, 시간이 지날수록 줄어드는 경향이 뚜렷하다.

결국 CONY는 구조적 한계가 있다. 초고배당이라는 강력한 매력에도 불구하고, 주가와 총수익률 측면에서는 본주와 괴리가 심각하다. 본주가 급등하는 장세에서는 수익률이 크게 뒤처지고, 하락장에서 배당도 줄어들기 때문에 투자자는 이중의 리스크를 짊어질 수밖에 없다.

| 그림 125 | COIW의 주가 흐름

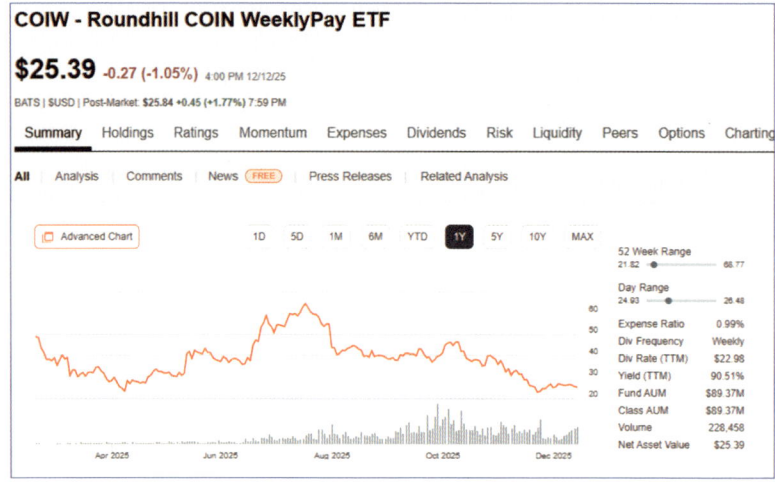

한편 COIW는 코인베이스를 기초자산으로 하되, 주간 배당 구조를 가진 라운드힐의 커버드콜 ETF다. 출시된 2025년 2월 19일 이후 주가 흐름을 보면 초반에는 50달러 부근에서 시작했지만, 3월 하락장에서 빠르게 밀리며 30달러 초반까지 떨어졌다. 이후 암호화폐 시장의 반등세와 함께 함께 60달러 중반까지 회복했으나 8월 이후 지속적인 하락을 거듭해 현재는 약 25달러 수준에 자리 잡고 있다.

배당 구조를 보면 COIW는 이름처럼 매주 배당을 지급한다. 실제 내역을 보면, 매주 0.2달러에서 많게는 1.3달러까지 배당이 지급되었으며, 특히 7~9월 구간에는 0.6~1달러대가 연속적으로 나오면서 주간 배당 ETF답게 꾸준한 인컴의 특징을 잘 보여줬다. 하지만 10월

| 그림 126 | COIW의 배당 내역

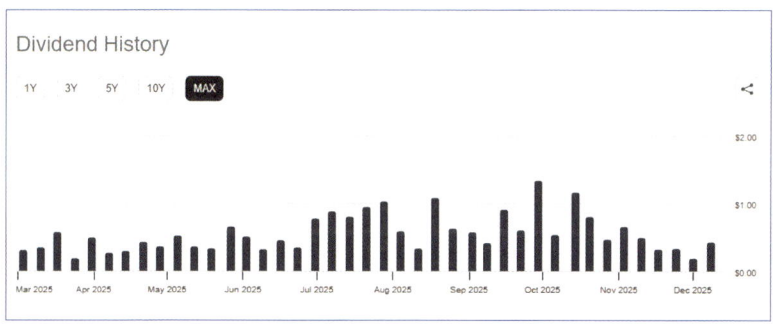

25. 12. 12. 기준, 출처: 시킹알파

이후 주가가 급락하면서 배당금도 현저하게 줄어들었다.

비교 시점을 COIW 출시일 이후로 두고, 배당금을 전부 재투자했다고 가정했을 때 결과를 보자. 총수익률은 코인베이스가 3.4% 상승했으며, CONY 18.5%, COIW 6.4%의 하락을 보였다. 그래프를 보면 본주 코인베이스와 COIW는 약 10%의 차이를 보인다. 이는 기초자산을 1.2배 추종하는 설계를 가진 COIW가 코인베이스의 움직임을 비교적 충실히 따라가고 있음을 보여준다.

반면 CONY는 161%라는 압도적인 배당률에도 불구하고 총수익률 측면에서 본주 대비 크게 뒤처졌다. 결국 주가가 무너지면 그 배당도 함께 사라진다는 것을 다시 한번 보여준 셈이다.

특히 3~4월 하락장에서 COIW는 가장 크게 밀리며 변동성을 키웠지만, 이후 상승 국면으로 전환되자 빠르게 회복하며 코인베이스와거의 같은 위치까지 따라붙는 모습을 보이기도 했다. CONY는 키비

| 그림 127 | 코인베이스, CONY, COIW의 총수익률 비교

25. 12. 12. 기준, 출처: 시킹알파

드콜 프리미엄 덕분에 하락폭은 상대적으로 작았지만, 상승장에서 상단이 막히면서 결국 총수익률은 가장 낮게 나타났다.

정리하자면, 향후 암호화폐 시장의 흐름을 긍정적으로 본다면 COIW는 단기 인컴과 중장기 성장성을 동시에 노려볼 수 있는 ETF지만, 반대로 시장이 꺾이면 배당조차 줄어들 수 있다는 점을 유념해야 한다.

PLTY, PLTW
: 팔란티어라는 기초자산

팔란티어는 빅데이터 분석과 인공지능을 결합한 데이터 분석 플랫폼 기업으로, 정부와 국방기관, 대기업을 중심으로 특화된 솔루션을 제공한다. 팔란티어의 강점은 방대한 데이터를 통합·분석해 의사결정을 지원하는 소프트웨어 역량에 있으며, 최근에는 AI 기능이 결합된 데이터 플랫폼을 통해 민간 영역까지 사업을 빠르게 확장하고 있다. 미국 정부와 유럽 각국의 국방·정보 계약, 그리고 의료·제약·에너지 기업과의 협업이 늘어나면서 단순한 소프트웨어 회사를 넘어 AI 기반 데이터 인프라 기업으로 자리매김하고 있다.

현재 시가총액은 약 4,400억 달러 수준으로, 최근 1년간 주가가 큰 폭으로 상승하며 시장의 주목을 받았다. 이는 AI 붐과 맞물려 팔란티어가 대표적인 AI 수혜주로 부각된 결과로 볼 수 있다. 다만 높은 밸류에이션이 반영된 상태인 만큼, 변동성 또한 매우 큰 성장주라는 점

| 그림 128 | 팔란티어의 주가 흐름

25. 12. 12. 기준, 출처: 시킹알파

은 분명하다.

PLTY는 팔란티어를 기초자산으로 하는 일드맥스의 커버드콜 ETF 다. 최근 1년간 주가 성과를 보면 PLTY는 약 19.6% 하락했다. 같은 기간 본주가 151% 폭등한 것과 비교하면 차이가 상당히 크다. 이는 앞에서 반복적으로 설명한 커버드콜 전략의 본질 때문이다. 특히 팔 란티어처럼 상승 탄력이 강한 성장주에 커버드콜을 씌우면 상승 제한 효과가 훨씬 더 두드러질 수밖에 없다.

PLTY는 2025년 10월부터 월배당에서 주배당으로 변경해 지급하고 있다. 배당 측면에서 PLTY의 연 배당수익률은 약 103%로, 월 기준 2~7달러 수준의 배당이 지급되고 있다. 실제 내역을 보면 2025년

| 그림 129 | PLTY의 주가 흐름

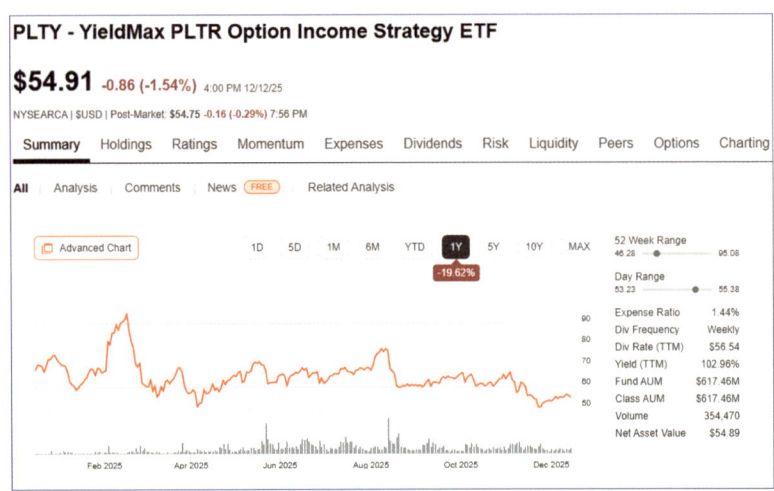

25. 12. 12. 기준, 출처: 시킹알파

246

| 그림 130 | PLTY의 배당 내역

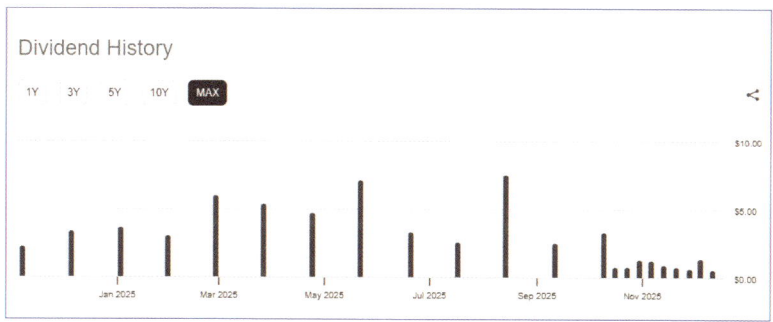

25. 12. 12. 기준, 출처: 시킹알파

3월에는 7달러 이상, 6월과 8월에도 7달러 전후의 높은 배당이 지급 되며 초고배당 ETF의 면모를 보였다. 하지만 동시에 변동성도 크다. 7월과 9월 배당은 2~3달러대로 줄어드는 등 일정하지 않고, 기초자 산의 변동성과 옵션 프리미엄 수준에 따라 크게 흔들린다.

한편 팔란티어를 기초자신으로 하는 라운드힐의 주간 배당 ETF인 PLTW는 2025년 2월 19일 출시되어 전체 운용 기간은 PLTY에 비해 짧은 편이다.

출시 이후 주가 흐름을 보면, 초반에는 50달러 부근에서 시작했지 만 곧 하락을 겪으며 3월 말에는 30달러 초반까지 떨어졌다. 이후 점 진적인 반등세를 보이며 최근에는 약 40달러 초반 수준에 자리 잡았 다. 배당수익률이 약 62%로 표기되어 있지만 아직 운용 기간이 1년 이 되지 않은 상품임을 감안할 때 실제 연환산을 가정해 계산했다. 그동안 지급된 배당금을 기준으로 추정한 연간 배당수익률은 70%

| 그림 131 | PLTW의 주가 흐름

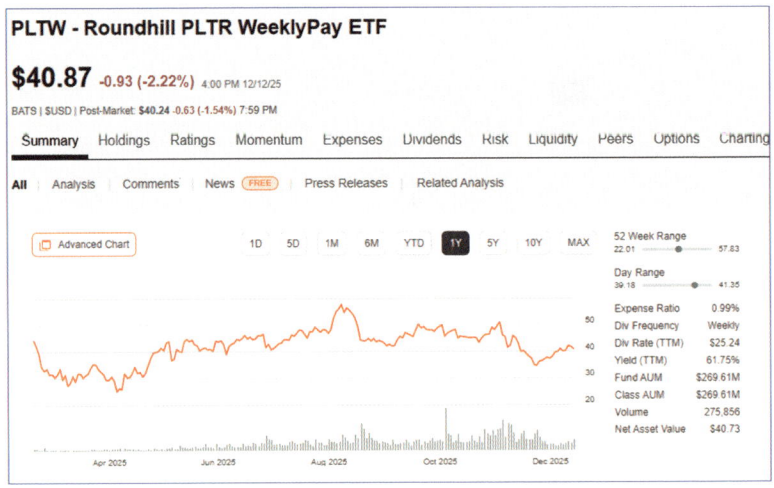

25. 12. 12. 기준, 출처: 시킹알파

중반대에 달할 것으로 보인다.

배당 구조를 보면 PLTW는 이름처럼 매주 배당을 지급한다. 실제 내역을 보면, 초반에는 0.2~0.5달러대의 소규모 배당이 많았지만 시간이 지날수록 점차 금액이 커졌다. 최근에는 주간으로 0.3~0.8달러대가 이어지고, 특정 주에는 1.5달러를 넘긴 적도 있다. 주간 단위로 이 정도 규모의 배당이 나온다는 점은 인컴 투자자에게 상당히 매력적인 요소다. 다만 주당 지급액의 변동성이 크고, 결국 팔란티어의 주가 변동성과 옵션 프리미엄에 직접 연동된다는 점은 주의해야 한다.

그럼 팔란티어를 기초자산으로 한 ETF 두 종목 PLTY, PLTW와 본주를 비교했을 때, 배당금을 모두 재투자한다고 가정하면 어떤 결과

| 그림 132 | PLTW의 배당 내역

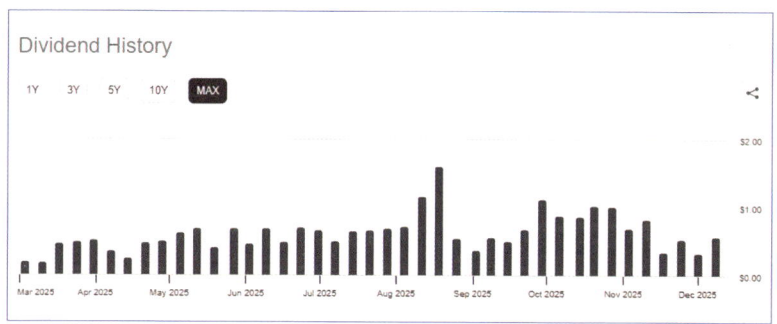

25. 12. 12. 기준, 출처: 시킹알파

가 나올까? 비교 시점은 PLTW의 출시일인 2025년 2월 19일 이후로 잡았다.

성과를 보면, 팔란티어는 63.8%, PLTY는 36.4%, 그리고 PLTW는 무려 67.1%의 총수익률을 기록했다. 숫자만 놓고 보면 PLTW가 가장 높은 성과를 냈고, 그 뒤를 팔란티어가 따랐다. 반면 PLTY는 상대적으로 크게 뒤처지며 확연한 격차를 보였다.

이 차이는 역시 각 상품의 구조에서 비롯된다. PLTW는 기초자산을 1.2배 추종하는 구조에 주간 배당 덕분에 배당금을 재투자하면서 복리 효과가 빠르게 누적되었다. 팔란티어 특유의 강력한 상승 탄력 위에 매주 쌓이는 인컴이 더해지면서 최종 성과는 본주를 뛰어넘는 수준까지 올라섰다.

반대로 PLTY는 커버드콜 구조 특성상 급등장에서 본주의 상승을 온전히 따라가지 못했다. 정기적인 배당을 제공한다는 장점이 있었

| 그림 133 | 팔란티어, PLTY, PLTW의 총수익률 비교

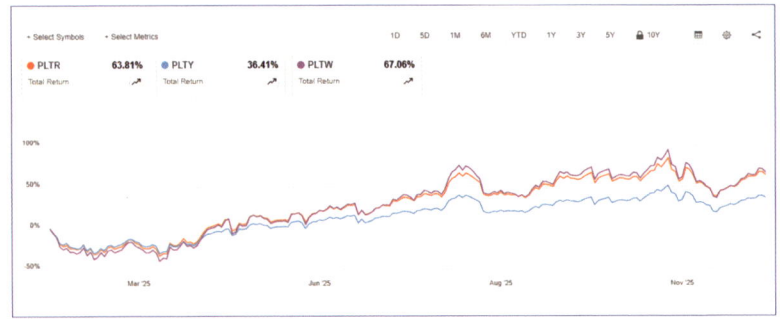

25. 12. 12. 기준, 출처: 시킹알파

지만, 팔란티어처럼 상승 탄력이 강한 종목에서는 그 매력이 오히려 발목을 잡는 결과로 이어졌다. 하락장에서는 방어력이 어느 정도 작동했으나, 상승장에서의 제한 효과가 누적되며 최종 성과는 가장 낮게 나타났다.

정리하자면, 같은 팔란티어를 기초자산으로 삼았지만 PLTW는 인컴과 성장을 동시에 누렸고, PLTY는 인컴에 집중하는 대신 성장성을 희생한 결과를 가져왔다.

AMZY, AMZW
: 아마존이라는 기초자산

아마존은 세계 최대의 전자상거래 기업이자, 글로벌 클라우드 컴

| 그림 134 | 아마존의 주가 흐름

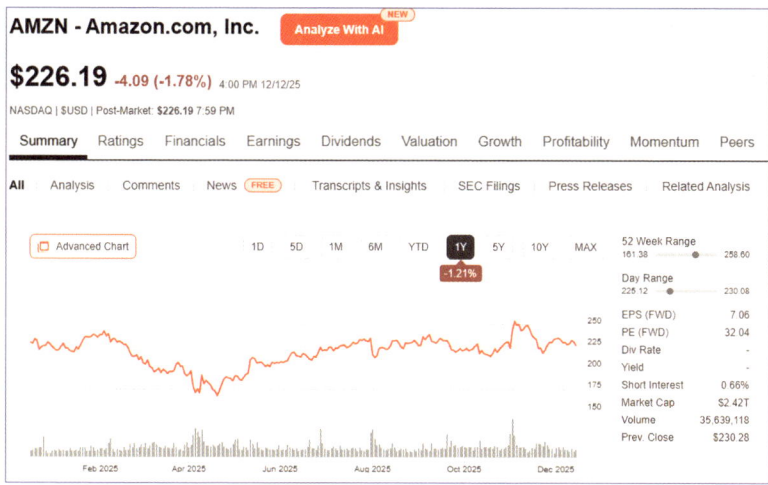

25. 12. 12. 기준, 출처: 시킹알파

퓨팅 시장 1위 사업자인 AWS Amazon Web Services를 보유한 테크 공룡
이다. 온라인 쇼핑, 프라임 멤버십, 디지털 콘텐츠, 물류 네트워크 등
소비자 대상 사업뿐만 아니라, AWS를 통해 기업용 인프라까지 아우
르며 사실상 글로벌 경제의 필수 플랫폼으로 자리 잡았다. 최근에는
AI와 광고 사업 부문이 급성장하며, 단순한 커머스 기업을 넘어 '종
합 디지털 생태계 기업'으로 진화하고 있다.

현재 아마존의 시가총액은 약 2조 4,000억 달러이며, 최근 1년간
주가는 1.2% 하락해 사실상 제자리걸음을 했다.

AMZY는 아마존을 기초자산으로 하는 일드맥스의 커버드콜 ETF
다. 최근 1년간 주가 성과는 35.1% 하락으로, 같은 기간 본주가 제자

| 그림 135 | AMZY의 주가 흐름

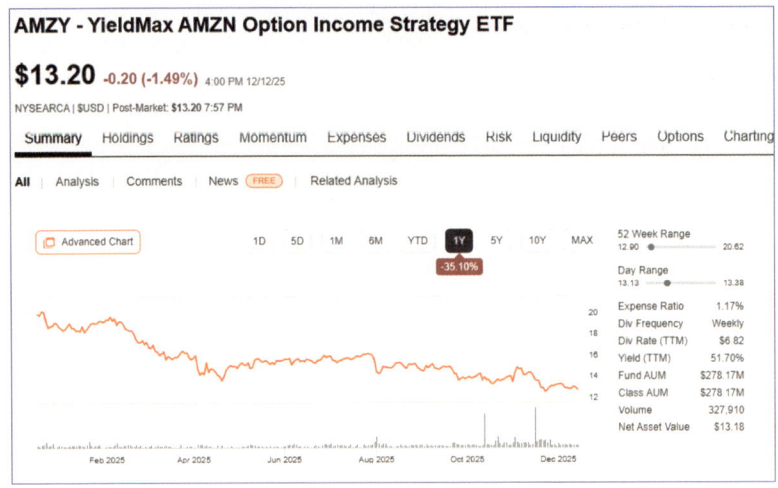

25. 12. 12. 기준, 출처: 시킹알파

리걸음이었던 것과 대조적이다. 이는 커버드콜 전략의 특성상 상승
장에서 본주의 수익을 온전히 따라가지 못하기 때문이며, 아마존처
럼 안정적인 성장세를 보이는 빅테크 종목의 경우 상승 탄력이 제약
되면서 본주와의 괴리가 뚜렷하게 벌어진다.

현재 연 배당수익률은 약 52%에 달하며 단순 계산으로 배당수익
률에서 주가 하락분 35.1%를 차감하더라도 약 17%의 실질 수익률이
나온다. 이는 기초자산인 아마존의 1년 주가 하락률 1.2%와 비교하
면 약 18% 정도 높은 수치로 본주를 뛰어넘은 준수한 성과라 할 수
있다. 배당금까지 재투자한 총수익률까지 봐야 알겠지만 괜찮은 성
과가 예상된다.

| 그림 136 | AMZY의 배당 내역

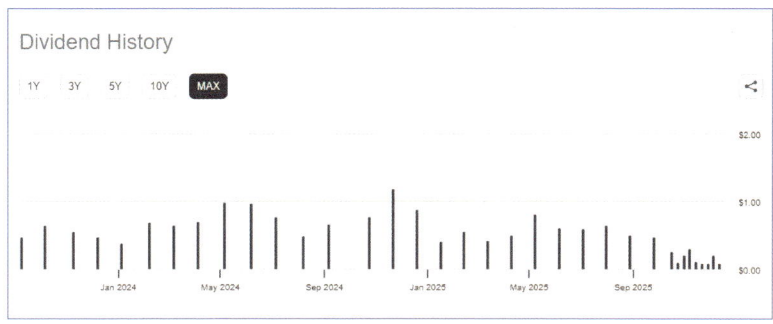

25. 12. 12. 기준, 출처: 시킹알파

AMZY 또한 2025년 10월부터 월배당에서 주배당으로 변경되었다. 이전에는 월 단위로 0.4~1.1달러 수준의 배당금이 지급되었는데 실제 배당 내역을 보면 2024년에는 대부분 0.6~1.1달러 사이에서 꾸준히 유지되었고, 2025년 들어서도 0.4~0.8달러 수준이 이어지고 있다. 큰 폭의 감소 없이 일정 수준을 유지하고 있다는 점에서 다른 고변동성 커버드콜 ETF보다는 안정적인 흐름을 보였다고 할 수 있다.

AMZW는 아마존을 기초자산으로 하는 라운드힐의 주간 배당 ETF다. 2025년 6월 18일에 출시된 만큼 운용 기간이 길지는 않다. 출시 이후 주가 흐름을 보면 초반에는 50달러 선 위에서 출발했지만, 이후 점진적인 하락세가 이어졌다. 11월 들어서 40달러 초반까지 내려앉으며, 현재는 약 42.5달러 수준에서 거래되고 있다. 운용 기간이 짧아 장기적인 성과를 판단하기는 어렵지만, 출시 이후 누적 성과만 놓고 보면 12.6% 하락해 아직 뚜렷한 반등은 보여주지 못하고 있다.

| 그림 137 | AMZW의 주가 흐름

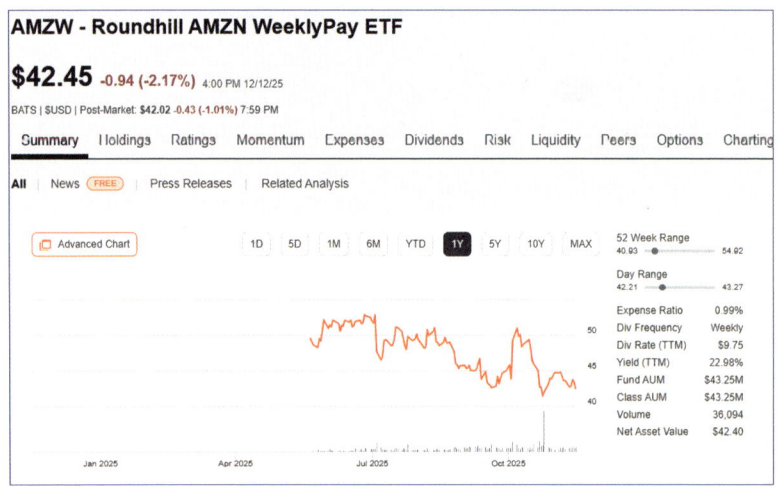

25. 12. 12. 기준, 출처: 시킹알파

배당 구조는 주간 배당을 지급한다. 실제 지급 내역을 보면, 초기에는 주당 0.2~0.3달러 수준에서 시작해 0.5~0.7달러까지 올라가는 흐름을 보였다. 특정 주에는 0.7달러를 넘긴 기록도 있다. 다만 아직 운용 초기 단계라 장기적으로 어느 정도 안정성을 보여줄지는 좀 더 지켜봐야 한다.

주당 지급하는 금액이 다른 상품들에 비해 적은 편인데 이는 기초 자산인 아마존의 변동성이 위에서 다룬 상품보다 작기 때문에, 옵션 프리미엄에서 발생할 수 있는 인컴 자체가 제한적이기 때문이라 볼 수 있다.

이제 배당금을 전부 재투자한다고 가정했을 때의 총수익률을 비

| 그림 138 | AMZW의 배당 내역

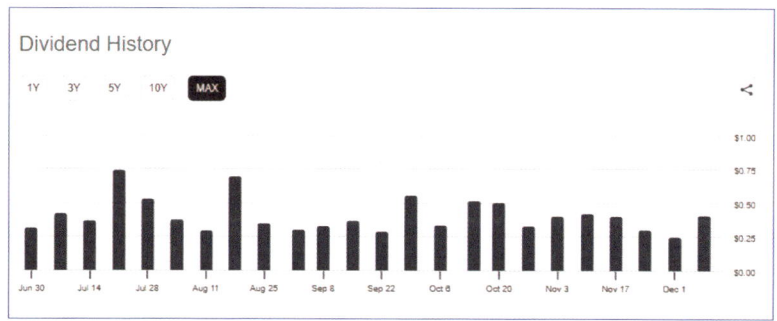

25. 12. 12. 기준, 출처: 시킹알파

교해 보겠다. 다만 비교 시점이 AMZW 출시일인 2025년 6월 18일 이후라 기간이 짧아 큰 의미는 없다.

성과를 보면, 아마존은 6.4%, AMZY는 5.1%, 그리고 AMZW는 5.2%의 수익률을 기록했다. 기간이 불과 6개월 남짓으로 짧기 때문

| 그림 139 | 아마존, AMZY, AMZW의 총수익률 비교

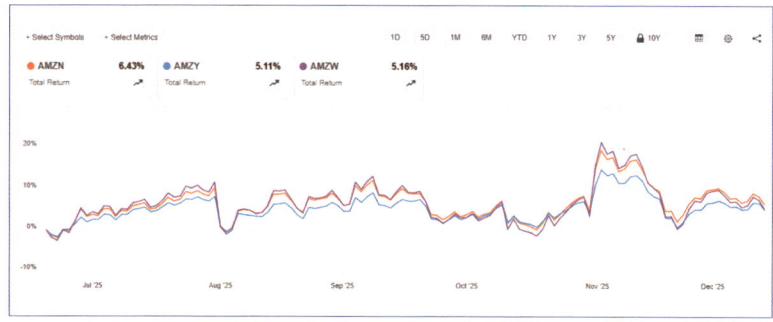

25. 12. 12. 기순, 출처: 시킹알파

에 절대적인 의미를 두기 어렵지만, 흐름만 놓고 보면 세 상품 모두 비슷한 궤적을 그리며 움직였다.

다만 운용 기간이 충분히 쌓이지 않은 만큼, 시간이 흐르면서 주간 배당의 복리 효과가 누적되는 AMZW와, 고배당 인컴 특성을 가진 AMZY가 장기적으로 어떤 차이를 보여줄지는 조금 더 지켜볼 필요가 있다.

이번에는 운용 기간이 1년이 넘는 AMZY와 아마존의 1년 간 배당금까지 재투자한 총수익률을 알아보겠다.

성과를 보면, 아마존은 1.2% 하락, AMZY는 4.8%의 상승률을 기록했다. 두 상품 모두 비슷한 수준의 성과를 내면서, 결과적으로는 AMZY가 6% 앞서는 모습을 보였다.

이 차이는 배당 재투자 구조에서 비롯된다고 볼 수 있다. 아마존은 현금흐름이 없는 순수 성장주이기 때문에 수익은 오롯이 주가 상

| 그림 140 | 아마존, AMZY의 1년 총수익률 비교

25. 12. 12. 기준, 출처: 시킹알파

승에서만 발생한다. 반면 AMZY는 커버드콜 전략으로 발생한 옵션 프리미엄을 매월 배당으로 지급한다. 배당 자체는 변동성이 크지만, 이를 꾸준히 재투자했을 경우 일정 부분 복리 효과가 누적된다. 지난 4월 급락한 이후 완만한 상승세를 이어가면서, 인컴이 누적된 AMZY가 본주를 약간 웃도는 결과를 낸 것이다.

다만 구조적 한계는 여전히 존재한다. 아마존처럼 장기적으로 꾸준히 성장하는 기업에서는 기초자산이 장기간 큰 격차로 앞서는 경우가 많다. 이번 1년은 비교적 완만한 장세였기에 AMZY가 배당 재투자 효과를 통해 근소하게 우위를 보였다. 하지만 만약 기초자산이 크게 폭등하는 국면에서는 상승 제한 구조 때문에 AMZY의 성과가 오히려 뒤처질 수 있다.

MSTY, MSTW
: 스트래티지라는 기초자산

마이크로스트래티지MicroStrategy는 2025년 2월, 사명을 '스트래티지'로 변경했다. 본래는 비즈니스 인텔리전스 소프트웨어 기업이었지만, 창업자 마이클 세일러가 비트코인 매입에 집중하면서 이제는 세계 최대 규모의 비트코인 보유 상장 기업으로 자리 잡았다.

현재 스트래티지의 기업 가치는 본업 실적보다는 보유 비트코인의 가격 변동에 훨씬 더 크게 연동되는 구조다. 2024년부터 2025년

| 그림 141 | 스트래티지의 주가 흐름

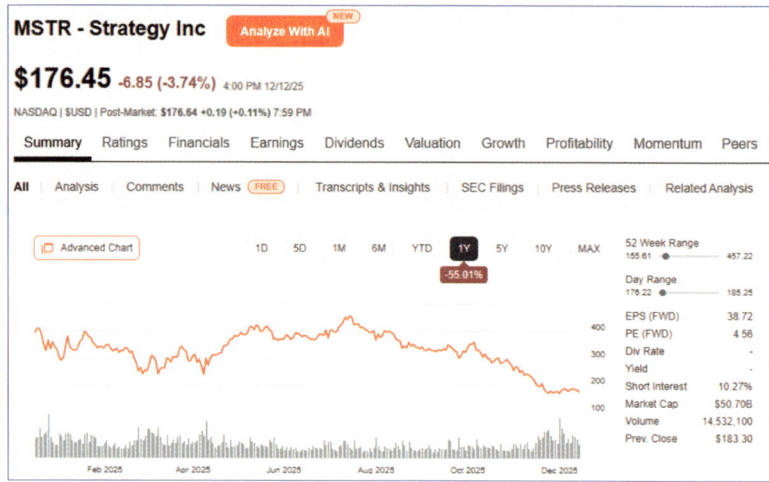

25. 12. 12. 기준, 출처: 시킹알파

상반기까지 스트래티지의 주가는 비트코인 랠리와 함께 급등했다. 비트코인 현물 ETF 승인, 반감기 기대, 기관 자금 유입이라는 호재가 겹치며 주가는 단기간에 크게 상승했고, 한때는 '비트코인의 레버리지 ETF'에 가까운 움직임을 보이기도 했다.

하지만 2025년 하반기 들어 상황은 급변했다. 현재 스트래티지의 주가는 연중 고점 대비 약 50% 이상 하락한 상태다. 이 하락은 단순한 가격 조정이라기보다는, 스트래티지라는 기업이 가진 구조적 특성이 시장에 다시 한번 각인된 결과라 볼 수 있다.

첫 번째 요인은 비트코인의 가격 조정이다. 반감기 이후 급등했던 비트코인 가격이 숨 고르기에 들어가면서, 암호화폐가 전반적으로 조정을 받았다. 스트래티지는 보유 자산의 대부분이 비트코인으로 구성되어 있기 때문에, 비트코인 가격이 조정받는 순간 주가 역시 그대로 영향을 받는다. 본업 실적이 주가를 방어해 주는 구조가 아니라는 점이 그대로 드러난 셈이다.

두 번째는 지수 편입 기대의 실패다. 스트래티지는 한때 S&P500 지수 편입 유력 후보로 거론되며 기대감을 키웠다. 지수 편입은 단순한 상징성을 넘어, 패시브 자금 유입이라는 실질적인 수급 효과를 가져올 수 있다. 하지만 실제 발표에서 제외되면서 그동안 쌓였던 기대가 한꺼번에 꺾였고 주가는 단기간에 큰 충격을 받았다.

세 번째이자 가장 중요한 요인은 레버리지 구조다. 스트래티지는 비트코인 매입을 위해 회사채 발행, 전환사채 발행, 주식 발행 등 다양한 방식으로 자금을 조달해 왔다. 이 전략은 비트코인이 상승할 때는 수익을 증폭시키는 역할을 하지만, 반대로 가격이 하락하거나 정체될 경우 리스크를 빠르게 키우는 구조이기도 하다. 고금리 환경이 길어질수록 자금 조달 비용과 재융자 리스크에 대한 우려도 커질 수밖에 없다. 물론 최근에는 금리 인하 기대가 다시 고개를 들며, 레버리지 부담이 완화될 수 있다는 전망도 나온다.

하지만 이것이 곧바로 스트래티지의 리스크를 해소해 주는 것은 아니다. 이유는 명확하다. 우선 여전히 상당한 수준의 부채를 안고 있고, 금리 인하 자체가 경기 둔화 신호일 가능성도 있으며, 마지막으로 무엇보다 기초자산 자체가 고변동성 자산인 비트코인이라는 점이다. 외부 충격이 오면 레버리지는 위험을 증폭시키는 방향으로 작동할 수 있다.

결국 스트래티지의 주가는 기업 실적보다는 비트코인 가격, 레버리지 구조, 그리고 시장 이벤트(지수 편입 여부, 규제 환경 등)에 의해 좌우된다고 보는 것이 현실적이다. 이 종목은 전통적인 의미의 성장주도, 안정적인 배당주도 아니다. 오히려 비트코인에 대한 강한 확신을 전제로 한 고위험·고변동성 전략 자산에 가깝다.

따라서 스트래티지는 좋다, 나쁘다로 단정할 수 있는 종목이 아니다. 비트코인 상승 국면에서는 강력한 수익을 만들 수 있지만, 조정 국면에서는 그만큼 큰 변동성을 감내해야 한다. 이 구조를 이해하지 못한 채 접근한다면, 투자자는 생각보다 빠르게 심리적 한계에 부딪힐 수 있다. 이 점을 분명히 인식한 상태에서만 스트래티지라는 종목은 의미 있는 선택지가 될 수 있다.

MSTY는 스트래티지를 기초자산으로 삼는 일드맥스의 커버드콜 ETF다. 일명 '엠스티'로 불리며, 한때 초고배당 ETF의 대표 사례로 주목 받았다. TSLY 커버드콜 ETF 등과 함께 고수익 인컴 상품으로 화제를 모았지만, 2025년 말에 들어서며 그 모습은 초기 기대와 상당히 달라졌다.

MSTY의 주가를 보면 더 정확하게 알 수 있다. 지난 1년간 본주의 변동성은 크지만 본질적으로 90%대 상승하는 랠리를 기록하는 구간도 있었다. 하지만 MSTY는 80% 이상 급락했다. 2025년 12월 현재 주가는 30달러대 초반에서 거래되고 있다. 이는 2025년 12월 8일 진행된 5 대 1 주식병합 이후의 가격이며 병합 이전 주가 수준과 비교

| 그림 142 | MSTY의 주가 흐름

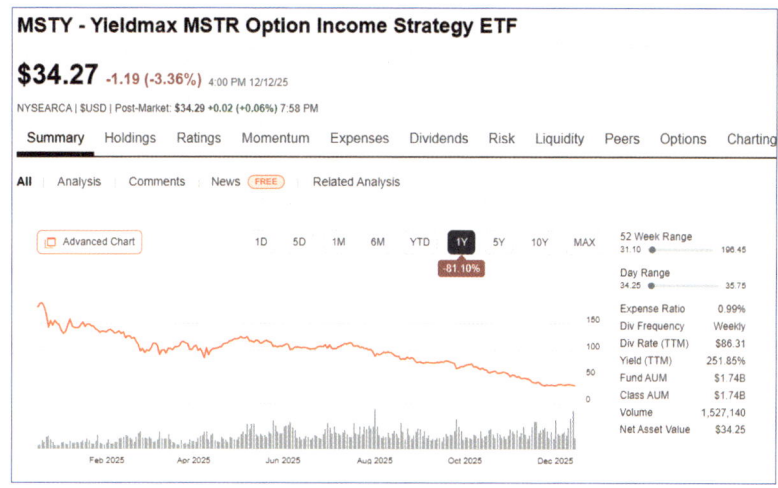

25. 12. 12. 기준, 출처: 시킹알파

하면 실질적인 하락폭은 훨씬 크다.

이런 격차는 커버드콜 전략의 본질에서 나온다. 커버드콜 ETF는 기초자산을 보유한 뒤 콜옵션을 매도해 프리미엄을 취하는 구조다. 이 구조는 주가가 횡보하거나 완만하게 상승하는 구간에서는 옵션 프리미엄 수익이 누적되며 월세 같은 배당을 만들어 준다. 하지만 기초자산이 급등할 때는 상승폭이 제한되고, 급락할 때에는 기초자산의 약세를 그대로 반영한다. 다시 말해, 상승의 일부는 포기하고 하락의 대부분은 그대로 체감하는 구조인 것이다.

MSTY의 경우도 비슷했다. 스트래티지 본주가 상승하던 구간에서 MSTY는 옵션 프리미엄 수익만을 취했기 때문에 본주 급등을 따라가지 못했다. 이후 스트래티지 본주가 조정 국면에 들어서면서 MSTY는 본주의 낙폭을 거의 그대로 따라갔다. 주가 흐름만 보면, MSTY는 본주의 기댓값을 포기한 채 배당 수익만 챙기는 구조로 남은 것이다.

표면적으로 MSTY의 연간 배당수익률은 200% 이상으로 매우 높아 보인다. 병합 이전 기준으로 과거에는 월 3~4달러대의 배당이 꾸준히 지급되기도 했고, 배당만 놓고 본다면 '초고배당 ETF'의 전형처럼 여겨질 때도 있었다. 그러나 실제 지급 내역을 자세히 보면 배당 규모는 시간이 흐르면서 점차 축소되는 경향이 분명하다. 2025년 초에는 월 1~2달러 수준이 주를 이뤘지만, 최근 기록은 이보다 낮은 금액이 다수이며 일정한 패턴 없이 변동성이 커진 모습이다. 이 현상은 단순히 배당금이 줄어든 것이 아니라, 옵션 프리미엄 자체가 축소된 결과라 볼 수 있다.

| 그림 143 | MSTY의 배당 내역

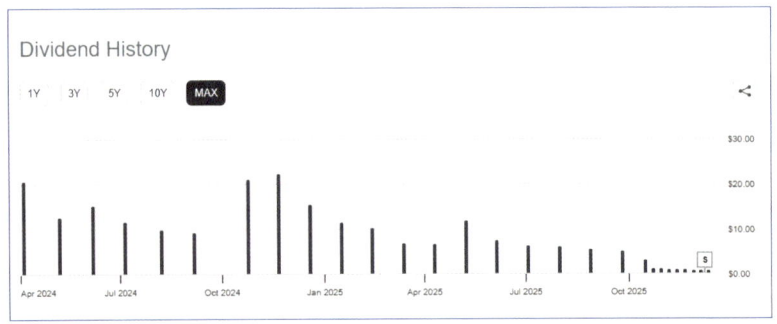

25. 12. 12. 기준, 출처: 시킹알파

옵션 프리미엄은 기초자산의 변동성과 수급 상황에 따라 달라지는데, 기초자산이 급등하거나 급락하면 옵션 수익 구조 자체가 흔들릴 수 있다. 특히 스트래티지와 같이 변동성이 극단적으로 큰 자산을 기초자산으로 삼는 경우, 옵션 프리미엄 수익은 꾸준히 늘어나기 어렵다. 결과적으로 MSTY의 배당은 과거처럼 안정적으로 지급되기보다는 기초자산의 흐름에 직접적으로 영향을 받는 유동적인 수익이 되어버렸다. 이처럼 MSTY는 겉보기의 고배당률과 실제 투자 성과 사이에 큰 괴리가 존재한다.

초고배당이라는 매력적인 수치만으로 접근할 경우, 투자자는 크게 착각할 수 있다. 상승장에서는 본주 대비 수익률이 떨어지는 기회비용을 부담해야 하고, 조정장에서는 배당마저 축소되는 이중 리스크를 경험할 수 있다. 특히 병합 이후 주가가 크게 낮아진 상황에서는 주가 하락폭과 배당 축소의 조합이 전체 수익률을 더욱 부진하게 만든다.

결국 MSTY는 옵션 프리미엄을 통한 인컴 전략이긴 하지만, 기초자산의 변동성이 매우 크고, 상승 시 수익이 제한되며, 배당 흐름이 안정적이지 않다는 점에서 지속가능한 배당 시스템이라 보기 어렵다. 투자자는 MSTY를 단순히 높은 배당률의 ETF로 오해해서는 안된다. 배당률 숫자는 기초자산의 주가가 크게 떨어졌을 때 자연스럽게 높아 보이는 착시 효과일 뿐이며, 배당의 지속가능성과 실제 총수익률은 오히려 더 낮아질 수 있다.

스트래티지를 기초자산으로 하는 라운드힐의 주간 배당 커버드콜

| 그림 144 | MSTW의 주가 흐름

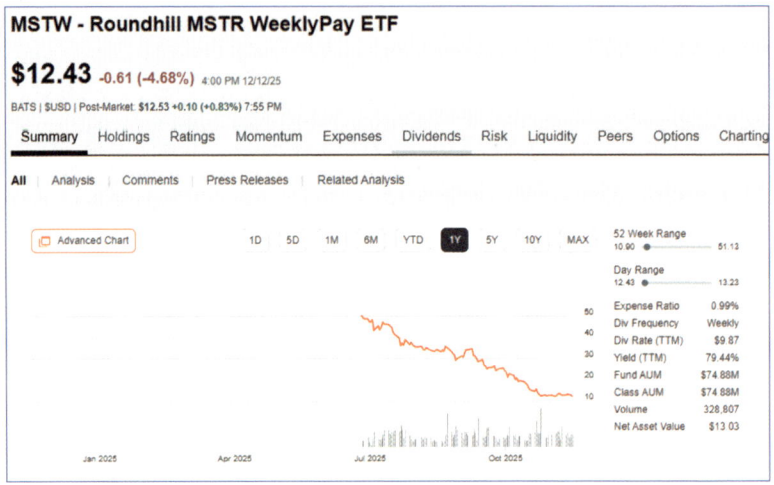

ETF로는 MSTW가 있다. 출시일은 2025년 7월 24일로, 아직 운용 이력이 길지 않아 장기 성과를 판단하기에는 이른 단계다. 출시 초기 MSTW는 50달러 부근에서 거래를 시작했다. 이후 단기 반등으로 한때 30달러 중반까지 회복했지만, 이후 스트래티지의 주가 급락과 함께 다시 큰 폭의 하락을 겪으며 현재는 12달러 안팎에서 거래되고 있다.

출시 이후 고점 대비 주가 하락률은 70%를 훌쩍 넘는다. 주가 흐름만 놓고 보면, 고배당 ETF라는 이름과는 달리 자본 손실이 매우 큰 상품이다.

배당 흐름을 보면 주당 0.3~0.8달러 수준의 주간 배당이 비교적 꾸준히 지급되었고, 2025년 8월 중순에는 주당 1.3달러를 넘는 높은 배

| 그림 145 | MSTW의 배당 내역

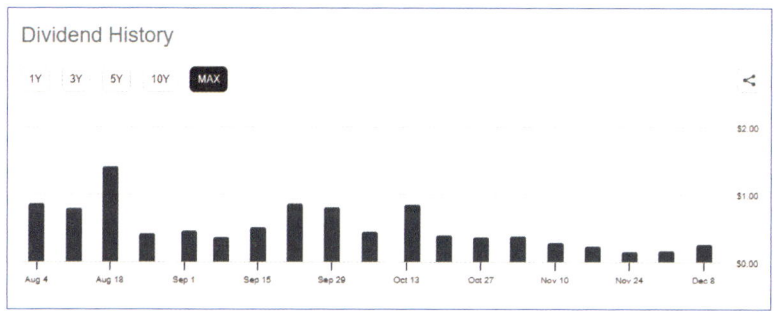

25. 12. 12. 기준, 출처: 시킹알파

당이 나오기도 했다. 그러나 주간 배당의 특성상 지급 금액의 변동성은 매우 크며, 최근으로 올수록 배당 규모는 점진적으로 줄어드는 모습이다. 이는 기초자산인 스트래티지의 주가 하락과 함께 옵션 프리미엄이 축소된 결과로 해석할 수 있다.

중요한 점은 MSTW의 배당이 안정적인 현금흐름이라기보다는 변동성이 극단적으로 큰 옵션 수익의 부산물이라는 점이다. 매주 배당이 나온다는 사실 자체에만 집중하면 착시가 발생하기 쉽지만, 실제 투자 성과는 주가 하락이 배당 수익을 압도하는 구조로 나타나고 있다.

현재 스트래티지, MSTY, MSTW는 모두 공통적으로 비트코인 가격과 스트래티지의 레버리지 구조에 강하게 연동되어 있다. 본주인 스트래티지는 기업 실적보다는 비트코인 가격, 차입 구조, 제도적 이벤트에 의해 주가가 움직이는 종목이다. 여기에 비트코인 조정 국면과 레버리지 리스크가 겹치면서 주가 변동성이 극단적으로 확대되었다.

MSTY와 MSTW는 구조적으로 이 흐름에서 자유로울 수 없다. 커버드콜 전략을 통해 배당을 지급하지만, 기초자산이 하락하는 국면에서는 배당으로 이를 상쇄하기 어렵고 결과적으로 총수익률이 크게 훼손될 가능성이 높다. 배당을 받는 동안 자산 가치가 빠르게 감소하는 구조는 투자자에게 심리적·재무적 부담을 동시에 준다.

따라서 현재 시점에서 스트래티지 계열 커버드콜 ETF에 무리하게 접근할 필요는 없다고 본다. 스트래티지가 안고 있는 레버리지 구조의 부담이 완화되고, 비트코인 가격이 안정적인 추세를 회복하며, 제도적 모멘텀(S&P500 편입 등)이 다시 가시화되는 국면이 온다면 그때 투자 결정을 내려도 늦지 않다. 지금은 배당 수치만 보고 뛰어들기보다는, '떨어지는 칼날을 피하는 것'이 오히려 합리적인 선택에 가까워 보인다.

HOOY, HOOW
: 로빈후드라는 기초자산

로빈후드는 개인 투자자에게 모바일 앱 기반의 직관적이고 저렴한 주식·옵션·암호화폐 거래 서비스를 제공하는 미국 대표 핀테크 기업이다. '투자의 민주화Democratizing Finance'라는 슬로건처럼 수수료 없는 거래 구조를 앞세워 밀레니얼과 Z세대 투자자들의 폭발적인 지지를 얻었고, 이후에는 예금·카드·연금계좌IRA까지 금융 서비스를

| 그림 146 | 로빈후드의 주가 흐름

25. 12. 12. 기준, 출처: 시킹알파

확장하며 하나의 종합 리테일 투자 플랫폼으로 자리 잡았다.

현재 시가총액은 약 1,075억 달러로, 어느넛 선동 증권사와 어깨를 나란히 하는 수준에 도달했다. 특히 2025년 9월 6일 발표된 S&P500 편입 확정은 로빈후드의 주가를 끌어올린 중요한 모멘텀이 되었다. 시장에서는 이미 기대가 반영된 상태였지만, 실제 지수 편입 확정 소식이 나오면서 투자자 신뢰가 강화되었고 주가 상승세에 힘을 보탰다. 이는 단순한 단기 이벤트를 넘어, 로빈후드가 이제 미국 증시의 주요 상장 기업군으로 인정받았다는 의미로 해석할 수 있다.

로빈후드를 기초자산으로 하는 커버드콜 ETF에는 일드맥스의 HOOY와 라운드힐 HOOW가 있다. 다만 출시 시섬이 각각 2025년

5월 7일과 2025년 6월 18일로 비교적 최근이다. 아직 운용 기간이 짧아 두 상품의 성과를 본격적으로 평가하기에는 다소 이를 수 있다.

그럼에도 불구하고 이 두 ETF를 사례에 포함한 이유는 결국 핵심은 기초자산인 로빈후드의 우상향 흐름에 있기 때문이다. 본주가 장기 성장 모멘텀을 확보하고 있는 만큼, 커버드콜 ETF 역시 그 기반 위에서 성과와 배당 구조가 만들어진다는 점을 보여주는 좋은 사례라 할 수 있다.

짧은 운용 기간이지만 이번에는 HOOW의 출시일인 2025년 6월 18일을 기준으로, 로빈후드와 HOOY, 그리고 HOOW의 배당금을 전부 재투자한다고 가정했을 때의 총수익률을 비교해 보았다.

성과를 보면, 로빈후드가 52.5%, HOOY는 30.5%, 그리고 HOOW는 57.7%로 가장 높은 성과를 기록했다. 기간이 짧다는 한계가 있지만, 분명히 눈에 띄는 차이를 보여주고 있다.

| 그림 147 | 로빈후드, HOOY, HOOW의 총수익률 비교

25. 12. 12. 기준, 출처: 시킹알파

로빈후드는 S&P500 편입 확정이라는 호재와 함께 꾸준한 상승세를 이어갔다. HOOY는 커버드콜 구조로 인해 배당이라는 인컴은 풍부했으나, 본주의 상승세를 100% 따라가지 못해 상대적으로 성과가 낮았다. 반면 HOOW는 기초자산을 1.2배 추종하는 구조와 주간 배당을 결합한 ETF의 특성상 본주가 강하게 오르는 국면에서는 레버리지 효과와 매주 쌓이는 인컴의 재투자가 맞물려 성과가 빠르게 누적되어 단기간에 본주보다도 훨씬 높은 총수익률을 기록할 수 있었다.

결국 커버드콜 ETF의 성과를 결정짓는 본질은 복잡한 옵션 구조가 아니라 기초자산의 방향성이다. 로빈후드 사례처럼 본주가 장기적인 성장 모멘텀을 확보하고 있다면, 커버드콜 ETF 역시 그 힘 위에서 성과를 낼 수 있음을 잘 보여준다. 다시 말해 어떤 ETF를 선택하느냐보다 더 중요한 질문은 어떤 기초자산을 고르느냐라는 점이다.

AVGW
: 브로드컴이라는 기초자산

브로드컴은 글로벌 반도체 및 인프라 소프트웨어 기업으로, 네트워크·스토리지·브로드밴드·무선통신 칩부터 보안과 기업용 소프트웨어까지 폭넓은 포트폴리오를 보유한 종합 기술 기업이다. 특히 AI 시대의 핵심 인프라인 초고속 네트워크 스위치와 커스텀 실리콘 분야에서 독보적인 경쟁력을 갖추고 있다. 엔비디아가 범용 AI GPU를

| 그림 148 | 브로드컴의 주가 흐름

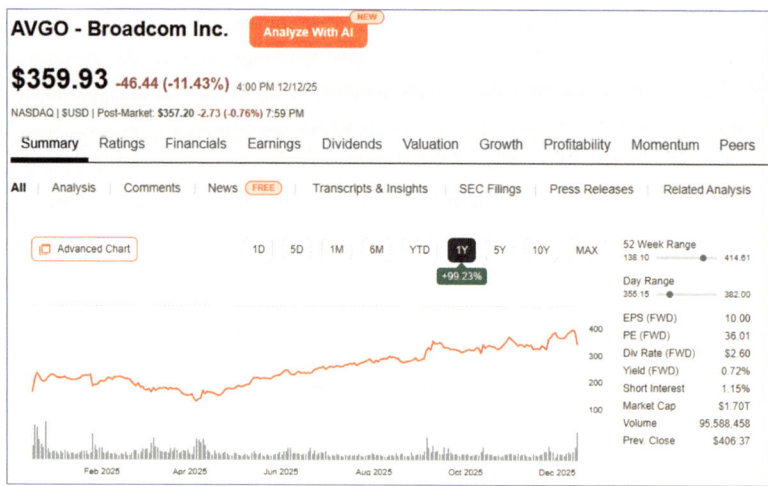

25. 12. 12. 기준, 출처: 시킹알파

공급한다면, 브로드컴은 구글·메타·아마존과 같은 초대형 글로벌 기업을 대상으로 특정 AI 워크로드에 최적화된 맞춤형 가속 칩을 공동 설계하며, AI 데이터센터의 효율과 비용 구조를 동시에 개선하는 역할을 한다.

현재 시가총액은 약 1조 7,000억 달러 내외로 세계 반도체 기업 중에서도 손꼽히는 규모이다. 최근 1년간 주가가 큰 폭으로 상승한 배경에는 AI 서버·클라우드 인프라·초고속 네트워크 투자 확대가 브로드컴의 실적 개선으로 직결되었다는 평가가 있다. 고성장 기술주임에도 안정적인 현금흐름과 꾸준한 배당 성장을 이어가고 있다는 점은, 브로드컴이 AI 인프라 시대의 핵심 기업으로 주목받는 이유다.

브로드컴을 기초자산으로 하는 커버드콜 ETF는 현재 일드맥스의 상품은 없고 라운드힐의 AVGW만 있다. 출시일이 2025년 7월 24일로 매우 짧아 운용 기록만으로 성과를 평가하기는 어렵다. 그럼에도 사례에 포함한 이유는 결국 기초자산이 가진 장기적 성장 모멘텀 때문이다. 본주가 AI와 데이터 인프라라는 거대한 흐름 위에서 성장하고 있는 만큼, 커버드콜 ETF 역시 그 힘 위에서 인컴과 성과를 동시에 만들어 갈 수 있다는 점을 보여주는 의미 있는 사례다.

AVGW가 출시된 2025년 7월 24일부터 재투자를 가정한 총수익률을 비교해 보면, 브로드컴은 24.9%, AVGW는 27.2%다. AVGW가 소폭 더 높은 성과를 기록했다. 그 이유는 AVGW가 기초자산을 1.2배 추종하고 주간 배당 구조를 갖고 있어, 짧은 기간에도 배당금이 빠르게 누적되고 이를 재투자했을 때의 복리 효과가 반영되었기 때문이다. 본주가 강하게 상승하는 국면에서 배당이라는 인컴이 추가로 더해져 총수익률이 단기간에 본주를 앞서는 결과를 보인 것이다.

| 그림 149 | AVGW와 브로드컴의 총수익률 비교

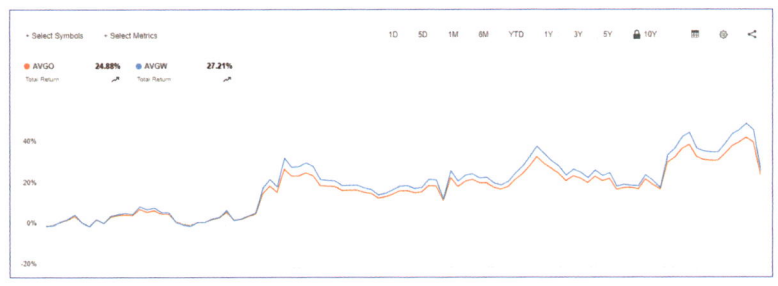

25. 12. 12. 기준, 출처: 시킹알파

짧은 기간이기에 성급한 판단은 이르지만, 브로드컴이라는 강력한 기초자산을 바탕으로 한다는 점에서 AVGW는 향후 주목할 만한 ETF로 자리 잡을 수 있지 않을까 싶다.

ULTY
: 초고위험 초고배당 ETF의 대표 사례

이번에는 다소 독특한 구조의 커버드콜 ETF를 다루어 보고자 한다. ULTY는 일드맥스가 운용하는 액티브 ETF로, 원어 'Ultra Option

| 그림 150 | ULTY의 주가 흐름

ULTY - YieldMax Ultra Option Income Strategy ETF

$39.14 -0.97 (-2.42%) 4:00 PM 12/12/25

NYSEARCA | $USD | Post-Market: $39.11 -0.03 (-0.08%) 7:59 PM

Summary Holdings Ratings Momentum Expenses Dividends Risk Liquidity Peers Options Charting

All Analysis Comments News (FREE) Related Analysis

52 Week Range	38.80 ● — 94.70
Day Range	38.85 ● — 40.15
Expense Ratio	1.30%
Div Frequency	Weekly
Div Rate (TTM)	$51.83
Yield (TTM)	132.42%
Fund AUM	$1.27B
Class AUM	$1.27B
Volume	697,276
Net Asset Value	$39.19

Income Strategy'라는 이름 그대로다. 전통적인 커버드콜 ETF들이 특정 종목 하나를 기초자산으로 삼는 것과 달리, ULTY는 여러 종목에 분산 투자하면서 각 종목마다 커버드콜 전략을 운용한다. 즉, 단일 테마보다는 내재 변동성이 큰 미국 상장 주식들을 다수 포트폴리오로 담아 거기에서 발생하는 옵션 프리미엄을 배당 형태로 투자자에게 돌려주는 방식이다.

ULTY는 기초자산으로 혁신적이지만 변동성이 큰 성장주와 일부 투기적 성격의 종목들을 적극적으로 담고 있으며, 현금성 자산도 일정 비중 포함해 유동성을 보완한다. 이는 곧 높은 옵션 프리미엄을 확보하겠다는 전략적 선택이라 할 수 있다.

ULTY의 지난 1년 성과는 58.1% 하락을 기록하며 상당히 부진했다. 기초자산 자체가 변동성이 크고, 커버드콜 구조가 상승분을 제한하는 동시에 하락은 고스란히 반영되기 때문에 결과적으로 자본 가치가 지속적으로 훼손되었다. 특히 2024년 2월 28일 출시 이후 누적 성과는 약 72% 하락으로 그 부진이 더욱 뚜렷하다. 결국 2025년 12월 1일 10 대 1로 주식 병합을 단행했다.

배당 구조는 월배당에서 시작해 2025년 3월부터 주배당으로 전환되었다. 투자자는 매주 현금흐름을 받는 듯한 효과를 체감할 수 있지만, 실제 지급액은 시간이 지날수록 줄어드는 흐름이다. 2025년 9월 이후 지급된 배당은 병합 이전 기준 주당 0.05~0.1달러 수준이다. 1년 치 총 배당수익률은 약 132%에 달하지만, 이는 주가 하락이 만들어낸 착시 효과이며, 배당의 일부는 자본환원의 성격을 띤다. 즉, 지급

| 그림 151 | ULTY의 배당 내역

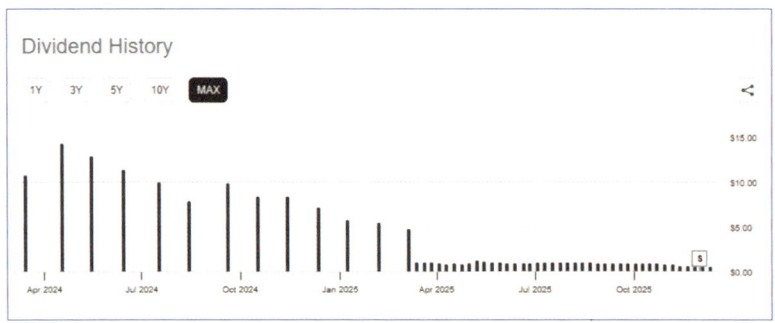

25. 12. 12. 기준, 출처: 시킹알파

되는 배당 중 일부는 수익이 아니라 펀드 자산을 되돌려받는 것일 수 있다는 점을 반드시 유념해야 한다.

배당금 재투자를 가정한 1년간 총수익률을 기준으로 비교해 보면 결과는 명확하다. 같은 기간 QQQ의 총수익률은 17.2%를 기록한 반면, ULTY는 배당금을 모두 재투자했음에도 불구하고 오히려 4.1%의 손실을 기록했다. 변동성을 감수하며 초고배당을 추구했지만, 결과적으로는 배당을 포함한 전체 성과에서조차 시장을 크게 하회한 셈이다.

이 수치는 커버드콜 전략이 항상 '현금흐름에 유리하다'는 인식이 얼마나 쉽게 착시를 만들 수 있는지를 잘 보여준다. 같은 기간 동안 단순히 QQQ를 보유하는 전략은 극심한 가격 변동에 시달릴 필요도, 배당금 관리나 재투자 전략을 고민할 이유도 없었다. 그럼에도 결과는 오히려 더 안정적이었고 수익률 역시 훨씬 우수했다. 투자에 있어

| 그림 152 | QQQ와 ULTY의 1년 총수익률 비교

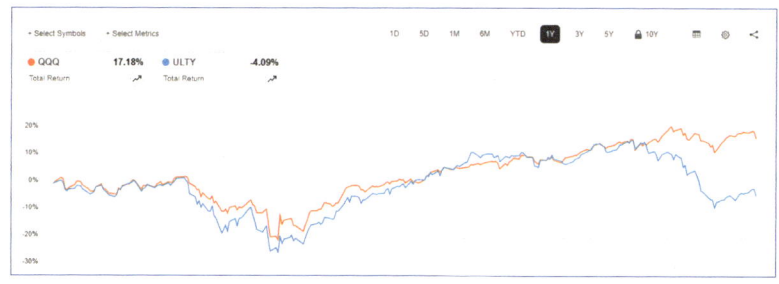

25. 12. 12. 기준, 출처: 시킹알파

마음을 편하게 해준다는 점이 성과와 무관하지 않다는 것을 다시 한 번 확인할 수 있는 대목이다.

정리하자면, ULTY는 배당률만 보고 접근하기에는 위험이 지나치게 크다. 이 상품은 원금 보존이나 장기적인 자산 성장을 목표로 한 투자자보다는, 자본 손실 가능성을 충분히 인지한 상태에서 극단적인 인컴을 추구하는 투자자에게만 제한적으로 적합한 성격을 가진다.

커버드콜 ETF 중에는 비교적 방어적인 구조를 가진 상품들도 분명 존재한다. 하지만 ULTY는 그와는 정반대의 위치에 있다. 초고배당이라는 화려한 외형 뒤에는, 장기적으로 자본이 잠식될 수 있는 구조적 위험이 명확히 자리 잡고 있다. 따라서 자산을 지키면서 꾸준한 수익을 추구하는 투자자라면, ULTY는 반드시 한 번 더 고민하고, 가능하다면 피하는 편이 합리적인 선택에 가깝다고 본다.

YMAX
: 초고배당 ETF의 복합 사례

마지막으로 다룰 커버드콜 ETF는 ULTY와 같이 색다른 구조를 가진 상품, 바로 YMAX다. 일반적인 커버드콜 ETF가 특정 주식 하나를 기초자산으로 삼는 것과 달리, YMAX는 일드맥스가 운용하는 여러 커버드콜 ETF들을 한데 묶은 펀드 오브 펀드Fund of Funds의 형태다. 즉, YMAX 하나를 매수하면 로빈후드, 엔비디아, 테슬라 같은 개별 종목 기반 커버드콜 ETF들을 간접적으로 동시에 보유하는 셈이다.

이런 구조 덕분에 단일 종목이 가진 극단적 변동성을 줄이는 효과가 있고, 투자자는 보다 분산된 형태로 옵션 프리미엄 수익을 배당으로 받을 수 있다. 그러나 동시에 기초 ETF들의 성과에 전적으로 의존할 수밖에 없다는 한계도 분명히 존재한다.

지난 1년 동안 YMAX의 주가는 약 42.3% 하락했다. 주가만 보면 실망스러운 성과지만, 총배당수익률은 약 70.3%에 달한다. 다만 이 높은 배당률은 주가 하락 과정에서 상대적으로 부풀려진 숫자라는 점을 반드시 짚고 넘어가야 한다.

배당 구조를 보면, 초창기에는 월배당으로 운영되다가 2024년 9월부터 주배당으로 전환되었다. 배당 횟수는 늘었지만 지급액은 점차 줄어드는 흐름을 보이고 있다. 실제로 주간 배당 전환 초기에는 주당 0.2달러 이상을 분배한 적도 있었지만, 최근에는 주당 0.08~0.14달러 수준에서 유지되고 있다. 이는 YMAX가 편입한 개별 커버드콜

| 그림 153 | YMAX의 주가 흐름

| 그림 153 | YMAX의 주가 흐름

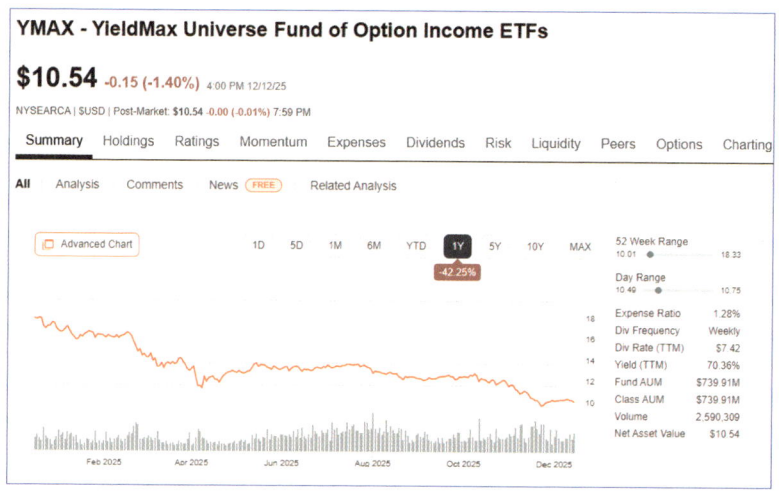

25. 12. 12. 기준, 출처: 시킹알파

| 그림 154 | YMAX의 배당 내역

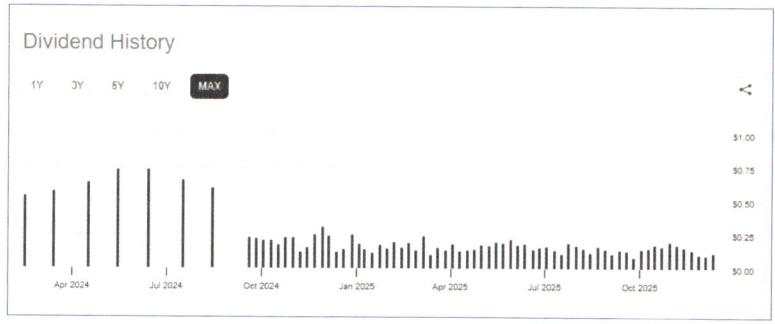

25. 12. 12. 기준, 출처: 시킹알파

ETF들의 옵션 프리미엄이 곧 배당 재원이 되기 때문이다. 기초 ETF
들이 부진하거나 시장 변동성이 줄면 옵션 프리미엄도 축소되고, 결과적으로 YMAX의 배당 수준도 자연스럽게 줄어드는 구조라 할 수 있다.

배당금 재투자를 가정한 1년간 총수익률을 비교해 보면 결과는 분명하다. 같은 기간 QQQ가 17.2%의 총수익률을 기록한 반면, YMAX는 약 3% 수익에 그쳤다. ULTY 사례와 마찬가지로, 복잡한 구조와 높은 변동성을 감수하기보다는 차라리 QQQ를 단순 보유하는 편이 결과적으로 더 나은 선택이었음을 보여준다.

YMAX는 여러 커버드콜 ETF를 하나로 묶은 복합형 초고배당 상품이다. 주간 배당을 통해 꾸준한 인컴을, 이면에는 주가 하락과 배당 축소라는 구조적 한계가 동시에 존재한다.

개별 종목 리스크를 분산하는 듯 보이지만, 실제로는 커버드콜 전략 자체의 한계가 중첩되어 나타나는 구조에 가깝다. 특히 시장이 상승 국면에 들어설 경우, 기초자산들의 상승분은 옵션 매도로 제한되

| 그림 155 | QQQ, YMAX의 총수익률 비교

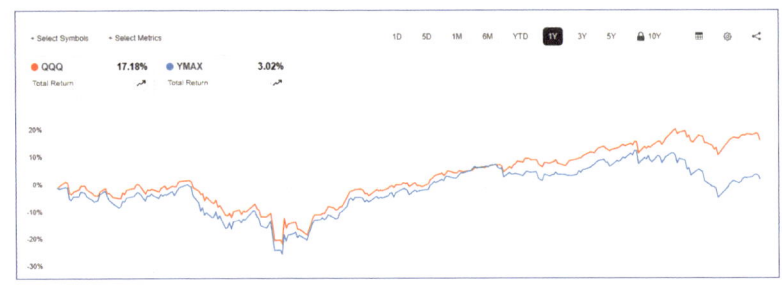

25. 12. 12. 기준, 출처: 시킹알파

고, 하락 국면에서는 배당 감소와 함께 주가 하락이 동시에 발생할 수 있다. 이 과정에서 배당금을 재투자하더라도 총수익률이 시장을 따라가지 못하는 현상이 반복된다.

정리하자면, YMAX는 배당률 숫자만 보고 접근하기에는 위험이 큰 ETF다. 단기적인 현금흐름을 중시하는 투자자에게는 일정 부분 의미가 있을 수 있으나, 장기적으로 자본을 지키며 자산 성장을 목표로 하는 투자자에게는 적합하지 않은 구조라고 판단된다.

07

커버드콜 ETF 투자에서 꼭 알아야 할 세금과 절세 전략

커버드콜 ETF는 매달 들어오는 배당의 즐거움만큼, 세금의 무게도 함께 따라온다. 그래서 이번에는 미국 커버드콜 ETF 투자 시 반드시 이해해야 할 세금 구조와 실제 투자 과정에서 활용할 수 있는 현실적인 절세 전략을 정리해 보려 한다.

미국 주식을 보유할 때 발생하는 투자 수익은 크게 2가지로 나뉜다. 하나는 주식을 팔 때 내는 양도소득세, 다른 하나는 배당을 받을 때 부과되는 배당소득세이다.

먼저 양도소득세는 해외 주식을 매도해 수익이 발생했을 때 부과된다. 한국에서는 해외 투자 수익 중 연 250만 원까지 공제되며, 이를 초과하는 금액에 대해 22%의 세율이 적용된다. 예를 들어 600만 원 수익이 발생했다면 250만 원을 제외한 350만 원에 대해 세금이 부과되는 구조다.

다만 커버드콜 ETF는 일반적으로 매도 차익보다는 배당 수익이 중심이기 때문에 실제 투자자에게 더 중요한 세금은 배당소득세다. 한국 주식은 배당 시 15.4%의 배당소득세가 부과되지만, 미국 주식 배당은 15% 원천징수로 마무리된다. 이 세금은 배당 지급 시점에 자동 공제되며 추가 신고 의무도 없다. 다만 여기에 중요한 예외가 있는데, 바로 금융소득종합과세이다.

금융소득종합과세는 연간 이자와 배당을 더한 금융소득이 세전 기준 2,000만 원을 초과할 때 적용된다. 이 한도 이하라면 미국 원천 징수 15%만 부담하면 되지만, 한도를 넘는 순간 근로·사업 소득과 합산되어 최대 45%의 높은 세율이 적용된다.

문제는 커버드콜 ETF처럼 배당이 빠르게 불어나는 구조에서는 투자 2년 차 후반쯤 자연스럽게 이 한도를 넘어가는 경우가 많다는 섬이다. 이때부터는 단순히 '세금이 조금 늘었다'가 아니라, 복리 효과를 갉아먹는 본격적인 누수가 발생한다.

그렇다면 어떻게 대응해야 할까? 가장 간단하면서도 효과적인 절세 전략은 부부 계좌를 활용해 배당을 분산하는 것이다.

나는 내 명의 계좌와 아내 명의 계좌를 각각 운용하고 있다. 이렇게 하면 한 사람당 연 2,000만 원까지는 종합과세 없이 15% 원천징수만 부담하면 된다. 부부 기준으로 보면 세전 4,000만 원, 매월 약 333만 원의 배당금까지는 비교적 안정적으로 수령 가능한 셈이다.

다만 배당 시점이 몰리지 않도록 주기적인 점검이 필요하다. 커버드콜 ETF는 배당 규모가 매번 달라지기 때문에 누적액이 예상보다 빠르게 늘어날 수 있다. 그래서 나는 매년 가을쯤 배당 누적 금액을 확인해 2,000만 원 초과 가능성이 보이면 추가 매수는 멈추고, 필요하면 신규 매수분을 배우자 계좌로 돌려 투자한다.

다음으로 고려할 수 있는 방법은 법인을 설립해 투자하는 것이다. 법인은 금융소득종합과세 대상이 아니기 때문에 세금 측면에서는 유리해 보일 수 있다. 하지만 법인은 설립 비용이 들고, 이후 개인에게 배당이나 급여로 돌릴 때 다시 세금을 내야 한다. 또한 회계기장료, 세무신고 비용, 각종 유지비용이 꾸준히 발생한다. 장기적으로 유보금을 쌓아 재투자할 계획이 아니라면 오히려 비효율적일 가능성이 높다.

그래서 나는 법인을 단순한 절세 수단으로 보기보다는, 향후 투자자금을 장기적으로 굴릴 별도 운용체계가 필요할 때만 검토하는 것이 맞다고 본다. 아직 나는 법인 투자를 고려하고 있지 않다. 필요해진다면 세무사와 상담을 통해 직접 시뮬레이션을 돌려본 뒤 결정할 생각이다.

4장

3년 후 월 300만 원 현금흐름을 만드는 포트폴리오

01

포트폴리오 종목
고르기

　지금까지 다양한 기초자산을 추종하는 커버드콜 ETF들을 살펴보았다. 엔비디아, 애플, 테슬라, 코인베이스, 팔란티어, 아마존, 메타, 스트래티지, 로빈후드, 브로드컴 등 각 종목은 성격도 다르고 성과도 제각각이지만, 공통적으로 높은 배당수익률과 동시에 구조적 한계를 안고 있다는 사실이 분명했다.

　이러한 분석을 바탕으로 내가 3년 뒤 목표로 삼은 월 300만 원의 안정적인 현금흐름을 만들기 위해 어떤 커버드콜 ETF를 선택했는지, 그리고 그 이유가 무엇인지 이야기하려 한다. 단순히 배당률이라는 숫자에 이끌려 선택한 것이 아니라, 장기간 운용하면서도 버틸 수 있고 궁극적으로 내 자산 설계에 자연스럽게 맞아떨어지는 종목을 고르는 과정이었다.

우선 나는 목표 기대수익률을 연 60% 이상으로 설정했다. 이유는 명확하다. 내가 운영하는 단기 임대 사업에서 공실과 여러 변수를 고려하면 실제 연수익률이 50~60% 수준이기 때문이다. 포트폴리오 역시 최소한 단기 임대 이상의 수익률을 확보해야 투자로서 의미가 있다고 판단했다.

종목 수는 3~4개가 적당하다고 봤다. 지나치게 많은 종목을 담으면 배당금을 재투자하기가 어려워지고, 주 복리나 월 복리라는 커버드콜 투자의 핵심 효과가 약해질 수 있다. 인컴 상품일수록 재투자는 본질과 직결되기 때문에 분산과 집중의 균형이 중요했다.

또 하나의 기준은 우상향하는 기초자산이다. 아무리 좋은 기업도 언제든 성장세가 꺾일 수 있다. 그래서 나는 손실 감내선을 30%로 설정했다. 단, 이 하락률은 기업 펀더멘털에 이상이 감지되었을 때의 기준이며, 거시환경이나 단기 시장 충격 등으로 급락한 경우는 예외로 두었다. 시장 변동성은 피할 수 없기 때문이다. 이러한 기준을 바탕으로 내가 선택한 기초자산과 포트폴리오 구성을 설명하겠다.

내가 선택한 기초자산

내가 가장 먼저 선택한 기초자산은 팔란티어, 로빈후드, 브로드컴이다. 이 세 종목은 단순히 인기 종목이 아니라 앞으로 10년 동안 글로벌 자금이 몰릴 가능성이 높은 메가 트렌드, 즉 'AI, 데이터, 디지털 금융 생태계'를 각각 대표하는 기업들이다.

팔란티어 – AI 시대의 데이터 엔진

팔란티어는 AI와 머신러닝을 통합한 데이터 분석 플랫폼을 제공하는 기업이다. 미국 국방부와 정보기관에서 출발해, 현재는 글로벌 대기업에 이르기까지 팔란티어의 플랫폼은 방대한 데이터를 통합하고 분석해 예측 모델과 의사결정 체계를 구축하는 데 활용되고 있다. AI 기술의 성패는 결국 얼마나 좋은 데이터를 효율적으로 학습하고 활용하느냐에 달려 있다. 이 지점에서 팔란티어는 이미 오랜 시간 앞서 있었다.

팔란티어는 단순히 AI 모델을 만드는 기업이 아니라, AI가 실제 현장에서 작동할 수 있도록 데이터 구조와 흐름을 설계해 온 기업이다. 최근에는 정부 중심 사업 구조를 넘어 민간 기업으로 빠르게 확장하며 시장성을 높이고 있다. 제조, 에너지, 의료, 국방 등 산업별 맞춤 솔루션은 앞으로의 핵심 성장 동력이다. 팔란티어의 진입 장벽은 기술 그 자체보다, 각 조직의 복잡한 운영 데이터를 이해하고 구조화해 온 경험과 플랫폼 축적에 있는 셈이다. AI의 본질이 '데이터 해석력'이라면, 팔란티어는 그 중심에서 이미 검증된 엔진 역할을 하고 있다.

로빈후드 – 디지털 금융의 대중화 플랫폼

로빈후드는 더 이상 단순한 주식거래 앱이 아니다. '금융을 민주화한다'라는 모토 아래 주식과 암호화폐 투자를 하나의 플랫폼에서 통합 제공하며 미국 MZ세대 금융문화의 핵심 플랫폼이 되었다. 이용자 평균 연령이 30세 미만이라는 점에서도 디지털 금융 생태계의 중심이 되고 있음을 알 수 있다.

최근에는 수수료 중심 모델에서 벗어나 현금 예치 이자, 카드 서비스, 자산 관리 등으로 확장하고 있다. 특히 2024년부터 본격화된 로빈후드의 암호화폐 자산 관리 서비스는 제도권 편입 흐름과 맞물려 장기 성장 동력이 될 가능성이 크다. 전통 금융과 디지털 자산이 공존하는 미래에서 로빈후드는 새로운 세대가 금융을 처음 접하는 관문이 되고 있다.

브로드컴 – AI 반도체 인프라의 숨은 지배자

브로드컴은 조용하지만 AI 시대에 반드시 필요한 인프라를 책임지는 기업이다. 데이터센터, 네트워크, 클라우드 반도체 분야에서 독보적인 경쟁력을 갖추고 있으며, AI 서버와 초고속 네트워크 수요가 폭발하는 환경에서 그 존재감은 더욱 커지고 있다. 특히 브로드컴은 초고속 네트워크 스위치뿐 아니라, 초대형 글로벌 기업을 위한 커스텀 실리콘 설계 분야에서도 강력한 경쟁력을 갖고 있다. 엔비디아가 범용 AI GPU를 공급한다면, 브로드컴은 구글, 메타, 아마존과 같은 하이퍼 스케일러의 요구에 맞춰 특정 AI 워크로드에 최적화된 맞춤형 가속 칩을 공동 설계한다. 이는 비용 효율과 성능 최적화를 동시에 추구하는 AI 데이터센터 전략의 핵심이다.

브로드컴의 또 다른 강점은 안정성이다. 고성장 기술주임에도 불구하고 꾸준한 현금흐름을 바탕으로 매년 배당을 인상해 왔으며, 최근 5년 평균 배당 성장률도 10%를 넘는다. AI 서버, 클라우드 인프라, 초고속 네트워크 수요가 동시에 증가하는 지금, 브로드컴은 엔비디아의 GPU가 제대로 작동할 수 있도록 돕는 '전송의 혈관'이자, AI 인프라의 설계자 역할을 하고 있다.

선택의 이유 – 성장과 현금흐름의 교차점

내가 선택한 이 세 종목은 모두 기술 성장주이면서도, 장기적으로 꾸준한 현금흐름을 만들어 낼 수 있는 구조적 기반을 갖추고 있다. 팔란티어는 데이터를 통해 미래 산업의 의사결정 구조를 설계하고, 로빈후드는 변화한 금융 흐름을 사용자에게 연결하며, 브로드컴은 그 모든 데이터와 연산이 실제로 작동할 수 있도록 하는 반도체 인프라를 제공한다.

세 기업은 각각 다른 영역에 속해 있지만, AI, 데이터, 디지털 금융 인프라라는 하나의 생태계 안에서 서로를 보완하는 삼각 축을 이룬다. 팔란티어가 데이터 해석과 판단의 '두뇌'를 담당한다면, 로빈후드는 자본과 사용자의 흐름을 연결하는 '입구' 역할을 하고, 브로드컴은 이 모든 흐름을 지연 없이 움직이게 하는 '혈관'에 해당한다.

이것이 내가 이 세 종목을 함께 선택한 이유다. 딘기 시세보다 앞으로 3년, 5년, 10년 뒤에도 배당, 현금흐름, 성장이 동시에 이어질 수 있는 구조에 투자하고 싶었기 때문이다. 기술의 유행이 아니라, 시간이 지나도 무너지지 않을 기반을 가진 기업들. 이 세 종목이 그 교차점 한가운데에 서 있다고 판단했다.

내가 선택한 운용사
: 일드맥스에서 라운드힐로

나는 지난 1년 반 동안 일드맥스 커버드콜 ETF에 투자해 왔고 종목은 NVDY, PLTY, MSTY, YMAG다. 높은 배당률에 매료되어 재투자를 통한 복리 효과를 기대했지만, 시간이 지날수록 한 가지 사실을 분명히 깨달았다. 아무리 배당을 재투자해도 커버드콜의 구조적 한계를 넘어서지 못한다면, 주가 하락은 결국 피하기 어렵다는 사실이었다.

라운드힐 ETF 역시 알고는 있었지만 출시된 지 얼마 되지 않아 운용 이력이 짧다는 점에서 선뜻 투자하기 어려웠다. 그러나 2월 출시 직후 4월 관세 이슈로 인한 급락장, 이어진 강한 상승장을 모두 거치면서 이 ETF들이 어떤 방식으로 움직이고 방어하고 따라잡는지 직접 확인할 수 있었다. 그 경험은 생각보다 큰 통찰을 남겼다.

그 과정 이후, 나는 지난 9월부터 라운드힐 ETF에 투자하기 시작했다. 상승장에서 1.2배 추종 구조가 얼마나 위력을 발휘하는지 눈으로 확인하면서, 이전 일드맥스 ETF에서는 느껴보지 못한 확신을 얻게 되었다.

내가 선택한
커버드콜 ETF

라운드힐 커버드콜 ETF의 가장 큰 차별점은 바로 1.2배 추종 구조다. 라운드힐의 모든 ETF가 해당되는 것은 아니지만, 종목명 끝에 'W'가 붙는 ETF는 기초자산을 1.2배로 추종한다.

일반적인 커버드콜 ETF는 상승장에서 주가 상승분을 옵션 매도로 제한하기 때문에 본주 대비 성과가 떨어지기 쉽다. 그러나 라운드힐의 1.2배 추종 구조는 이 약점을 상당 부분 보완하며, 어떤 구간에서는 오히려 본주보다 더 높은 성과를 기록하기도 한다.

즉, 내가 선택한 ETF는 단순한 배당을 주는 인컴 상품이 아니다. 기초자산의 장기 성장 모멘텀을 붙잡으면서도 매주 현금흐름을 확보하는 하이브리드형 투자처다. 매주 들어오는 배당은 내가 목표로 하는 월 300만 원 현금흐름의 핵심이 되고, AI와 디지털 자산이라는 거대한 성장 스토리를 동시에 따라갈 수 있다.

궁극적으로 나는 PLTW, HOOW, AVGW라는 세 가지 ETF를 통해 성장성과 인컴을 동시에 추구하는 전략을 택했다. 이 선택은 단순히 높은 배당률에 끌린 결과가 아니라, 일드맥스 ETF 투자 경험에서 얻은 교훈과 라운드힐 ETF에서 직접 체감한 성과를 바탕으로 내린 결론이다.

3년 뒤 월 300만 원 현금흐름이라는 목표는 단순한 숫자가 아니다. 내 자산이 스스로 일하는 구조를 완성해 가는 과정이며, 나는 그 출발점으로 이 3가지 라운드힐 ETF를 선택했다.

라운드힐 ETF 전환 이후 : 계좌 흐름과 대응 전략

라운드힐 ETF로 전환한 이후 계좌 수익률에도 분명한 변화가 나타났다. 이번에 선택한 PLTW, HOOW, AVGW는 모두 커버드콜 구조이면서도 1.2배 레버리지를 추종하는 ETF다. 그 덕분에 초기에는 주가 상승 효과가 비교적 빠르게 반영되었고, 세 종목 모두 단기간이나마 플러스 수익 구간을 경험할 수 있었다. 이는 일드맥스 ETF를 운용하던 시기에는 좀처럼 보기 어려웠던 모습이었다.

하지만 이러한 흐름은 오래가지 않았다. AI 고점 논란과 함께 시장 전반이 흔들리면서, 단 3일 만에 세 종목 모두 마이너스로 전환되었다. 변동성 자체는 예상 범위 안이었지만, 전환 속도만큼은 결코 가볍지 않았다. 그럼에도 불구하고 나는 이를 투자 종목 자체의 문제로 보지 않았다. 이번 조정은 실적 악화나 구조적 결함이 아닌, AI 섹터 전반에 대한 단기적인 공포 심리와 순환매에 따른 조정이라고 판단

종목명	보유수량	매입가	평가손익
		현재가	수익률
ROUNDHILL HOOD WEEKLYPAY HOOW	90	65.3222 66.6900	114.7900 1.95%
팔란티어 위클리페이 라운드힐 ETF PLTW	90	42.3300 45.8300	309.4500 8.12%
ROUNDHILL AVGO WEEKLYPAY AVGW	67	52.3000 53.9200	103.5600 2.95%

25.11.11 계좌 현황

했다. 그래서 매도 대신, 오히려 배당금으로 확보한 현금을 활용해 추가 매수를 진행했다. 이 시점에서 중요한 판단 기준은 단 하나였다.

"지금의 하락이 펀더멘털 훼손인가, 아니면 가격 조정인가."

11월 20일 이후 시장은 점진적인 회복 흐름에 들어섰고, 내가 보유한 종목들 역시 빠르게 낙폭을 줄이기 시작했다. 12월 10일 기준 계좌를 보면, AVGW는 다시 플러스로 전환되었다. PLTW와 HOOW 역시 여전히 마이너스이긴 하지만 11월 14일 대비 손실 폭은 크게 축소되었다. 세 종목의 손익을 합산해 보면 결과적으로 약 150달러 수준의 순이익을 기록하고 있으며, 동시에 배당 재투자를 통해 보유 수량 자체도 늘어난 상태다.

물론 최근과 같은 변동성 높은 시장 환경에서는 언제든 다시 마이너스 계좌로 돌아설 가능성도 존재한다. 하지만 중요한 것은 하락 그 자체가 아니라, 하락의 원인이다. 투자 종목의 펀더멘털에 중대한 변화가 없는 한, 나는 이러한 조정을 리스크가 아닌 기회로 본다.

| 종목명 | 보유수량 | 매입가 | 평가손익 |
		현재가	수익률
팔란티어 위클리페이 라운드힐 ETF PLTW	90	42.3300	-229.2700
		39.8400	-6.01%
ROUNDHILL HOOD WEEKLYPAY HOOW	90	65.3222	-646.0800
		58.2300	-10.98%
ROUNDHILL AVGO WEEKLYPAY AVGW	67	52.3000	-116.7100
		50.6300	-3.33%

25.11.14 계좌 현황

| 종목명 | 보유수량 | 매입가 | 평가손익 |
		현재가	수익률
팔란티어 위클리페이 라운드힐 ETF PLTW	96	42.1033	-92.3100
		41.2000	-2.28%
ROUNDHILL HOOD WEEKLYPAY HOOW	95	64.9117	-228.0900
		62.6000	-3.69%
ROUNDHILL AVGO WEEKLYPAY AVGW	72	52.3940	470.0200
		59.0000	12.45%

25.12.10 계좌 현황

특히 1.2배 레버리지를 추종하는 구조상, 상승장이 본격화될 경우 회복 속도와 탄력은 일반 커버드콜 ETF보다 훨씬 빠르게 나타날 가능성이 크다. 그래서 지금의 전략은 명확하다. 공포가 커질수록 속도를 늦추지 않고, 배당으로 확보한 현금을 활용해 계획된 범위 안에서 꾸준히 매수하는 것이다. 단기 수익률에 일희일비하기보다 이 구조가 상승장에서 어떤 결과를 만들어 내는지 끝까지 확인하는 것, 그것이 지금 이 구간에서 내가 선택한 방식이다. 여러분도 이를 참고해 본인의 기준으로 기초자산을 선정하고, 투자 종목을 결정하길 바란다.

2025년 월별
세후 배당금

마지막으로 2025년 한 해 동안 내가 실제로 받은 월별 세후 배당금 현황을 정리하면서 내용을 마무리하고자 한다.

앞에서도 언급했듯이, 커버드콜 상품은 구조적으로 배당금 변동성이 매우 큰 편이다. 내 계좌에 투입된 투자금은 약 1,800만 원이며, 2025년 한 해 동안 받은 배당금은 약 1,100만 원 수준이다. 이를 단순 계산하면 세후 기준 약 61%의 배당수익률에 해당한다. 숫자만 놓고 보면 분명히 강력한 인컴 전략처럼 보인다. 하지만 월별 흐름을 자세히 들여다보면 또 다른 현실이 보인다. 월평균 배당금은 약 92만 원이지만, 적은 달에는 52만 원, 많았던 달에는 154만 원까지 받았다. 같은 전략, 같은 자산으로도 월별 배당금 차이가 거의 3배에 달하는 구조인 셈이다.

이 데이터를 통해 한 가지 분명해진 사실이 있다. 만약 커버드콜 배당금만으로 매달 생활비를 충당해야 한다면, 그 자체로 상당한 스

| 표 17 | 2025년 배당금

1월	2월	3월	4월	5월	6월
604,462	604,462	1,538,639	520,405	1,260,688	603,229
7월	8월	9월	10월	11월	12월(추정)
948,315	849,164	871,639	1,272,390	860,517	1,088,208

트레스가 될 수 있다는 점이다. 수입의 안정성이 떨어지면 소비 계획을 세우기도 어렵고, 심리적인 부담도 커질 수밖에 없다. 그래서 나는 커버드콜 배당금을 생활비가 아닌 자산 증식의 재료로 활용하고 있다. 매달 들어오는 배당금을 그대로 소비하지 않고 재투자함으로써, 단기적인 현금흐름의 불안정성을 중장기적인 복리 성장 구조로 전환하려는 것이다.

커버드콜 전략은 만능이 아니다. 상승장에서 수익이 제한되고, 배당은 언제든 줄어들 수 있으며, 변동성 역시 크다. 하지만 이 전략을 어떻게 쓰느냐에 따라 결과는 완전히 달라진다. 생활비를 대신하는 수단이 아니라 다음 단계로 가기 위한 발판, 그리고 자산을 빠르게 키우기 위한 워밍업 도구로 활용할 때 비로소 그 진가가 드러난다.

여기에서 내가 말하고 싶었던 핵심은 단 하나다. 커버드콜 ETF는 '얼마를 받느냐'보다 '그 배당을 어디에 쓰느냐'가 훨씬 중요하다는 점이다. 소비로 흘려보내면 불안정한 수입이 되지만, 재투자로 쌓아가면 그 자체로 다음 월급을 만들어 내는 자산이 된다.

이제 다음 페이지에서는 이렇게 쌓은 자산을 어떻게 더 안정적인 구조로 옮겨갈 것인지, 그리고 궁극적으로 월 300만 원 현금흐름을 어떻게 완성할 것인지에 대해 구체적인 로드맵을 살펴보려 한다. 이 전략은 끝이 아니라 다음 단계로 가기 위한 출발점일 뿐이다.

02

투자 방식별
예상 배당금 시뮬레이션

　이제부터는 내가 선택한 3가지 커버드콜 ETF를 통해 3년 뒤 월 300만 원의 현금흐름이 실제로 가능한지, 시뮬레이션을 봉해 구제적으로 살펴보려 한다. 시뮬레이션은 투자 금액과 방식(거치식·적립식)에 따라 3가지 경우로 나누어 진행했으며, 투자 비중은 PLTW 30%, HOOW 40%, AVGW 30%로 설정했다. 분석의 정확도를 높이기 위해 다음과 같은 전제 조건을 두었다.

시뮬레이션의 전제 조건
　① 세 종목 모두 주간 배당을 지급하지만, 계산의 단순화를 위해
　　월배당 기준으로 환산했다.

② 각 ETF의 운용 기간이 1년이 채 되지 않았기 때문에, 연환산 배당금은 최근 주별 배당금 평균을 구한 후 이를 52주로 환산하고 다시 12개월로 나누어 계산했다.

③ 시뮬레이션의 목적은 '3년 뒤 세후 월배당금'을 예측하는 것이므로, 주가는 기준일로 고정했다.

④ 시장 변동성을 고려한 보수적 접근을 위해 모든 ETF의 매수 단가는 기준일 종가 대비 15% 높게 책정하고, 평균 배당금은 5% 낮게 산출했다. 다만 실제 매수 단계에서는 단가를 낮추는 전략이 필수이므로, 내가 활용하고 있는 저가 매수 방식 역시 함께 소개하고자 한다.

배당주 투자의 핵심은 '언제 매수하느냐'이다. 커버드콜 ETF는 매주 혹은 매월 배당금을 지급하는데, 이때 주가는 배당금 지급일에 배당금만큼 하락하는 구조를 가진다. 즉 배당락일 직후 매수하면 평소보다 더 낮은 단가에 진입할 수 있다.

예를 들어 PLTY의 주가 차트 하단을 보면 배당금을 지급한 날은 'D'라고 표기하고 있는데, 파란 점선으로 표시된 배당금 지급일마다 주가는 배당금만큼 하락했다가 회복하는 흐름을 반복하는 모습을 확인할 수 있다. 따라서 배당금이 지급되는 날 매수한다면 배당락 효과로 인해 자연스럽게 할인된 가격에 진입하게 되는 셈이다.

또한 매수 단가의 상한선을 명확하게 정해두는 것도 중요하다. HOOW의 주가 차트를 보면 일정 구간에서 주가가 등락을 반복한

| 그림 156 | 배당금 지급 후 배당금만큼 떨어지는 PLTY 주가

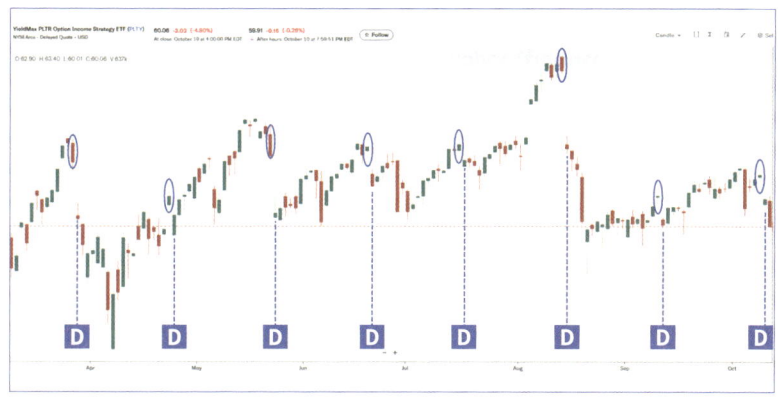

출처: 야후 파이낸스

다. 배당금이 입금되면 바로 재투자해서 복리 구조를 빠르게 만들고 싶지만, 주가 흐름 역시 중요하기 때문에 고점에서는 마음을 가라앉히고 기다리는 태도가 필요하다. 지금이 아니라 해도 1개월, 길어도 2개월 후에는 다시 매수 기회가 찾아온다.

예를 들어 월 6달러를 배당한다고 가정했을 때 80달러에서 매수하면 월배당수익률은 7.5%이지만, 65달러에서 매수하면 9.23%로 무려 2.3% 차이가 난다. 1년으로 환산하면 27.6%라는 엄청난 차이다. 낮은 단가에서 매수하면 주가 수익률까지 기대할 수 있으니 일석이조의 이득이다.

이처럼 명확한 기준을 세워두면 불필요한 고점 매수를 피할 수 있고, 이후 주가 변동이 있더라도 감정적 대응이 아니라 기준에 따른 매매가 가능해진다. 물론 이러한 구간이 앞으로도 동일하게 유지된

| 그림 157 | HOOW의 주가 흐름

| 그림 157 | HOOW의 주가 흐름

25. 12. 12. 기준, 출처: 시킹알파

다는 보장은 없지만, 시장 구조가 변한다면 그때는 새로운 기준으로 재설정하면 된다.

결국 이런 원칙을 적용하면 평균 매수 단가를 현재 시세보다 약 5~10% 낮출 수 있고, 장기적 복리 구조를 구축할 때 훨씬 유리한 출발점을 확보하게 된다.

시뮬레이션 1 - 1,000만 원 거치식 투자

첫 번째는 총투자금 1,000만 원을 일시 투입하는 것이며, 이 경우 월 세후 배당금은 376달러(약 54만 원) 수준으로 시작된다. 이 금액을 매월 재투자한다고 가정하면 36개월 시점의 누적 세후 배당금은 약 347만 원이고, 이후에는 복리 효과로 증가 속도가 점차 가속화된다.

하지만 반드시 명심해야 할 점이 있다. 커버드콜 ETF는 본질적으로 변동성이 높은 상품이며, 배당률이 아무리 높아도 주가 하락을 온전히 상쇄하지 못할 수 있다. 즉 단기간에 대규모 자금을 투입하는

| 표 18 | 시뮬레이션 1의 예상치

종목	매수 수량	매수 단가 (달러)	총액 (달러)	비중	배당금 /1주 (달러)	세전 월배당 (달러)	세후 월 배당 (달러)	배당 수익률 (월)
HOOW	45	61.54	2,769	40%	5.09	228.8	194.5	7.02%
AVGW	35	59.21	2,072	30%	2.90	101.4	86.2	4.16%
PLTW	44	47.00	2,068	30%	2.53	111.5	94.7	4.58%
합계			6,910			441.7	375.5	5.43%

* 달러 환율: 1,450원 / 매수 단가: 25. 12. 12. 종가의 115% / 배당금 월평균 95% 적용

| 표 19 | 시뮬레이션 1 누적 결과

개월 수	35개월	36개월	37개월	38개월	40개월
세후 배당금(원)	3,289,413	3,467,892	3,656,025	3,854,797	4,285,194

거치식 투자 방식은 시장 타이밍의 영향을 크게 받는다.

예를 들어 2025년 4월처럼 미국 주식시장 전체가 소성을 받는 구간에서는 일시적 급락 후 반등이 이어지는 경우가 많다. 이런 하락장이나 조정기에 거치식으로 진입하면 평균 매수 단가를 낮출 수 있고 향후 복리 효과는 더 커진다. 반대로 상승장이 과열된 시점에 진입하면 이후 배당보다 주가 하락폭이 더 커질 수 있다.

따라서 나는 거치식 투자를 기본 전략으로 권하지는 않는다. 다만 1년에 한두 번 정도 찾아오는 시장 조정 국면에서는 매우 효율적인 전략이 될 수 있다. 그 시점을 잘 포착한다면 이후 3년간 재투자를 병행하며 월 300만 원 현금흐름의 기반을 가장 빠르게 구축하는 방

법이 될 것이다.

시뮬레이션 2 - 초기 200만 원 투자 후 월 100만 원씩 11개월간 적립식 투자

두 번째는 초기 200만 원을 투자하고 이후 매월 100만 원씩 11개월간 적립식으로 투자하는 전략이다. 총투자금은 약 1,300만 원으로, 거치식의 단점(시장 타이밍 리스크)을 줄이면서도 복리 효과를 앞당기는 균형 잡힌 방식이라고 할 수 있다. 초기 200만 원을 먼저 투입하는 이유는 복리가 '시간 × 자본의 함수'이기 때문이다. 조금이라도 일찍 투자된 자금일수록 훨씬 큰 성장 효과를 만든다.

초기 200만 원을 투자했을 때 월 세후 배당금은 약 76달러(약 11만 원)이며, 2개월 차부터 12개월 차까지 100만 원을 각 종목의 투자 비중에 따라 적립하면 3년 뒤 예상 배당금은 약 351만 원이 된다.

적립식 투자의 가장 큰 장점은 리스크를 최소화하면서 복리 효과

| 표 20 | 시뮬레이션 2의 예상치

종목	매수 수량	매수 단가 (달러)	총액 (달러)	비중	배당금 /1주 (달러)	세전 월배당 (달러)	세후 월 배당 (달러)	배당 수익률 (월)
HOOW	9	61.54	554	40%	5.09	45.8	38.9	7.02%
AVGW	7	59.21	414	30%	2.90	20.3	17.2	4.16%
PLTW	9	47.00	423	30%	2.53	22.8	19.4	4.58%
합계			1,391			88.9	75.5	5.43%

* 달러 환율: 1,450원 / 매수 단가: 25. 12. 12. 종가의 115% / 배당금 월평균 95% 적용

| 표 21 | 시뮬레이션 2 누적 결과

개월 수	35개월	36개월	37개월	38개월	40개월
세후 배당금(원)	3,325,859	3,506,261	3,696,674	3,897,681	4,332,905

를 극대화할 수 있다는 점이다. 시장 흐름을 완벽하게 예측하는 것은 불가능하지만, 적립식은 그 자체로 시장 타이밍을 분산하는 방어 전략이 된다.

특히 커버드콜 ETF는 배당 지급 주기가 짧기 때문에 매달 혹은 매주 배당금이 쌓이며 자연스럽게 재투자 타이밍이 다변화된다. 이는 장기 보유 시 안정적인 복리 구조를 만드는 핵심 동력이 된다.

또한 매월 일정 금액을 투자하는 방식은 투자 습관을 강제로 유지하게 하는 효과가 있다. '돈이 남을 때 투자하는 것'이 아니라 '매달 자동으로 투자되는 구조'를 만들어 두면 결국 3년 뒤 계좌에는 눈에 띄는 현금흐름이 형성된다.

적립식 투자에서도 주가는 단기적으로 오르내릴 수 있다. 하지만 그 변동은 오히려 저점 매수 기회를 자동으로 만들어 주는 과정이다. 이러한 시기에도 흔들리지 않고 투자 원칙을 지켜야 복리의 기하급수적 성장 곡선을 체감할 수 있다.

시뮬레이션 3 – 300만 원 거치 후 월 50만 원씩 2년간 적립식 투자

마지막은 초기 300만 원을 거치 투자한 뒤 매월 50만 원씩 24개월간 적립식으로 투자하는 방식이다. 총투자금은 약 1,500만 원이며,

앞선 시나리오보다 월 투자금은 작지만 기간을 늘림으로써 복리 효과를 꾸준히 누적시키는 전략이다.

초기 투자금 300만 원은 다소 부담스러울 수 있지만 복리의 구조를 빠르게 작동시키기 위해 반드시 필요한 시드다. 이 초기 자금이 바로 복리의 시계를 앞당기는 지렛대 역할을 한다. 이후 매달 일정 금액을 꾸준히 투자함으로써 시장 변동성에 흔들리지 않고 '시간을 내 편으로 만드는 구조'가 완성된다.

초기 300만 원을 투자했을 때 월 세후 배당금은 약 109달러(약 17만 원)이며, 이후 2년간 매월 50만 원을 각 종목의 투자 비중에 따라 적립하면 3년 뒤 예상 세후 배당금은 약 330만 원으로 늘어난다.

이 시나리오는 소액 투자자에게 가장 현실적인 방식이다. '한 번에 큰돈을 넣을 여유는 없지만 꾸준히 쌓아가는 힘'을 믿는 사람에게 최적화되어 있다.

초기 투자금 300만 원이 복리의 시동 버튼 역할을 하고, 매달 50만

| 표 22 | 시뮬레이션 3의 예상치

종목	매수 수량	매수 단가 (달러)	총액 (달러)	비중	배당금 /1주 (달러)	세전 월배당 (달러)	세후 월 배당 (달러)	배당 수익률 (월)
HOOW	13	61.54	800	40%	5.09	66.1	56.2	7.02%
AVGW	10	59.21	592	30%	2.90	29.0	24.6	4.16%
PLTW	13	47.00	611	30%	2.53	32.9	28.0	4.58%
합계			2,003			128.0	108.8	5.43%

* 달러 환율: 1,450원 / 매수 단가: 25. 12. 12. 종가의 115% / 배당금 월평균 95% 적용

| 표 23 | 시뮬레이션 3 누적 결과

개월 수	35개월	36개월	37개월	38개월	40개월
세후 배당금(원)	3,126,060	3,295,822	3,474,928	3,663,688	4,072,183

원씩 쌓이는 적립금은 시점 분산 효과를 통해 변동성 리스크를 줄이며 장기 복리의 궤도에 진입하게 된다. 특히 커버드콜 ETF의 특성상 주가는 등락을 반복하기 때문에 매달 일정 금액을 꾸준히 넣는 방식은 오히려 저가 매수 기회를 자동으로 확보하는 장점이 있다.

이후 3년 동안 배당금을 전액 재투자한다면 투자금이 불어나는 속도는 단순 원금 누적을 훨씬 넘어서는 성장을 경험하게 된다. 하지만 소액 투자라고 해서 가볍게 접근해서는 안 된다. 다시 강조하지만 중요한 것은 금액이 아니라 지속성이다. 배당이 줄거나 주가가 흔들리는 시기에도 멈추지 않고 꾸준히 투자해야 한다. 복리는 꾸준함 위에만 쌓인다. 초기 투자금 300만 원의 작은 시작이 결국 3년 뒤 자산이 스스로 일하는 구조를 만들어 낼 것이다.

지금까지 3가지 투자 시나리오를 살펴보았다. 같은 목표인 '3년 뒤 월 300만 원의 안정적인 현금흐름'을 향하고 있지만 자금 여력과 투자 성향에 따라 접근 방식은 달라질 수 있다. 그러나 핵심은 어느 방법을 선택하든 복리 구조를 끊지 않고 이어가는 것이다.

복리의 위력은 투자금의 크기보다 시간과 지속성에서 나온다. 어떤 방법을 택하든 배당을 소비하지 않고 재투자하는 습관, 그리고 3년간의 꾸준한 실행력이 뒷받침되지 않는다면 결과는 단순히 숫자로 끝날 것이다.

반대로 지금 이 순간부터라도 시작한다면 1,000만 원이든 300만 원이든 상관없다. 돈이 나를 위해 일하는 구조, 그 복리의 엔진은 이미 작동하기 시작한 것이다.

| 표 24 | 3가지 시뮬레이션 결과 비교

구분	투자 방식	총투자금	예상 세후 배당금(36개월)	특징
거치식 투자	일시금 1,000만 원	1,000만 원	약 347만 원	시장 조정 시 대량 진입으로 빠른 회복 가능
혼합형 투자	초기 200만 원 + 매월 100만 원(11개월)	1,300만 원	약 351만 원	초기 시드 + 꾸준한 적립으로 안정성 확보
적립식 투자	초기 300만 원 + 매월 50만 원(24개월)	1,500만 원	약 330만 원	현실적 자금으로 복리 구조를 체계적으로 구축

03

당장 현금흐름을 만드는 투자 포트폴리오

앞서 제시한 시뮬레이션들은 모두 '3년간의 복리 구조'를 전제로 했다. 즉 배당금을 재투자하며 복리를 쌓아야 월 300만 원의 현금흐름이 현실적으로 가능하다. 하지만 누구나 3년을 온전히 기다릴 여유가 있는 것은 아니다. 어떤 사람에게는 시간이 자산이 아니라 리스크가 될 수 있기 때문이다. 특히 희망퇴직이나 권고사직처럼 예상하지 못한 시점에 퇴직금을 손에 쥐게 되는 경우, 그 돈은 곧 생계의 버팀목이 되어야 한다. 그래서 이번에는 지금 당장 현금흐름이 필요한 사람을 위한 포트폴리오를 구성해 보았다.

희망퇴직 – 위로금 + 퇴직금 3억 원으로 평생 300만 원 현금흐름 만들기

솔직히 말하면 나 역시 매년 겨울이면 인사팀에서 전화가 오지 않을까 불안하다. "이번 희망퇴직 대상자에 포함되었습니다." 이런 말을 듣게 된다면, 그 순간 내 인생의 플랜 B는 어떻게 작동해야 할까? 이 질문에서부터 시뮬레이션은 시작되었다.

우선 위로금과 퇴직금을 합쳐 약 3억 원의 현금이 생겼다고 가정해 보겠다. 이 금액 중 3,000만 원(약 10%)은 커버드콜 ETF에, 나머지는 안정적인 고배당주와 ETF에 분산 투자하는 방식으로 구성했다.

| 표 25 | 3억 원으로 만드는 현금흐름

종목 코드	매수 수량	매수 단가 (달러)	총액 (달러)	비중	배당금 /1주 (달러)	세전 월배당 (달러)	세후 월배 당 (달러)	배당 수익률 (월)
HOOW	134	61.54	8,245.89	4.0%	5.09	681.40	579.19	7.63%
AVGW	105	59.21	6,217.42	3.0%	2.90	304.32	258.67	4.38%
PLTW	132	47.00	6,204.07	3.0%	2.53	334.37	284.21	4.73%
GOF	1,696	12.20	20,691.20	10.0%	0.18	308.84	262.52	1.27%
CSWC	1,394	22.27	31,044.38	15.0%	0.21	297.39	252.78	0.81%
MO	440	58.75	25,850.00	12.5%	0.35	155.47	132.15	0.51%
JEPI	448	57.73	25,863.04	12.5%	0.36	160.16	136.14	0.53%
JEPQ	445	58.18	25,890.10	12.5%	0.46	205.81	174.94	0.68%
PMT. A	1,077	24.03	25,880.31	12.5%	0.17	182.19	154.86	0.60%
HTGC	1,648	18.83	31,031.84	15.0%	0.16	258.19	219.46	0.60%
합계			206,918.24	100%		2,888.13	2,454.91	1.19%
원화 환산			300,031,455			4,187,788	3,559,620	1.19%

| 표 26 | 시뮬레이션 누적 결과

개월 수	9개월	10개월	11개월	12개월	13개월	14개월
세후 배당금 (원)	2,484,047	2,618,722	2,760,817	2,910,913	3,068,786	3,235,644

커버드콜 ETF 비중을 낮게 잡은 이유는, 당장 현금흐름이 필요한 상황에서는 주가 하락 리스크와 들쭉날쭉한 배당금보다 일정 금액이 꾸준히 들어오는 배당의 안정성이 훨씬 더 중요하기 때문이다.

이 포트폴리오의 예상 세후 월배당은 약 2,455달러(약 356만 원) 수준이다. 여기에 희망퇴직자의 경우 받을 수 있는 실업급여 약 184만 원을 더하면 월 현금흐름 총액은 540만 원이 된다.

여기서 중요한 것은 커버드콜 ETF로 나온 배당금 약 163만 원은 소비하지 않고, 최소한 실업급여 수급 기간인 8개월 동안은 재투자하는 것이다. 이 금액을 제외하더라도 남은 356만 원으로 생활을 이어갈 수 있을 것이다. 사실 나라면 비용을 최대한 줄여 매월 300만 원 내에서 생활하고, 56만 원은 실업급여 수급이 끝나는 9개월 차부터 7~8개월 동안 나눠 쓸 것 같다. 그렇게 재투자된 금액은 다시 배당을 만들어 두 번째 현금흐름의 씨앗이자 새로운 희망이 될 수 있기 때문이다.

시뮬레이션을 돌려보면, 이 구조를 유지했을 때 약 1년 후에는 월 300만 원 수준의 안정적인 현금흐름이 완성된다. 커버드콜 ETF 투자로 1년 뒤 월 300만 원의 현금흐름이 만들어졌으므로, 이때부터는 그

절반에 해당하는 150만 원은 기존 배당주 투자(GOF~HTGC)에서 수령하는 배당금 193만 원과 합산해 343만 원을 월 생활비로 쓸 수 있다. 그리고 나머지 절반인 150만 원은 계속 투자하면서 배당금을 불리면 마르지 않는 현금흐름의 씨앗을 틔울 수 있을 것이다.

권고사직 – 퇴직금 + 추가 자금(예적금 등) 1억 원으로 긴급 생활자금 만들기

사실 앞서 다룬 희망퇴직은 권고사직에 비하면 훨씬 나은 경우라 할 수 있다. "이번 달까지만 근무해 주세요." 그 한마디로 수년간, 혹은 그 이상 쌓아 온 일상이 단숨에 무너진다.

이 경우 퇴직금 6,000만 원과 그동안 모아 둔 예적금 등 추가 자금 4,000만 원을 더해 총 1억 원의 자금이 손에 들어왔다고 가정해 보자. 당장 다음 달 카드값, 주거비, 자녀 교육비가 머릿속을 스쳐 지나가며 '이 돈으로 얼마나 버틸 수 있을까' 하는 불안이 몰려올 것이다. 현실적으로 재취업이 쉽지 않은 상황에서 가장 중요한 것은 '얼마나 많이 벌까'가 아니라 '얼마나 오래 버틸 수 있을까'다.

따라서 권고사직 이후 필요한 첫 단계는 생존을 위한 현금흐름 확보다. 즉 돈을 불리는 것보다, 지금 있는 돈이 새어 나가지 않도록 막는 일이 최우선이다. 그리고 이 1억 원을 최대한 효율적으로 운용해 인생 2막을 위한 마지막 시드 자금까지 만들어야 한다. 이번에는 그런 '긴급 생존 포트폴리오'의 구조를 살펴보고자 한다.

1억 원 중 8,000만 원은 안정적인 배당주와 월배당 ETF에 투자하

| 표 27 | 8,000만 원으로 만드는 현금흐름

종목	매수 수량	매수 단가 (달러)	총액 (달러)	비중	배당금 /1주 (달러)	세전 월배당 (달러)	세후 월배당 (달러)	배당 수익률 (월)
HOOW	96	71.64	6,877.73	10%	5.09	488.16	414.94	6.03%
AVGW	60	57.53	3,451.80	5%	2.90	173.90	147.81	4.28%
PLTW	74	46.40	3,433.45	5%	2.53	187.45	159.33	4.64%
GOF	526	13.11	6,895.86	10%	0.18	95.78	81.42	1.18%
CSWC	332	20.77	6,895.64	10%	0.21	70.83	60.20	0.87%
MO	59	58.03	3,423.77	5%	0.35	20.85	17.72	0.52%
JEPI	61	56.45	3,443.45	5%	0.40	24.15	20.52	0.60%
JEPQ	120	57.71	6,925.20	10%	0.50	59.80	50.83	0.73%
PMT. A	283	24.41	6,908.03	10%	0.17	47.87	40.69	0.59%
HTGC	366	18.83	6,891.78	10%	0.16	57.34	48.74	0.71%
합계			55,146.71	80%		1,226.13	1,042.21	1.89%
원화 환산			79,962,730			1,777,885	1,511,202	

* 달러 환율: 1,450원

고, 매월 나오는 세후 배당금 약 151만 원에 실업급여 184만 원을 더하면 총 335만 원의 현금흐름을 확보할 수 있다.

하지만 이 금액으로는 생존에 필요한 최소한의 소비만 가능한 수준이다. 이 시기에는 보험료 유예, 불필요한 구독 취소, 외식 최소화 등 모든 비용을 줄여 월 생활비를 250만 원 이하로 유지해야 한다. 그렇게 하면 8개월 동안 매월 약 85만 원의 여유 자금을 만들 수 있다.

남은 2,000만 원은 커버드콜 ETF에 투자하고, 여기에서 발생하는 배당금은 소비하지 않고 전액 재투자한다. 이때는 실업급여 수급이 끝나는 9개월 차 이후에도 추가 1년간(총 20개월)은 배당금을 전부 재

| 표 28 | 2,000만 원으로 만드는 현금흐름

종목	매수 수량	매수 단가 (달러)	총액 (달러)	비중	배당금 /1주 (달러)	세전 월배당 (달러)	세후 월배당 (달러)	배당 수익률 (월)
HOOW	90	61.54	5,538.29	40%	5.09	457.7	389.0	7.02%
AVGW	70	59.21	4,144.95	30%	2.90	202.9	172.4	4.16%
PLTW	88	47.00	4,136.04	30%	2.53	222.9	189.5	4.58%
합계			13,819.27			883.4	750.9	5.43%
원화 환산			19,823,749				1,088,847	

* 달러 환율: 1,450원

| 표 29 | 시뮬레이션 누적 결과

개월 수	20개월	21개월	22개월	23개월	24개월	25개월
세후 배당금 (원)	2,974,784	3,136,188	3,306,935	3,486,709	3,675,827	3,875,537

투자하는 것이 핵심이다. 이 과정을 통해 배당의 복리 효과를 극대화할 수 있다. 그렇게 꾸준히 이어가면 20개월 차부터 월 300만 원 수준의 현금흐름이 만들어진다.

그러나 문제는 실업급여가 종료되는 9개월 차 이후다. 이 시점에는 8,000만 원으로 투자한 배당금 151만 원과 절약으로 만든 85만 원을 더해도 약 236만 원 수준이다. 생활을 유지하기에는 빠듯하고, 이마저도 오래 버티기 어렵다.

따라서 이 시점부터는 반드시 새로운 소득원을 만들어야 한다. 정규직 재취업이 가장 좋지만, 그렇지 않더라도 최소한 아르바이트나 프리랜서 일감 등을 통해 월 150만 원 이상은 벌어야 한다. 그래야만 커버드콜 ETF에 투자된 2,000만 원의 시드가 황금알을 낳는 거위로 성장하며 복리의 선순환 구조를 만들 수 있는 시간을 확보할 수 있다.

결국 권고사직 이후의 1억 원은 단순한 자금이 아니라, 다시 일어서기 위한 생존 자본이다. 이 돈을 얼마나 오래, 얼마나 현명하게 지키느냐에 따라 우리의 인생 2막은 불안한 버티기가 될 수도 있고, 꾸준히 수익이 흘러드는 작은 경제적 자유의 시작점이 될 수도 있다. 지금 필요한 것은 완벽한 계획이 아니다. 단 하나의 실행이다. 그 실행이 새로운 시작을 만들고, 다시 시작하는 용기 위에 복리가 쌓이며 결국 우리의 미래를 지켜줄 것이다.

04

월 300만 원
달성 이후 스텝

3년 동안 매달 배당금을 재투자하며 복리를 쌓은 끝에 월 300만 원의 현금흐름을 만들었다고 치자. 그렇다면 이제는 '수익을 키우는 단계'에서 '수익을 지키는 단계'로 넘어가야 한다. 이 시점부터는 단순히 배당금을 더 받는 것보다, 현금흐름의 안정성과 세후 효율성이 핵심이 된다. 그래서 나는 이 이후의 전략을 3가지 케이스로 나누어 생각해 보았다. 각자 자신의 투자 철학과 리스크 성향에 맞는 방식을 선택하면 된다.

안정적인
배당주로 전환

첫 번째는 지금까지의 커버드콜 ETF 중심 포트폴리오에서 보다 안정적이고 장기적인 배당주 종목으로 서서히 교체해 가는 것이다. 이 단계는 단순히 종목 몇 개를 바꾸는 차원이 아니라, 투자 관점 자체를 '단기 수익에서 장기 안정으로 전환하는 과정'에 가깝다.

커버드콜 ETF는 매달 들어오는 배당으로 현금흐름을 빠르게 만들어 주지만, 그만큼 리스크도 분명하다. 그래서 월 300만 원이라는 목표 현금흐름을 달성한 시점부터는 수익의 속도를 조금 늦추는 대신, 수익의 안정성과 지속성을 높이는 쪽으로 방향을 틀어야 한다. 안정적인 배당주로 전환한다는 것은 결국 배당의 일시적인 보상이 아니라, 매월 일정한 금액이 꼬박꼬박 들어오는 생활비 흐름이 되는 구조를 만드는 일이다.

이 구간에서는 심리적 안정감이 무엇보다 중요하다. 초고배당 커버드콜 ETF의 변동성에 익숙해진 투자자라면 처음에는 연 5~10% 초반대의 배당률이 다소 밋밋하게 느껴질 수 있다. 하지만 그 대신 주가의 낙폭이 상대적으로 작고, 위기 상황에서도 배당을 쉽게 줄이지 않거나 오히려 꾸준히 늘려온 기업이 많다는 점에서 불안감 없이 버티는 힘은 훨씬 커진다. 이 버티는 힘이야말로 끝까지 복리를 완성시키는 진짜 동력이다.

포트폴리오 리밸런싱을 통해 커버드콜 ETF에서 발생하는 월배당금을 배당 성장형 종목으로 옮겨가면, 자산의 무게중심은 인컴에서 지속성으로 조금씩 이동한다. 그 과정에서 전체 포트폴리오의 수익률 자체는 다소 낮아질 수 있지만, 배당의 변동성은 완화되고 복리의 궤도는 훨씬 단단해진다.

이 시점부터는 배당률의 숫자보다 배당의 안정성과 성장성이 더 중요하다. 매년 조금씩이라도 배당을 늘려주는 기업은 그 자체로 물가상승률을 이겨내는 방어막이 된다. 이제 투자에서 중요한 질문은 '오늘 얼마를 받았는가'가 아니라, '내년에도, 5년 뒤에도 이 배당이 유지되고 더 커질 수 있는가'가 되어야 한다.

결국 안정적인 배당주로의 전환은 속도를 줄이고 시간을 내 편으로 다시 데려오는 과정이다. 커버드콜 ETF가 '현금의 속도전'이었다면, 안정형 배당주는 '복리의 장기전'이다. 이 두 축이 자연스럽게 맞물릴 때, 월 300만 원의 현금흐름은 단순한 숫자가 아니라 스스로 굴러가는 자산 시스템으로 자리 잡게 된다.

매월 배당금으로 기술주 투자하기

두 번째 방법은 매달 들어오는 배당금을 기술주에 재투자하는 전략이다. 앞서 살펴본 것처럼 커버드콜 ETF는 구조적인 특성상 장기적으로 기초자산보다 수익률이 낮을 수밖에 없다.

그렇다면 이제부터는 커버드콜 ETF를 통해 만들어진 현금흐름을 투자 재원으로 삼아서, 우상향하는 기술주를 직접 적립식으로 사 모으는 전략을 생각해 볼 수 있다. 배당으로 들어오는 월 300만 원은 단순한 수익이 아니다. 성장을 살 수 있는 현금흐름이자, 커버드콜 ETF가 마련해 준 인컴 구조를 장기 성장주로 연결해 주는 징검다리다.

기술주는 본질적으로 단기 변동성이 크다. 그러나 긴 시간으로 보면 시장 평균을 훨씬 웃도는 성장률을 보여 주는 경우가 많다. AI, 반도체, 클라우드, 자율주행, 바이오 등 미래 산업을 이끄는 기업들은 일시적인 조정을 겪더라도 다시 성장 궤도로 돌아오는 힘을 가지고 있다. 배당으로 확보한 현금흐름을 여기에 재투자하면, 이런 변동성을 감내하면서도 꾸준히 매수할 수 있다. 이때부터 매달 들어오는 배당은 단순히 통장에 찍혀 지나가는 숫자가 아니라, 미래를 사는 자동화 시스템으로 기능하게 된다.

또 한 가지 중요한 점은 매월 일정 금액을 기술주에 적립식으로 투자하면 가격이 높을 때는 적게 사고, 낮을 때는 더 많이 사게 된다는 것이다. 커버드콜 ETF의 배당은 시장이 조정을 받을 때도 계속 들어오기 때문에, 기술주가 급락하는 구간에서도 자연스럽게 매수 여력이 생긴다. 이 방식은 일종의 성장의 시차 투자다. 커버드콜 ETF가 나 대신 현금을 만들어 주고, 나는 그 현금으로 성장을 사는 구조다. 인컴이 성장의 연료가 되고, 성장은 다시 자본이익으로 돌아와 인컴을 키우는 선순환이 된다.

물론 기술주는 리스크도 분명하나. 단기간의 급락은 피하기 어렵고, 거품 구간에서는 배당 투자자가 느끼는 심리적 안정감과는 정반대의 감정을 경험하게 된다. 그래서 이 전략에서 가장 중요한 것은 투자의 리듬이다. 정해둔 시기에, 정해둔 금액을 자동으로 투자하는 습관이 핵심이다. 일시적인 감정이나 뉴스에 휘둘리지 않고, 배당이 들어올 때마다 일정 비율을 기술주에 재투자하는 원칙을 지킨다면 3년, 5년이 지난 뒤 포트폴리오의 모양새는 지금과 완전히 달라져 있을 것이다.

이 전략은 커버드콜 ETF로 단기 현금흐름을 만들고, 기술주로 장기 복리를 확장하는 이중 엔진과 같다. 커버드콜 ETF의 배당금이 수익의 생산판이라면, 기술주는 자본의 성장판이다. 두 판이 동시에 움직이기 시작하면 자산은 단순한 현금흐름을 넘어, 복리라는 구조적 상승 궤도 위에 올라선다.

이제 배당은 단순한 생활비가 아니다. 그 배당이 새로운 성장의 씨앗이 되는 순간, 자본은 '버티는 돈'에서 '불어나는 돈'으로 성격이 바뀐다. 이것이 투자자가 선택할 수 있는 두 번째 길, 즉 배당으로 성장의 기회를 사는 가장 효율적인 방식이다.

배당주 + 기술주로 안정적인 병행 투자

세 번째 방법은 안정적인 배당주와 성장성이 높은 기술주를 병행하는 전략이다. 앞선 2가지 방법이 '안정'과 '성장'이라는 서로 다른 방향성을 강조했다면, 이 전략은 그 둘을 결합해 현금흐름의 지속성과 자본의 성장성을 동시에 추구하는 균형적인 포트폴리오라 할 수 있다.

이 전략의 핵심은 단순한 분산이 아니라 역할의 분리다. 안정적인 배당주는 매달 꾸준한 현금흐름을 만들어 주는 기반을 담당하고, 기술주는 자본의 장기 성장을 이끄는 역할을 맡는다. 하나는 자산의 '심장 박동'을 유지해 주고, 다른 하나는 그 자산을 '앞으로 밀어주는 추진력'을 제공하는 셈이다.

예를 들어 매달 300만 원의 배당이 들어온다면, 그중 절반은 배당성장형 종목이나 ETF에 재투자해 안정적인 인컴 구조를 더 두텁게 만들고, 나머지 절반은 기술주나 성장형 ETF에 적립식으로 투자하는 방식이다. 이렇게 하면 어느 한쪽이 일시적으로 부진하더라도 다른 한쪽이 이를 보완해 주면서, 전체 수익 곡선이 더 완만하고 안정적으로 그려진다.

이 전략의 장점은 세금 효율성 측면에서도 나타난다. 커버드콜 ETF에서 빠르게 늘어나는 배당은 2년 차 후반부터 금융소득종합과세 구간에 진입할 수 있는데, 이 방식은 배당의 일부를 기술주 직접투자로 돌리기 때문에 배당 규모를 조절하면서도 성장성을 유지할 수 있다.

또한 기술주의 장기 성장은 배당의 변동성을 완충해 준다. 배당주는 일정한 흐름을 주지만 성장 속도가 제한적이고, 기술주는 불안정하지만 자본이익을 통해 전체 수익률을 끌어올릴 수 있다. 두 자산이

나란히 움직이면, 단기적인 시장 조정에도 포트폴리오 전체는 흔들리지 않고 시간이 내 편이 되는 구조를 만들어 준다.

이는 심리적으로도 훨씬 안정적이다. 커버드콜 ETF만으로 운용할 때는 배당이 줄거나 주가가 하락하는 순간 불안감이 커지기 쉽지만, 기술주와 배당주를 함께 가지고 있으면 한쪽의 약세를 다른 한쪽의 강세가 어느 정도 메워준다. 이 구조는 투자자가 멘털을 지키면서 복리를 이어갈 수 있는 가장 현실적인 정신적 안전장치기도 하다.

결국 이 전략의 본질은 인컴과 성장의 조화다. 커버드콜 ETF가 만들어 준 현금흐름을 바탕으로 배당주는 수익의 안정성을, 기술주는 자산의 확장성을 담당한다. 두 축이 동시에 돌아가기 시작할 때, 월 300만 원의 현금흐름은 단순히 들어왔다 나가는 수익이 아니라, 끊임없이 순환하며 스스로 성장하는 시스템으로 진화할 수 있을 것이다.

5장

투자금을 만드는
실천 가이드

01

투자하기 전에
파악해야 할 것들

지금까지 투자에 대해 이야기했다면, 이제부터는 '투자할 자금'을 어떻게 만들 것인지에 대해 이야기해 보고자 한다. 투자는 무엇보다 돈이 필요하다. 그런데 나는 '돈이 없어서 투자를 못 한다'는 말을 하는 사람들을 정말 많이 본다. 그렇다면 어떻게 해야 매월 꾸준히 투자할 수 있는 돈을 만들 수 있을까?

가장 먼저 떠오르는 방법은 연봉 인상이다. 대부분의 직장인은 매년 연봉이 인상되지만, 실제 인상 폭은 대개 물가상승률 수준에 그친다. 그마저도 조금이라도 오르면 다행이고, 수년째 동결인 회사도 적지 않다. 의미 있는 연봉 인상을 만들려면 결국 지금 회사에서 승진을 하거나, 이직을 통해 몸값을 높이는 수밖에 없다. 하지만 누구에게나 열려 있는 길은 아니며, 냉정하게 말해 상당히 높은 난도의 선택이다.

그래서 많은 사람이 부업, 이른바 N잡에 눈을 돌린다. 스마트스토어에서 위탁 상품을 판매하고, 재능마켓에서 자신의 전문성을 팔며, 인스타그램과 유튜브로 수익화를 시도한다. 그러나 부업에는 반드시 경쟁자가 존재한다. 수많은 사람 사이에서 나를 선택하게 만들어야 하고, 콘텐츠를 꾸준히 올리며, 플랫폼의 알고리즘까지 뚫어야 비로소 의미 있는 수익이 발생한다. 말처럼 쉽지 않은 길이다.

그러한 이유로 나는 가장 현실적인 방법인 짠테크를 추천한다. 짠테크에는 경쟁자가 없다. 같은 물건을 팔면서 가격 경쟁을 할 필요도 없고, 팔리는 구조를 만들기 위해 광고비를 쏟아부을 이유도 없다. 내가 소비를 줄이는 순간, 그 금액은 고스란히 나만의 투자금으로 바뀐다. 절약의 효과는 단순히 지출을 줄이는 데 그치지 않는다. 고정비를 줄이면 생활의 여유가 생기고, 불필요한 소비 습관이 개선되며, 자연스럽게 돈을 쓰는 기준과 눈높이가 달라진다.

짠테크의 핵심은 적은 금액부터 시작하는 절약 루틴을 만드는 것이다. 한 번에 큰돈을 아끼려 들면 금세 지치고 스트레스만 쌓인다. 대신 매달 빠져나가는 작은 지출부터 하나씩 줄여나가 보자. 이렇게 축적된 절약의 시스템은 곧 '투자를 위한 시드머니 생성기'가 된다. 수입을 늘리는 일은 경쟁과 불확실성을 동반하지만, 지출을 줄이는 일은 오롯이 내 의지와 습관에 달려 있다.

돈이 없어서 투자를 시작하지 못했다고 생각한다면, 오늘부터 짠테크를 통해 매월 50만 원 이상을 만드는 루틴을 먼저 완성하자. 이것이야말로 부담은 적지만, 지속 가능한 투자로 가는 가장 빠른 첫걸음이다.

여기서 내 과거 이야기를 하나 꺼내고자 한다. 솔직히 말해 입 밖으로 꺼내기가 망설여지는 기억이지만, 그 사건이 내가 돈과 삶을 대하는 태도를 완전히 바꾸어 놓았다.

10여 년 전, 여행사를 운영하던 후배가 다급하게 부탁을 해왔다. 2박 3일 제주도 관광 상품이었는데 갑작스럽게 예약이 취소되어 원가에라도 넘겨야 한다며 지인들을 소개해 달라고 했다. 나는 선의로 사람들을 연결해 주었지만, 결국 그 일이 사기로 드러났다. 법적으로는 내 책임이 아니었지만, 나는 도의적 책임을 지고 사건을 마무리하기로 했다.

그 결과 나는 2억 5,000만 원이 넘는 금액을 한순간에 떠안게 되었다. 당시 수도권 20평대 아파트 한 채 값에 해당하는 돈이었다. 급하게 자금을 마련하기 위해 값나가는 물건은 모조리 팔았고, 아파트를 담보로 대출까지 받았다. 사람에 대한 신뢰가 무너지면서 우울증과 대인공포증에 시달렸지만, 그렇다고 주저앉아 있을 수만은 없었다. 다만 그때는 지금처럼 N잡이라는 개념조차 없었고, 내가 선택할 수 있는 방법은 그저 죽도록 아끼는 것뿐이었다. 그 극단적인 절약과 버팀이 훗날 나를 다시 일으켜 세우는 힘이 되었다.

결혼 후 11년 만에 얻은 딸아이의 옷은 언제나 '교환·환불 불가, 현금만 가능'이라는 표지가 붙은 3,000원, 5,000원짜리였다. 어느 날,

다섯 살 딸아이가 자장면이 먹고 싶다고 말했다. 하지만 나는 그 한 그릇 값을 감당할 여유조차 없었다. 대신 3분 짜장과 소면으로 자장면을 만들어 주었다. 이렇게 하면 자장면 한 그릇 값으로 서너 번은 먹을 수 있었기 때문이다. 아이는 맛있다며 웃으며 잘 먹었다. 나는 아이가 등을 돌린 뒤 부엌에서 한참을 울었다.

한여름 밤, 야근을 마치고 집에 들어서면 시계는 어느새 밤 11시를 향해 가고 있었다. 집 앞 편의점에는 사람들이 삼삼오오 모여 맥주를 마시며 담소를 나누고 있었다. 그 모습을 보며 나도 모르게 침이 고였지만, 속으로 이렇게 다짐했다.

'나 때문에 가족이 이런 고통 속에 사는데, 내가 무슨 자격으로…. 지금 내게 맥주 한 캔도 사치다.'

당시 1,500원이던 캔맥주 값이 내 눈에는 15만 원처럼 느껴졌다. 그렇게 나는 3년이 넘도록 술을 입에 대지 않았다. 1,000원, 2,000원을 10만 원, 20만 원처럼 여기며 아끼고 또 아끼면서 외벌이 가정에서 3년 동안 1억 1,000만 원의 대출을 상환했다. 월평균 300만 원꼴이다. 그렇게 빚은 조금씩 줄어들었고, 생활 형편도 아주 서서히 나아지기 시작했다.

이 이야기를 꺼내는 이유는 투자하고 싶지만 시작할 밑천이 없다고 말하는 사람들에게 솔직하게 전해주고 싶어서다. 나 역시 시작은 빚뿐이었고, 종잣돈은커녕 당장의 생활비도 빠듯했다. 하지만 줄일 수 있는 지출은 한 푼이라도 줄이고, 그렇게 모인 돈을 다시 모으는 과정이 결국 나를 일으켜 주었다.

지금 이 순간 통장이 텅 비어 있더라도, 시작할 수 있는 방법은 반드시 있다. 이후 다룰 내용들은 모두 내가 살아남기 위해 실제로 실행했던 생존 절약 사례들이다. 그중에서 본인에게 맞는 방법을 골라 현실에 맞게 변형하고 실행해 보길 바란다. 잊지 말자. 이제부터 '돈이 없어서 투자를 못 한다'는 말은 더 이상 이유가 아니라, 그저 핑계에 불과하다.

단계별로 시작하는
재정 파악

돈을 모으기 위해서 가장 먼저 필요한 것은 객관적인 데이터와 현황 파악이다. 내 느낌이나 짐작이 아니라 팩트 기반의 숫자가 필요하다. 그래서 가장 먼저 해야 할 일은 자산·부채·소득·지출을 정확히 기록하는 것이다. 이 과정이 바로 투자를 위한 시드머니를 만들고, 재정 효율성을 극대화하는 출발점이 된다.

1단계. 자산 파악 – 내 재정의 전체 지도 그리기

현재 내가 가진 모든 자산을 목록으로 적어본다. 예적금, 보험, 주식, 펀드, 연금, 부동산, 자동차, 현금…. 빠짐없이 나열해야 한다.

- **부동산:** 자가라면 네이버 부동산, 호갱노노 능에서 현재 시세 확

인. 전월세라면 보증금 기재

- **보험:** 해지환급금 기준으로 작성
- **투자상품:** 주식·펀드는 현재 평가액 기준
- **자동차:** 중고차 매매 사이트에서 시세 확인 후 기재
- **예적금:** 원금만 기재(이자는 제외)
- **현금:** 모든 계좌 잔액을 확인해 기재
- **기타:** 현금화할 수 있는 물품 포함

내가 2억 5,000만 원이 넘는 금액을 떠안게 되었을 때 가장 먼저 한 것이 바로 자산 파악이었다. 사건을 해결하려면 당장 현금화할 수 있는 유동성 자산이 얼마나 되는지 확인해야 했기 때문이다. 목적은 달랐지만, 지금 돌이켜보면 그 과정이야말로 재정 점검의 본질이었다.

2단계. 부채 파악 – 진짜 내 돈은 얼마인가

자산을 모두 정리했다면, 이제는 '마이너스'에 해당하는 부채를 적어야 한다. 부채에는 은행 대출뿐 아니라 자동차 할부 잔액, 신용카드 결제액(무이자 할부 포함), 세입자에게 받은 전월세 보증금까지 모두 포함된다.

총자산 - 총부채 = 순자산

예를 들어, 내가 가진 아파트가 10억 원인데 그중 5억 원이 은행 대출이라면 내 순자산은 5억 원이다. 그런데도 자신을 '10억 자산가'라고 여기는 사람들이 의외로 많다. 겉으로 보기에는 부자인 것 같아도, 자산의 절반이 빚이라면 위기 상황에서 대응할 여력이 급격히 줄어든다. 그래서 반드시 부채를 제외한 순자산을 기준으로 파악해야 한다.

3단계. 소득 파악 – 돈의 유입 구조를 명확히

소득 파악은 '내 주머니로 들어오는 돈의 흐름'을 투명하게 만드는 과정이다. 가장 먼저 월급의 세전 금액과 세후 금액을 모두 확인하고, 4대 보험과 세금이 각각 얼마나 빠져나가는지도 살펴야 한다. 이 과정을 거쳐야 자신이 실제로 쓸 수 있는 가처분 소득이 얼마인지 명확해진다.

여기에 명절 상여금, 인센티브 등 급여 외 소득도 빠짐없이 기록해야 한다. 많은 사람이 이런 돈을 '공돈'처럼 생각해 즉흥적으로 써버리지만, 상여금은 근로계약서에 명시된 정식 소득이고 인센티브 역시 내 노동의 대가다. 이 돈을 계획 없이 소비하면, 급여 외 소득이 가진 복리의 힘을 평생 경험하지 못한다.

이런 소득은 생활비에 섞어 쓰지 말고 별도의 계좌에 모아두어 시드머니나 투자금으로 활용하는 것이 좋다. 그렇게 하면 급여 외 소득이 목돈으로 성장하는 구조를 만들 수 있다.

4단계. 지출 파악 – 돈이 빠져나가는 길목 찾기

마지막으로, 내가 얼마나 쓰는지 파악해야 한다. 지출은 고정 지출과 변동 지출로 나뉜다.

- **고정 지출:** 통신비, 관리비, 대출이자, 보험료, 세금, 각종 공과금 등
- **변동 지출:** 식재료비, 외식비, 의류비, 소모품비 등 생활비 전반

아무리 귀찮아도 최소 3개월 치 카드 내역을 꺼내 항목별로 체크해 보자. 이 과정에서 '내가 여기에 이렇게 많은 돈을 썼다고?' 하고 놀라는 순간이 반드시 생긴다.

몇 년 전, 30만 명이 넘는 회원이 활동하는 재테크 카페에서 '가계부 프로젝트'를 진행한 적이 있다. 지출을 직접 파악한 회원과 그렇지 않은 회원의 재정 개선 속도는 눈에 띄게 달랐다. 객관적인 지출 상황을 알아야 불필요하게 새는 돈을 막을 수 있기 때문이다.

이렇게 자산, 부채, 소득, 지출을 하나하나 정리하다 보면 숫자라는 거울에 비친 내 재정 상태가 선명하게 드러난다. 이제 해야 할 일은 그 거울 속에서 불필요하게 새어나가는 돈을 막아내는 것이다. 그리고 그 첫걸음이 바로 소비 패턴을 바꾸는 일이다.

회사는 매년 예산을 수립한 뒤 불필요한 비용을 철저히 통제한다. 또 예산이 제대로 집행되었는지 점검하고 집행률을 확인하는 절차까지 거친다. 이 방식은 가정에도 그대로 적용할 수 있다. 우리는 모두 가정의 CEO이자 CFO이다. 따라서 '가정이라는 기업'의 예산을 세우고, 필요한 비용을 미리 파악해 그 선을 넘어가지 않도록 관리해야 한다. 결국 매달 허락된 예산 안에서 생활하며 흑자 경영을 실천하는 것이 중요하다.

앞서 최소 3개월 이상의 카드 내역을 확인하며 지출 패턴을 점검했다. 이제 그 데이터를 토대로 항목별 예산을 세워보자.

고정비 줄이기

고정비 가운데 줄일 수 있는 항목은 의외로 많다. 대표적으로 통신비, 보험료, 구독 서비스가 있다. 예를 들어 휴대폰 요금제를 낮추거나 알뜰폰으로 교체하는 것만으로도 매달 1만~2만 원 이상 절약할 수 있다. 보험도 마찬가지다. 중복 보장이나 불필요한 특약이 있는지 점검해 실제 필요에 맞게 조정하면 매달 수만 원에서 많게는 수십만 원까지 낮출 수 있다. 구독 서비스 역시 무심코 빠져나가는 대표적인 '새는 돈'이다. 사용 빈도가 낮거나 대체 가능한 서비스라면 과감히 해지하거나 저렴한 상품으로 교체하기를 권한다.

가정에서 얼음 정수기를 사용하고 있는데 기능을 거의 쓰지 않는다면, 일반 정수기로 교체하는 것도 방법이다. 얼음 정수기의 평균 렌털료는 월 4만 원 수준이지만, 일반 정수기는 월 2만 원 안팎이면 충분하다. 연 24만 원을 아끼는 셈이다. 참고로 나는 월 1만 6,900원의 렌털료로 내고 있다.

또한 인터넷·TV 결합 상품도 3년 약정이 끝날 때마다 회사를 변경하면 사은품 43만 원을 받을 수 있다. 월 구독료는 비슷하지만 사은품을 1년 기준으로 나누면 매년 약 14만 3,000원을 아끼는 효과가 된다. 예전에는 10년 넘게 한 회사 제품만 사용했는데, 비용은 더 비싸고 장기 사용자 혜택도 없다는 사실을 뒤늦게 깨달았다. 지금은 약정이 끝날 때마다 교체하고 있다.

나는 아침에 사무실에 조금 일찍 도착해 업무시간 전까지 책을 읽

| 그림 158 | 인터넷 결합 상품 광고

인터넷+IPTV가입 혜택 **94만원**

가입 사은품
43만원

인터넷/TV 결합
40만원

온라인 할인
11만원

출처: 네이버 광고

고, 점심 식사 후에도 잠깐씩 책을 본다. 하지만 종이책을 가방에 넣고 다니는 일은 무겁고 번거롭다. 게다가 책을 사서 보기만 해도 매월 3권 정도면 5만 원이 훌쩍 넘어 솔직히 부담되는 금액이다. 도서관을 이용하기도 하지만, 인기 있는 책은 대부분 대출 중이라 바로 읽기 어려운 경우도 많다. 그래서 나는 도서 대여 서비스인 밀리의 서재를 정기 구독해 사용하고 있다.

특히 작년부터는 알뜰폰과 밀리의 서재 결합 상품을 이용하고 있는데, 매월 휴대폰 요금으로 2만 20원을 납부하고 있다. 밀리의 서재 월 구독료는 기존 9,900원에서 2025년 6월 2,000원이 인상되어 현재 1만 1,900원이다. 결합 상품을 이용하는 만큼 구독료 1만 1,900원을 감안하면, 실제로 휴대폰 요금은 월 8,120원을 내고 있는 셈이다.

| 그림 159 | 월구독제 할인 방법

8월 납부하실 금액은   20,020 원 입니다.   납기일 : 9월 1일

고객정보

대표서비스번호 010-47**-*747   총이용번호수 1대
이용기간   7월 1일 ~ 7월 31일   납기일   2025년 9월 1일
                                      상품명   LTE 무제한 11GB+3M(밀리의서재)

출처: 한국경제신문

나는 출근길 지하철에서 모바일 경제신문을 본다. 네이버 모바일 화면에서도 뉴스를 볼 수 있지만, 기사를 클릭하다 보면 삼천포로 빠지기 쉬워 신문 전체를 온전히 보기 위해 따로 구독하고 있다.

또 평일 저녁이나 주말에는 가족들과 함께 식사를 하며 티빙으로 드라마나 버라이어티 프로그램을 시청한다. 티빙 스탠다드 요금은 월 1만 3,500원으로, 1년 구독료는 16만 2,000원이다.

그런데 경제신문과 티빙을 결합한 패키지 상품의 1년 구독료는 17만 원이기 때문에, 사실상 신문 구독료만 내고 티빙을 무료로 이용하는 효과가 난다. 물론 어떤 구독료도 발생하지 않는 것이 가장 이상적이지만, 꼭 필요한 구독 서비스가 있다면 이런 결합 상품을 활용해 비

용을 낮추는 것도 충분히 좋은 전략이다.

그럼 이제 앞의 예시를 토대로 실제로 고정비를 얼마나 줄일 수 있는지 살펴보겠다.

교체와 통합만으로 매달 약 15만 원을 아낄 수 있다. 1년이면 180만 원이다. 고정비 절약의 가장 큰 장점은 '한 번 줄이면, 매달 자동으로 절약이 반복된다'는 점이다. 의지가 필요하지 않기 때문에 습관화하기도 쉽다.

| 표 30 | 고정비 절감 내용

고정 지출	계획 전	계획 후	절감 금액	절감 방안
관리비(전기/가스)	300,000	300,000	-	
정수기 등 렌탈비	40,000	16,900	23,100	정수기 교체
인터넷/TV	49,000	49,000	12,000	교체 지원금 43만 원 월별 적용
통신비	150,000	60,000	90,000	알뜰폰으로 통신사 변경
밀리의 서재	11,900	0	11,900	알뜰폰 결합상품 통합
부모님 생활비	300,000	300,000	-	
교육비	500,000	500,000	-	
보험료	300,000	300,000	-	보험 점검 후 리모델링 계획
신문 구독료	15,000	14,200	14,300	결합상품 통합
OTT(티빙) 구독료	13,500			
월세/대출금 상환	1,000,000	1,000,000	-	
합계	2,679,400	2,540,100	151,300	

* 원

변동비 줄이기

고정비에 이어 이번에는 변동비를 살펴보고자 한다. 변동비는 생활 습관과 의지에 따라 얼마든지 조정할 수 있는 항목이 많다. 하지만 주의해야 할 점도 있다. 단순히 '아끼자'는 마음만 먹고 무작정 줄이기 시작하면 지속하기 어렵다는 것이다. 처음에는 예산을 초과하지 않으려고 억지로 참다가도, 한두 번만 넘어가면 '나는 역시 안 돼'라는 자책감에 빠지며 포기하기 쉽다.

따라서 변동비 절감은 단기간에 확 줄이는 방식보다 2~3개월 동안 생활 패턴에 맞춰 조금씩 줄여나가는 방법이 훨씬 효과적이다. 이런 방식이어야 무리하지 않고 습관으로 자리 잡을 수 있다. 그리고 절약의 근육이 단단해지면, 그때부터는 목표한 투자금이나 종잣돈을 모을 때까지 집중적으로 실행하는 것도 가능하다. 시기를 앞당길수록 목표에 도달하는 속도도 빨라진다.

그렇다면 실제로 변동비를 줄일 수 있는 방법에는 어떤 것들이 있을까? 다음에서 살펴볼 예시들은 내가 과거 생존을 위해 직접 실천했던 극강의 절약 사례들이다. 그대로 적용하기는 어려울 수 있으니, 본인의 현실에 맞게 응용하고 발전시키기를 권한다.

모임 안 나가기

일단 모임에 나가게 되면 식사하고, 술 마시고, 카페에서 이야기하는 게 다반사다. 계산할 때 1/N로 나눈다 해도 몇만 원은 기본으로 지출된다. 정말 필요한 모임이 아니라면, 이런 상황 자체를 만들지 않고 유혹을 뿌리치는 것이 최선이라고 생각해 나는 몇 년간 모임에 나가지 않았다.

옷 안 사기

투자금이 완성되는 시점까지 옷을 사지 않는 것이 가장 좋지만, 꼭 필요한 상황이라면 할인가나 아울렛에서 사는 걸 추천한다. 나는 남성 의류는 크게 유행을 타지 않는다고 생각하는 편이라 2~3년 전에 생산된 재고 위주로 고르곤 한다. 이렇게 하면 선호하는 브랜드 제품을 80~90% 할인된 가격에 살 수 있다.

술은 집에서 마시기

돈을 모으려면 술을 마시지 않는 것이 가장 좋지만, 현실적으로 쉽지 않다. 따라서 술이 생각나는 날에는 술을 사서 집에서 마시는 것이 좋다. 요즘 마트에는 수제 맥주부터 수입 맥주까지 다양한 종류가 있으니 이를 활용해도 충분하다.

카페 안 가기

출근하면서 커피 한 잔 들고 회사에 가고, 점심 식사 후에 또 한 잔 마시는 직장인들이 많다. 하지만 목표한 돈이 모일 때까지 카페에 가지 않으면 훨씬 많은 금액을 절약할 수 있다. 사실 카페 비용은 변동비 중에서도 가장 큰 절약 효과를 주는 항목이다.

나는 집에서는 아내와 함께 핸드드립 커피를, 회사에서는 드립백 커피를 마신다. 이를 스타벅스 커피의 1년 비용과 비교해 보겠다. 스타벅스 아메리카노 톨 사이즈 기준으로 4,700원, 하루 한 잔으로 계산하면 다음과 같다.

1년 비용: 4,700원 × 365일 = 171만 5,500원

다음은 핸드드립 커피 비용이다. 핸드드립 커피를 마시려면 드리퍼 세트가 필요한데, 인터넷에서는 약 3만 원이면 살 수 있고 생활용품점에서는 더 저렴한 제품도 있다. 핸드드립용 분쇄 커피는 종류에 따라 다르지만, 베트남 로부스타종을 제외하면 일반적으로 1kg을 2만~2만

| 그림 160 | 핸드드립 커피 드리퍼 세트 예시

출처: 네이버스마트스토어

6,000원에 구매할 수 있다. 나는 보통 1kg 한 봉지로 2개월 정도 마신다. 또한 커피를 내릴 때 필요한 여과지는 생활용품점이나 마트에서 100장에 2,000원 정도에 살 수 있다.

핸드드립 3종 세트: 3만 원(1회 구매)

분쇄 커피 1kg: 2만 2,000원 × 6개 = 13만 2,000원

커피 여과지 100장: 2,000원 × 5개 = 1만 원(1년 치)

다음은 드립백 커피다. 인터넷에서는 개당 400~500원에 구매할 수 있다.

1년 비용: 500원 × 365일 = 18만 2,500원

| 그림 161 | 드립백 커피 예시

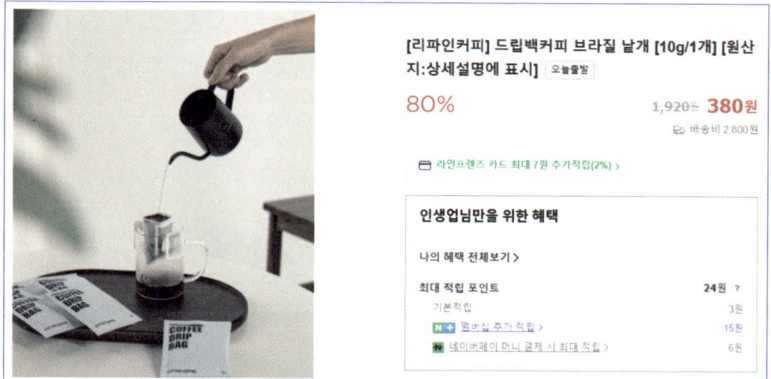

출처: 네이버스마트스토어

| 표 31 | 1년 커피 비용 비교 / 스타벅스 vs. 핸드드립 vs. 드립백

구분	스타벅스	핸드드립	드립백
1년 비용	1,715,500	172,000	182,500
차액(연간)	-	1,543,500	1,533,000
차액(월간)	-	128,625	127,750

* 원

이처럼 1년에 153만~154만 원 차이가 난다. 12개월로 나누면 매월 약 13만 원을 아낄 수 있는 금액이다.

장보기 습관 개선

가족이 있는 집은 아무래도 1인 가구보다 자주 장을 보게 된다. 이때 반드시 '리스트 작성 → 리스트 외 항목 금지' 원칙을 지키는 것이 좋다. 리스트 없이 매대를 돌아다니다 보면 할인 상품을 볼 때마다 '안 사면 손해'라는 생각이 들어 충동구매로 이어지기 쉽다.

내 지인은 이런 문제를 막기 위해 아예 오프라인 마트에 가지 않고 필요한 물품만 온라인으로 주문한다. 필요한 물품만 장바구니에 담아 결제하니 불필요한 지출이 눈에 띄게 줄었다고 한다.

외식비 줄이기

변동비를 줄일 수 있는 대표적인 항목 중 하나가 외식비다. 외식이나 배달은 되도록 줄이고, 냉장고 털어먹기 등 다양한 조리 아이디어를 활용하길 추천한다.

집밥이 지겨울 때는 밀키트 활용도 좋은 방법이다. 요즘은 밀키트가 다양하게 잘 나오고 가성비도 높아, 나 역시 외식 대신 밀키트를 활용하고 있다. 물론 집밥이 제일 좋지만, 너무 아끼기만 하면 지쳐 포기하기 쉬우니 절충안을 찾는 것도 중요하다.

교통비 아끼기

대중교통을 자주 이용한다면 교통비 할인 카드나 체크카드를 적극적으로 활용하자. 일부 카드는 지하철과 버스 요금을 20~30% 절감해 준다. 적은 금액처럼 보이지만, 누적되면 큰 차이를 만든다.

나는 K-패스 카드를 사용하고 있어 매월 대중 교통비의 20%를 환

| 그림 162 | K-패스 이용권 안내

출처: K-패스 홈페이지

급받고 있다. 이렇게 출퇴근만 해도 연간 수십만 원을 아낄 수 있다. 또한 가까운 거리는 걷거나 자전거로 대체하면 교통비 절감과 건강 관리 효과를 동시에 얻을 수 있다.

문화·여가비 줄이기

마지막으로, 어린 자녀가 있는 부모에게 꼭 소개하고 싶은 사례가 있다. 주말에 집에만 있으면 돈 쓸 일은 줄어들지만, 그만큼 자녀가 휴대폰이나 게임을 사용하는 시간이 자연스럽게 늘어난다. 그래서 나는 이를 방지하고 아이의 교육에도 도움이 되도록 주말마다 박물관이나 지역 문화를 체험할 수 있는 장소를 찾아다녔다. 일종의 '주말 당일치기 교육 여행'이었다.

자동차로 2시간 30분 이내 거리라면 숙박 없이 당일 오후에 돌아왔는데, 이렇게 하면 1박 2일 여행 대비 30만~40만 원 이상 절약할 수 있었다. 주말 아침이면 5~6시에 일어나 커피와 함께 샌드위치나 토스트를 준비하고 보통 7시 이전에는 집을 나섰다. 아침은 차 안에서 간단히 해결해 9시쯤 목적지에 도착했다. 대부분의 박물관이나 관광지는 9시에 개장하기 때문에 바로 입장할 수 있다는 장점도 있었다.

그 시절 아이는 초등학교 입학 전이라 종일 돌아다니는 일정이 쉽지 않았다. 그래서 보통 12시나 1시에 근처 식당에서 점심을 먹고 바로 집으로 향했다. 이 시간대에는 고속도로도 한가해 오후 4시 전에는 집에 도착했고, 함께 낮잠을 자고 난 뒤 저녁에는 나만의 시간도 활용할 수 있었다.

이처럼 아내와 내가 조금 더 부지런히 움직인 덕분에 시간과 비용을 동시에 절약할 수 있었고, 아이에게 큰 경험이 된 교육 여행을 꾸준히 이어갈 수 있었다.

이러한 절약 방식을 통해 변동비를 아래와 같이 줄일 수 있었다. 이처럼 변동비는 생활 습관의 변화만으로도 충분히 줄일 수 있다. 중요한 것은 단순히 돈을 아끼는 데서 끝나는 것이 아니라, 절약한 금액을 반드시 '투자금 통장'으로 이동시키는 일이다. 그래야만 절약이 종잣돈이 되고, 종잣돈은 내 자산의 성장 발판으로 이어진다.

| 표 32 | 변동비 절감 내용

변동 지출	계획 전	계획 후	절감 금액	절감 방안
주식비(마트, 슈퍼)	300,000	200,000	100,000	리스트 작성, 온라인 구매
외식비(배달 포함)	300,000	150,000	150,000	집밥, 밀키트 활용
커피	200,000	50,000	150,000	셀프 핸드드립 커피 이용
의류/미용	250,000	150,000	100,000	할인가, 블로그 체험단 활용
자기계발비	100,000	50,000	50,000	무료 교육 사이트 활용
육아	200,000	100,000	100,000	맘카페 및 당근마켓 활용
대중 교통비	100,000	80,000	20,000	할인카드 활용
차량유지비	300,000	250,000	50,000	가능한 대중교통 이용
용돈(부부)	600,000	500,000	100,000	인당 5만 원 삭감
유흥비	200,000	100,000	100,000	가능한 집에서 마시기
합계	2,550,000	1,630,000	920,000	

* 원

주간 소비 점검으로
새는 돈 막기

앞에서 살펴본 것처럼 예산을 세우고 지출을 조정하는 것만으로도 상당한 금액을 아낄 수 있다. 하지만 그뿐만으로는 충분하지 않다. 계획한 예산이 실제로 제대로 집행되고 있는지, 매일매일 점검하지 않으면 언제든 다시 새어나갈 수 있기 때문이다. 이때 가장 강력한 무기가 바로 가계부다.

많은 사람이 가계부를 쓰면서도 지출이 줄지 않는다고 말한다. 이유는 명확하다. 단순히 '기록만' 했거나, 정말로 관리하려는 의지가 부족했기 때문이다. 가계부는 단순한 장부가 아니라, 예산을 세우고 그 범위 안에서 소비를 통제하며 마지막에 마감까지 맞추는 과정 전체가 포함될 때 의미가 있다.

요즘은 엑셀, 앱 등 다양한 가계부 도구가 있다. 본인의 성향에 맞는 방식을 선택하면 된다. 나는 야근이 잦아 집에서 엑셀 파일을 따로 열어 작성하기가 쉽지 않았다. 그래서 스마트폰 앱으로 지출을 기록하고, 필요할 때 엑셀로 불러와 분석했다. 이 방식으로 편리함과 체계적인 관리라는 2가지 장점을 동시에 잡을 수 있었다.

신용카드보다 체크카드

돈을 빠르게 모으고 싶다면 신용카드보다 체크카드를 권한다. 신용카드는 사용은 편리하지만 결국 빚이다. 무이자 할부나 포인트 적립 같은 혜택이 있어도, '일단 쓰고 나중에 줄이면 되지'라는 유혹을 만든다. 이러한 패턴이 반복되면 통장이 금세 비게 된다. 반면 체크카드나 현금을 쓰면 결제 순간 내 계좌에서 돈이 빠져나가므로 지출 통제가 훨씬 수월하다.

주 단위 예산 관리

나는 '주간 가계부'를 사용했다. 한 주 예산을 30만 원으로 정해 그 범위 안에서 소비 총액을 맞추는 방식이다. 만약 이번 주 예산을 모두 썼는데 꼭 필요한 지출이 생기면, 일단 지출하되 다음 주 예산에서 조정했다. 예를 들어 책을 사지 않고 도서관을 이용하거나, 냉장고에 있는 재료로 일주일을 버티거나, 미용실 방문을 일주일 미루는 식으로 우선순위를 조정해 다시 흑자로 돌려놓았다. 이런 과정을 거치면 '안 사도 되는 물건'이 자연스럽게 걸러지기도 한다.

예전에 30만 명 이상이 활동하는 재테크 카페에서 '50일 가계부 챌린지'를 진행한 적이 있다. 참여자들에게 각자 주간 예산을 세우고, 매일 지출 내역을 구글 스프레드시트에 기록하게 했다. 어느 참여자는 처음 1주 차에는 평균 25만 원 적자가 났지만, 7주 차가 되자 평균 5만 원 흑자로 마감할 수 있었다. 단순히 매일 예산과 실제 지출을 비교하며 기록하는 것만으로도 놀라운 변화가 일어난 것이다.

가계부의 진짜 목적은 단순 기록이 아니라 지출 통제와 절약이다. 지나치게 세분화된 항목을 구분하기보다는, 주간 예산 총액을 기억하고 '얼마 썼는지, 얼마 남았는지'를 인지하며 소비하는 것이 핵심이다.

| 그림 163 | 주 단위 예산 관리

* 12월 3주차										**-246,450**
낭비일	주예산	12/17(토)	12/18(일)	12/19(월)	12/20(화)	12/21(수)	12/22(목)	12/23(금)	지출합계	예산-지출
	150,000	0	38,950	0	0	357,500	0	0	396,450	-246,450
					0					

* 1월 5주차										**+51,549**
낭비일	주예산	1/28(토)	1/29(일)	1/30(월)	1/31(화)	2/1(수)	2/2(목)	2/3(금)	지출합계	예산-지출
	150,000	38,300	0	0	22,180	0	0	37,971	98,451	51,549

　　많은 사람이 절약해서 아낀 돈을 '원래 내 돈'이라고 착각한다. 하지만 지출 통제를 하지 않았다면 이미 새어나갔을 돈이다. 예를 들어 가계부를 통해 50만 원을 아낀 것과 부업으로 50만 원을 버는 것 중 어느 쪽이 쉬울까? 나는 주저 없이 전자라고 말한다. 절약으로 500만 원을 만들기는 어렵지만, 본인의 소비 패턴을 꾸준히 관리한다면 월 100만 원을 더 남기는 것은 충분히 가능하다.

　　다시 한번 강조하지만, 부업은 언제나 타인과의 경쟁 속에서 불확실성을 감수해야 한다. 반면 절약은 내 의지만 있으면 당장 시작할 수 있고, 결과도 즉시 눈에 보인다. 게다가 절약 습관이 몸에 배면, 나중에 부업이나 투자로 소득이 늘어도 과소비로 빠지지 않는다. 처음에는 다소 느려 보일 수 있어도 '100만 원 벌어서 100만 원 쓰는 사람'보다 '50만 원 벌어서 30만 원 쓰는 사람'이 훨씬 빠르게 자산을 쌓는다. 지금 월급이 많지 않더라도 가계부를 통해 절약의 습관을 기르는 것이 부자로 가는 씨앗임을 잊지 말아야 한다.

매월 일정한 투자금을
꾸준히 만드는 법

돈을 모으고 싶어 하는 사람들에게 가장 큰 장애물 중 하나는 '예상치 못한 큰 지출'이다. 매달 나가는 고정비와 변동비는 눈에 잘 보이기 때문에 통제하기 쉽다. 하지만 1년에 몇 차례 찾아오는 연간 비용은 준비가 없으면 가계부의 흐름을 단번에 무너뜨린다. 자동차 보험, 자동차세, 재산세, 명절 비용, 가족 생일, 각종 경조사비, 가족 여행 경비 같은 것들이 여기에 해당한다.

연간 비용은 혼인 여부, 차량 보유, 자가 거주 여부에 따라 모두 달라진다. 다음 사례는 이 3가지가 모두 해당하는 상황을 기준으로 작성한 것이다. 사용처를 자세히 살펴보면 대부분 '언제 돈이 지출되는지'가 명확하게 보이므로, 그 시기에 맞춰 비용을 미리 준비하면 된다.

해외여행을 포함하면 연간 960만 원, 월평균 80만 원이 필요하다. '해외여행을 당분간 가지 않겠다'라고 가정해도 연간 560만 원, 월평균 약 47만 원의 지출이 발생한다. 이는 단순히 변동비 절약만으로는 감당하기 어려운 규모다.

이처럼 연간 비용은 사실상 '눈에 잘 보이지 않는 고정비'다. 평소

| 표 33 | 연간 비용 준비 예시

연간 지출	금액	횟수	소계
자동차 보험	500,000	1	500,000
차동차세(연납 절감)	300,000	1	300,000
차량수리(오일교환포함)	200,000	2	400,000
양가 부모님 생신	300,000	4	1,200,000
가족 생일(부부, 자녀)	100,000	3	300,000
명절비용	300,000	2	600,000
가족여행(국내)	600,000	2	1,200,000
가족여행(해외)	4,000,000	1	4,000,000
재산세(자가 경우)	250,000	2	500,000
경조사비	100,000	6	600,000
합계 / 월평균 금액			9,600,000 / 800,000
해외여행 제외 시 합계 / 월평균 금액			5,600,000 / 466,667

* 원

에는 존재를 잘 느끼지 못하다가도, 자동차 보험료 50만 원, 명절 비용 30만 원, 경조사비 10만 원이 한꺼번에 나가면 준비되지 않은 사람은 결국 저축해 둔 돈을 깨거나 신용카드로 충당하게 된다. 이렇게 계획이 흔들리면 투자금 마련이 점점 어려워지고, 심지어 돈 모으기 자체를 포기하게 되는 경우도 많다.

따라서 연간 비용을 어떻게 준비하고 관리하느냐는 매월 일정한 투자금을 만드는 데 있어 핵심 중의 핵심이다. 반드시 본인의 삶에 맞게 연간 비용 전체를 파악하고, 각 비용이 '언제' 지출되는지까지 정리해야만 확실하고 안정적으로 대비할 수 있다.

다음 메시지 내용은 내가 가계부와 미국 주식 투자를 함께 강의하던 시절, 수강생들이 실제로 가계부 과제로 작성한 사례다. 많은 분

352

| 그림 164 | 수강생의 가계부 과제 후기

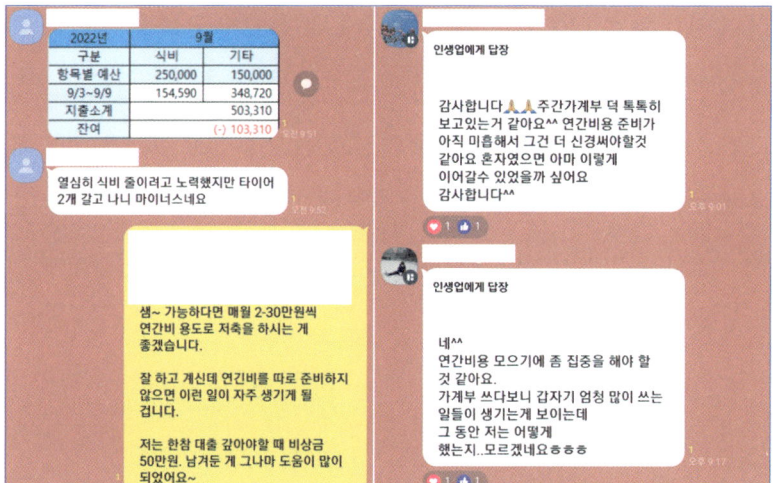

이 변동비까지는 나름 성공적으로 통제했지만, 결국 예상치 못한 연간비 때문에 계획이 흐트러졌다는 이야기를 자주 들을 수 있었다.

어떤 분은 식비를 줄이고 카페를 끊으며 꾸준히 절약했지만, 갑작스럽게 타이어 교체비가 발생하자 순식간에 적자로 돌아섰다. 그분은 허탈한 얼굴로 말했다.

"열심히 아꼈는데 결국 마이너스네요."

또 다른 분은 이렇게 말했다.

"가계부 쓰다 보니, 갑자기 엄청 많이 쓰는 날이 생기는 게 보이네요. 그동안 저는 어떻게 버텼는지 모르겠어요. 연간 비용 모으기에 좀 더 집중해야 할 것 같아요."

이처럼 연간 비용을 인식하고 관리하기 시작하면, 단순히 매달 아끼는 것에 머무르는 게 아니라 재무 관리 전체가 한 단계 안정된다. 한 수강생은 이 문제를 해결하기 위해 매달 일정 금액을 '연간비 통장'에 자동이체하고 있었다. 예를 들어 12월 말에 600만 원이 필요하다면, 매달 50만 원씩 따로 적금에 넣고 연말에 만기 금액을 전용 계좌에 보관하는 방식이다. 이 방법을 통해 그는 갑작스러운 과다 지출을 사전에 차단했고, 변동비 통제만으로 목표한 저축 금액을 꾸준히 달성할 수 있었다고 했다.

나 역시 비슷한 방식을 썼다. 명절 비용, 보험료처럼 매년 반복되는 항목은 '미래의 고정비'라고 생각하고 처음부터 별도 통장을 만들어 분리해 두었다. 이렇게 하면 연간 비용이 한꺼번에 빠져나가도 당황하지 않고, 매월 투자금 역시 꾸준히 유지할 수 있었다.

돈을 모으는 과정에서 매월 고정비와 변동비를 절약하는 것은 기본이다. 하지만 마지막 고비는 언제나 연간 비용이다. 이 부분을 준비하지 못하면 '뜻밖의 큰 지출'이라는 파도에 휩쓸려 모든 계획이 무너진다. 반대로 연간 비용을 꼼꼼하게 관리하면, 매달 일정한 투자금을 꾸준히 확보할 수 있고, 계획했던 목표 역시 흔들림 없이 달성할 수 있다.

우리는 이 책에서 투자를 하는 것뿐 아니라 현금흐름을 만들고 자산을 정리하고, 고정비와 변동비를 줄이고, 연간 비용까지 관리하는 방법을 함께 살펴보았다. 하지만 중요한 것은 행동하는 것이다.

절약은 고통을 수반한다. 때로는 부부 사이에서 의견이 갈릴 수도 있고, 친구들과의 만남에서 어색함이 생길 수도 있다. 그럴 때 종종 이런 말이 나온다.

'이렇게까지 하면서 살아야 하는 거야?'

그 질문은 단순한 푸념이 아니다. 우리가 돈을 대하는 태도가, 삶의 우선순위가, 그 한마디에 고스란히 드러난다.

나는 그 질문에 이렇게 답하고 싶다.

"부자가 되고 싶다면, 적어도 한동안은, 심지어 그 이상이라도 해야 한다."

'저축할 돈이 없다'는 사람들에게

직장인이라면 누구나 미래를 걱정한다. 연봉도, 대출도, 투자도 세속 이야기하지만 결론은 늘 같다.

"그래서 우리는 언제쯤 돈 걱정 없이 살 수 있을까?"

나는 회사 후배들에게 늘 말했다.

"매월 10만 원씩이라도, 지금부터 준비하면 미래가 달라진다."

그러면 대부분 이렇게 대답한다.

"10만 원도 남지 않아요. 대출과 생활비로 빠져나가면 아무것도 안 남아요."

하지만 그들의 책상 위에는 매일 5,000원짜리 스타벅스 컵이 놓여 있었다. 주말에는 인당 3만 원짜리 브런치를 먹으면서도, 저축할 돈이 없다고 말한다. 나는 그들에게 커피를 마시지 말라고 강요하고 싶지 않다. 다만 묻고 싶다.

"정말 돈이 없어서 못 모으는 걸까, 아니면 미래의 우선순위가 없어서 못 모으는 걸까?"

쓸 거 다 쓰면서 돈이 없다는 건, 내일을 위한 자리가 없다는 뜻이다

많은 사람이 말하는 '쓸 거 다 쓰면서 돈이 없다'는 문장은 사실 이렇게 바꿔 읽을 수 있다.

'나는 내일의 나를 오늘만큼 중요하게 여기지 않는다.'

오늘의 작은 호사들에 마음을 기울이면서, 내일의 자유는 뒷전으로 밀려난다. 이 책은 화려한 재테크 성공담이 아닌, 나처럼 평범하고 언뜻 흙수저로도 보였던 사람의 경험에서 나온 실전 생존 매뉴얼이다.

그래서 나는 단호하게 말하고 싶다.

"남들과 같은 소비를 하면서, 남들보다 빨리 부자가 되는 방법은 절대 없다."

평생이 아니라 단 3년이다

나는 독자들에게 이렇게 말하고 싶다.

"평생 허리띠를 졸라매자는 게 아니다. 딱 3년만 독하게, 정확하게 버텨보자."

3년 동안 일정한 투자금을 만들고, 그 돈이 자산으로 변하고, 그 자산이 현금흐름을 만들기 시작하면 삶은 완전히 달라진다. 월 300만 원의 현금흐름이 생기는 순간, 절약은 더 이상 고통이 아니라 자유를 여는 열쇠가 된다.

우리가 잊지 말아야 할 말이 있다.

'오늘의 나는 어제의 선택이 만든 결과다. 내일의 나는 오늘의 선택이 만든다.'

지금 이 순간, 당신이 어떤 선택을 하느냐에 따라 앞으로의 수십

년이 달라진다. 부자가 될 것인지, 아니면 평생 돈에 끌려다닐 것인지는 선택의 문제가 아니라 태도의 문제다.

그래도 걷기만 한다면, 반드시 도착한다

돈 공부는 숫자를 계산하는 기술이 아니다. 내 삶의 방향을 다시 잡는 일이며, 나 자신을 지키는 일이다. 나는 빚더미 속에서 다시 일어섰다. 절약으로, 기록으로, 작은 선택의 반복으로 자산을 만들었다. 그리고 확신한다. 누구든 나와 같은 길을 걸을 수 있다.

독자 여러분이 이 책을 읽는 순간, 이미 길 위에 서 있는 셈이다. 이제 필요한 건 거창한 결심이 아니라, 오늘 할 수 있는 작은 행동 하나다. 시간은 멈춰 있는 사람에게는 아무 기적도 보여주지 않지만, 다시 걷기 시작한 사람에게는 언제나 아군이 될 것이다.

1,000만 원으로 3년 안에
300만 원 월배당 만들기

초판 1쇄 발행 2026년 2월 4일
초판 6쇄 발행 2026년 2월 19일

지은이 인생업(임승현)
브랜드 경이로움
출판 총괄 안대현
기획 심보경
책임편집 이수빈
편집 김효주, 정은솔, 이제호
마케팅 김윤성
표지·본문디자인 강수진

발행인 김의현
발행처 사이다경제
출판등록 제2021-000224호(2021년 7월 8일)
주소 서울특별시 강남구 테헤란로33길 13-3, 7층(역삼동)
홈페이지 cidermics.com
이메일 gyeongiloumbooks@gmail.com(출간 문의)
전화 02-2088-1804 **팩스** 02-2088-5813
종이 다올페이퍼 **인쇄** 재영피앤비

ISBN 979-11-94508-70-0 (03320)